国家哲学社会科学基金特别委托项目

责任单位：文化部民族民间文艺发展中心

中国节日志·祭炎帝

中国节日志编辑委员会
名誉主编　周巍峙　主编　雒树刚　本卷主编　霍彦儒

中国节日志·祭炎帝课题组

光明日报出版社

国家出版基金项目
NATIONAL PUBLICATION FOUNDATION

全国艺术科学规划重大项目
国家哲学社会科学基金特别委托项目
『十二五』国家重点图书出版规划项目

《中国节日志》编辑委员会

《中国节日志·祭炎帝》课题组

主　编：霍彦儒

副主编：周新发　樊友刚

成　员：刘　芳　梁晋高

本卷评审专家（按姓氏笔画）**：**
张　勃　徐万邦　高　强

责任编审：高　强

编辑部责任编辑：崔　阳

凡例

一、《中国节日志》的“节日”，主要指中国各民族、各地区的民间传统节日、庆典、祭会等，是具有群体性、周期性，以及相对稳定的内容和程式的特殊时日。

二、《中国节日志》的内容时限不设上限，下限为编纂者调查时间。

三、《中国节日志》在文献梳理与实地调查并重的基础上，依据科学、客观、具体、全面、规范的原则撰写，同时兼顾民族、区域差异，力争全面反映节日的历史和现状。

四、《中国节日志》以单独节日立卷，由综述、志略、调查报告、后记等部分构成。其主要构成及功能如下：

（一）综述：记述节日名称、分布区域，所在地区的自然生态和历史文化背景；叙述该节日的起源、传承、流布、变迁、组织、地区差异及现状等；简述节日活动的基本内容和过程；在本土文化语境中说明节日的意义和功能。

（二）志略：根据节日的一般构成，按照节日时空、节日组织、节日缘起、仪式活动、表演艺术与口头传统、游艺娱乐、节日用品、节日文献等类别，分别设置本类别概说，其下根据节日的具体情况设置条目，对于各类别间交叉重叠之处，同时注明参照关系。

（三）调查报告：以亲历、实录为原则，根据节日情况，由具体时间地点的节日调查报告及专题性调查报告两类构成，以完整记录调查点基本信息和节日过程。

（四）后记：介绍各卷编撰者分工、调查过程、方法及其他需要说明的事项等。

总序

节日文化，总是牵动着人们关于生活的记忆和怀念。

家庭、长辈、同伴、乡亲、乡情，家乡连带着童年的欢乐与顽皮、长者的庄严与慈祥，好像留给人们一种无法释怀的文化记忆，节日总是与美好连接，与传统相通。庄严时，仪式伴随着敬畏与伦理，是期待和秩序，是未来的希望与祝福；祥和时，它令人淡忘生活的艰辛，把尊严和快乐送到所有角落；狂欢时，它恣意释放，给突破约束的本能找到出口。总之，节日使生命具有更丰富的节奏和更多的美感，也使社会在张弛之间更加富有弹性而变得温馨。正是这种切身的节日文化感受，标示了节日文化在人类社会文化中不可替代的作用。也正因为如此，节日成为全人类生活的必需。不同的文明体系里，不同的社会发展阶段中，人们都不约而同地创造着多姿多彩的节日文化，也正是这种美好的创造，使人类社会得以在节日中露出会心的微笑。

作为社会文化关系的纽带和文化传承创造聚集的联结点，节日成为文化研究者观察文化表象，洞悉文化内涵，了解时代变迁，收集各种文化符号，探寻文化深层结构的切入点。社会学、人类学、民族学、民俗学、艺术学等人文学科对节日研究的关注，不仅是学术方法论的建构，更是以人为本，关注民生的学术责任所在。随着社会生产能力的提高，城市化、城镇化进程的推进和人们劳动剩余时间增长，节庆中的创造力越来越反映着社会生活的多元化文化需要，对传统节日的研究，更是成为从理念到方法上提高现代公共文化服务水准的基础工作。

作为一个文化艺术领域的“老兵”，或思考文化，或感受艺术，或体验文化艺术与大众生活的和谐，或了解民众的创造和需要，节日这个绚丽多彩的“舞台”，总是让我流连忘返；感叹其创造的智慧，观察其变迁的纠结，总是让我受益匪浅。故很愿意尽一点绵薄之力，为从事文化研究的专家和有志于此的后来者提供一点方便。因此有了《中国节日志》这样的学术聚集，也有了我这个“老头”在这里的几句唠叨。想的是传统与未来的和谐，也算是国家文化建设与社会进步的一砖一瓦，不敢言志在千里，但十分期待《中国节日志》能够成为典籍，能够在中华文明的长河中留下一点印记，以无愧于我们的历史和未来，这当然要仰仗所有参与者的辛勤和智慧。

有幸与诸公为伍，共襄盛举，很是有些不合时宜的兴奋。算是一个老人的祝愿吧。是以为序。

周巍峙

2013年12月（癸巳年甲子月）·北京

目录

综述

炎帝亦称“赤帝”。历史上有将“炎帝”与“神农氏”视为一人的，也有视其为两人的。[1] 视为一人的，炎帝即神农氏，神农氏即炎帝，合而称之为“炎帝神农氏”或“神农氏炎帝”。本志视炎帝与神农氏为一人，行文皆称“炎帝”。

关于炎帝与神农氏为一人的记载，最早见成书于战国末年的《世本·帝系篇》：“炎帝神农氏。”以后亦多有人采取《世本》的说法。东汉班固的《汉书·古今人物表第八》列有“炎帝神农氏”。《吕氏春秋·季夏纪》之“以妨神农之事”条高诱注曰：“昔炎帝神农能殖嘉谷，神而化之，号为‘神农’，后世因名其官为‘神农’。”晋人皇甫谧《帝王世纪》说：“炎帝神农，姜姓也……又曰连山氏，又曰列山氏。”宋人罗泌在《路史》卷十二《后纪三·禅通纪》中亦称“炎帝神农氏”。所以，至少自汉代以来的社会信仰里，“神农”和“炎帝”的形象已经逐渐合一。既然历史上已经将炎帝和神农“合户”，今天，我们也就没有必要将其再分为两人。其理由：一是从本源上讲，神农和炎帝在传说里都姓姜，且都发源于古姜水（宝鸡渭河的一条支流），可以说他们都属于古羌人的氏族部落；二是他们所处的历史时代都是由母系氏族进入父系氏族这一时期；三是其主要功德、贡献都与农业的发明、农业的起源和发展有关系，为开创新石器时代农耕文化的杰出代表而传于世，同时他们又都概指姜炎部落联盟的首领而受到尊敬且被神化了的；四是他们都是“人身牛首”，以牛为图腾（实为羊图腾），可以说他们是同一个氏族的[2]。基于以上四点原因[3]，本书视炎帝与神农氏为一人。

1. 三国时代谯周的《古史考》认为炎帝与神农氏为一人。清人崔东壁《考信录》亦载：“神农氏与炎帝各是一人。”

2. 《世本·帝系谱》云：“神农牛首。”《列子·黄帝篇》曰：“神农氏……牛首虎鼻。”《帝王世纪》称炎帝“人身牛首”。

3. 参见炎帝与宝鸡课题组．炎帝·姜炎文化[M]．西安：三秦出版社，1992：23—25．

炎帝是位历史传说人物，他所处时代为新石器时代的中晚期，是考古学文化的仰韶文化时期。炎帝的称号是一个集合概念，其内涵既是氏族或部落酋长的称号，也是氏族或部落的称号，还是一个时代、文化的象征和符号。

《国语 · 晋语四》说："炎帝以姜水成。"北魏郦道元《水经注 · 渭水》说："岐水又东迳姜氏城南，为姜水。" 清乾隆三十一年（1766）《重修凤翔府志》"宝鸡县"条又说："姜水，县南二里，源出煎茶坪，北流经大散关、益门镇、姜氏城，至石家营入渭，俗名清江（姜）河。"不论姜水是指"岐水"还是"清姜河"，姜水为宝鸡渭水的一条支流是无疑的。炎帝在今宝鸡古姜水诞生、成长、兴起后，其族陆续向东北、东南、西北、西南及其他地方迁徙，所以，今山西的高平、长治，河北的涿鹿，河南的淮阳、新郑，湖北的随州、神农架，山东的曲阜，湖南的炎陵、耒阳，甘肃的天水以及贵州、安徽等地亦传说留有炎帝的遗迹。[1] 炎帝文化的传播就更为深远，它不仅涉及中国大陆的大部分地方，而且也涉及中国台湾及新加坡、越南、菲律宾、马来西亚、日本等国和地区。[2] 为此，在全国（包括台湾省）形成了炎帝的诞生地、死葬地、活动地、迁徙地、纪念地等不同性质的祭祀地和祭祀节日。

炎帝与黄帝一样，是中华民族伟大的人文始祖，是中华民族先祖集体智慧的代表和祖先的化身。文献传说，他为人类发明了农业、耒耜、医药、交易、纺织、房屋、弓箭、符号记事等，又与黄帝、蚩尤族结盟，为中华民族的始兴奠定了基础。为此，自先秦始，炎帝就被尊为始祖、天帝，接受祖祭、天帝祭、五帝祭，或是朝廷（官）祭，或是民间祭，经历朝历代而延续至今。自秦汉以降，尤其是隋唐以后至清代，随着祠、庙祭祀的兴起，在全国二十多个省所辖府、县都先后建起了先农坛、"三皇庙"（这里的"三

1. 参见霍彦儒. 陕西省志 · 炎帝志[M]. 西安：三秦出版社，2009：57—68.
2. 何光岳. 炎黄源流史[M]. 南昌：江西教育出版社，1992：68−75.

皇”是指伏羲、神农和黄帝[1]）等。祭炎帝数千年而存在，有其深厚的历史文化背景，也就是说，历史、民俗和社交活动是祭炎帝至今存在的社会基础和文化基础。

至20世纪50年代中期，祭炎帝在中国（包括台湾省）广大城乡都存在过。以后因破除迷信和“文化大革命”“破四旧”，炎帝陵、祠、庙宇相继被拆除或挪作他用，祭祀活动也随之销声匿迹（除台湾省）。20世纪80年代后期，随着思想解放和文化热的兴起，海外华人回国寻根祭祖的引发，炎帝陵、祠、庙宇逐渐在一些地方重建，祭炎帝也开始陆续恢复。经过三十多年的发展，至今，祭炎帝已在陕西、山西、湖北、湖南、甘肃、河南、台湾等全国多个省、市、县形成规模和祭祀节期，并形成了以政府名义主办的公祭和由民间社会组织、人士主办的民祭两种形式。炎帝（陵）祭典也被列入国务院公布的国家级非物质文化遗产名录。祭炎帝在海内外炎黄子孙中所产生的民族凝聚力、向心力日益凸显和发挥出来。与伏羲、黄帝祭祀构成中国目前最引人注目和参加的三大祭典之一。

一、历史上的祭炎帝和祭祀礼仪

这里所说的历史上的祭炎帝和祭祀礼仪，主要是指先秦至明清时期。明清之后，因各地祭祀陆续兴起，其祭祀礼仪也有所变化，将放在“祭炎帝的流布地域”一节里叙述。

（一）历史上的祭炎帝

中国人素有“慎终追远”“法祖敬宗”的传统。而且这种传统的起源

1．尚书序．今古文尚书全译 [M]．贵阳：贵州人民出版社，1990：2.

是相当早的，“自生民以来则有之”（《后汉书·祭祀志》）。考古发现，五六十万年前的山顶洞人就开始有了宗教性的祭祀意识。人类祭祀的对象是先从天地神自然崇拜而逐渐发展到对祖先神的崇拜和祭祀。文献中有“礼有五经，莫重于祭”（《礼记·祭统》）、“国之大事，在祀与戎”（《左传·成公十三年》）等的记载。在以后的多种古籍中，如《国语》《管子》《礼记》《史记》等，也都将祭祀列为礼仪的第一位，视为与战争同等重要的国家大事，并将祭祖礼仪看作对祖先崇拜的具体表现。作为中华民族始祖之一的炎帝，自然也就成为祭祀的主要对象之一。

对炎帝的祭祀可谓由来已久、源远流长。宝鸡民间传说炎帝误尝断肠草不幸身亡后，黄帝曾专程赶到宝鸡天台山祭拜炎帝。为此，长眠炎帝的天台山，被后世人称为“（祭）陵”“嘉陵”“蟠冢”。有文献传说黄帝所祭拜的炎帝祠是在陈仓（《路史·后纪》）。这虽系民间传说，但我们认为是有可能的。其理由有：其一，炎帝部族与黄帝部族为“双胞族”，住地相邻，世代通婚，有亲缘关系；其二，从考古发现的祭祀场所的遗迹和大量祭祀器物来看，在距今五六千年的炎黄时代，祭祀已成为氏族部落内普遍而重要的活动。如在大地湾、北首岭、姜寨、福临堡等前仰韶文化和仰韶文化遗址中均发现有“大房子”。这些大房子，经研究后认为，是“中国宗教和殿堂制度建筑的最早遗制”。[1] 极有可能为当时用于氏族公共集会、宗教祭祀及未成年青年男女欢聚的场所。祭祀所使用的祭物、祭器也有发现，如在磁山遗址窖穴中存放粮食的底部，有猪、狗骨架的发现，有学者认为，这是“祭地祈年的场所”，窖穴内的粟、肉，就是在礼仪活动时献给神灵的供物；以卵石铺筑的祭坛和石磨盘、石磨棒、陶盂、陶支座为核心的组合器物，在祭祀礼仪中可能起到了“原始礼器”的作用，“与祭坛共同构成中国

1．石兴邦．陕西通史·原始社会卷[M]．西安：陕西师范大学出版社，1997：237．

原始礼仪建筑和礼制文化的源头”。[1] 当然，黄帝对炎帝的祭祀也不仅仅在今宝鸡有传说，在山西晋东南也有传说。据《路史·后纪四》等文献记载，神农氏有天下传了七十世后，黄帝族兴起，封炎帝后裔参卢于今长治、晋城一带，守护其先祖的坟茔，以供奉神农氏。照此说来，黄帝曾封炎帝之后于山西古上党地区，令其为炎帝守陵，奉祀炎帝。

夏商时期，炎帝及炎帝之子柱等人作为农神，就已受到祭祀。文献传说，烈山氏的儿子柱也善于耕种，从夏代以前就被祭祀；周弃也是善于耕种的人，自商代以来就受到祭祀（《左传·昭公二十九年》）。《汉书·郊祀志》等史书也有大致相同的记载。

两周时期，将炎帝与黄帝的祭祀上升为一种国家意识。《史记·周本纪》说武王克商后追思先代的圣王，于是用褒奖的规格封神农的后裔在焦地，黄帝的后裔在祝，让其后裔奉祀先人始祖。《史记·封禅书》又说，秦灵公三年（前422），朝廷在今宝鸡陈仓区境内吴山的南面，兴建上畤，祭祀黄帝；兴建下畤，祭祀炎帝。这是见之于文字记载最早的一次官方祭祀即公祭炎帝活动。

藉（籍、耤）田亦是祭祀先农（炎帝）的一种形式。所谓藉田，韦昭解释说：“藉，借也。”就是说借用民众的力量来治理天下，供奉祖宗庙宇，并且来规劝、率领天下民众，使他们能从事农耕生产（《汉书·文帝纪》）。文献记载：“藉田”是指中国古代为天子、诸侯举行藉礼而设置的田地。每年春耕前，由天子、诸侯执耒耜象征性地在藉田上三推或一拨，称为“藉礼”，以表示对农业的重视。这种藉田制度，自我国商周时期就开始有。商代的金文中已有“耤田”之词。《令鼎铭》说：“王大藉农于淇田。”说明这时已经有了管理“藉田”的官员。相传商周时天子有藉田千亩，诸侯百亩，均征用民力以耕种，收获归天子和诸侯所有。《诗

1．吴汝祚．炎黄汇典·考古卷[M]．长春：吉林文史出版社，2002：201．

经·颂·载芟》：“载芟载柞，其耕泽泽。”意思是说挖掘野草树木的根，耕地时土块飞崩发出清脆的响声。这是首周天子在春耕时用以躬耕藉田的乐歌。秦汉以后，藉礼作为一种帝王祭祀炎帝的仪式被保留下来，藉田规模缩小，有了后人俗话说的“一亩三分地”，其收获的粮食供社稷和宗庙使用。我们说，此时虽还没有将“藉礼”与祭祀炎帝直接、明确地挂起钩来，但铭文中“藉农于淇田”的“淇田”就与炎帝种五谷于“淇山之阳”的传说[1]联系起来。可以说这是夏商以来祭祀柱和弃（后稷）的延续。

虽说先秦时期祭祀炎帝的资料很少，且记载不详，但将这些为数不多的文字连缀起来，仍然可以窥其大概。先秦时期的炎帝祭祀包括祖先祭祀、农神祭祀和五方帝祭祀等多种形式，其中祖先祭祀可能在炎帝族及炎帝族后裔中延续了很长时间，到周代逐渐扩展到各地各族，而五方帝祭祀见于《周礼》，其礼当形成于周代以前。[2] 农神或先农的祭祀则在《里耶秦简》里有记载。从这批简里我们可以大致了解秦祠先农的情况。秦朝以官方的形式祭祀先农，并推广到郡县。祭祀先农的时间在三月丙申日，可能为该月的第二十一天或第二十天，已进入三月下旬。地方郡县祭祀先农的供物是少牢，包括酒、盐、黍米、彘、豚。[3] 先秦时期的炎帝祭祀开后世畤、郊、庙、陵、（先农）坛等祭祀之先河。

秦朝统一后，继承了秦国的祭祀传统，炎帝继续得到崇祀。刘邦入关后曾问臣下：以前秦国祭祀的上帝是哪四帝？臣下回答说：秦人立坛祭祀的是白帝、青帝、黄帝、赤帝（炎帝）（《汉书·郊祀志》）。这说明秦朝时仍在祭祀炎帝。

汉高祖刘邦为了宣扬以汉代秦的合法性，编造了赤帝子斩白帝子的故

1．《管子·轻重戊》：“神农氏作，树五谷淇山之阳。”

2．曲英杰．炎黄汇典·祭祀卷·前言[M]．长春：吉林文史出版社，2000：2．

3．参见魏永康．报本开新：战国秦汉时期的先农信仰研究[J]．民俗研究，2014，(2)：111．

事，实际上是把炎帝尊为感生帝。刘邦在秦四帝祭祀的基础上又增加了黑帝，形成了完整的五帝祭祀系统。汉文帝对五帝祭祀更为热衷。汉文帝在渭阳建造五帝庙，在同一座屋宇下，每帝各设一门，正面分别有五门，各门和所设帝王持的颜色是一样的。祭祀时所用的祭品和采取的仪礼也和雍邑五畤完全相同。汉文帝不仅建五帝庙进行祭祀，文献记载还说他在每年夏季的四月，出宫到达长门，好像看见五个人站立在道路的北边，就依着他们直立的地方兴建五帝坛，用“五牢”进行郊祭（《史记 · 封禅书》）。郊祭是古代天子夏季亲自参加的一种祭祀上帝的祭祀活动，是祭祀礼仪中规格最高的一种祭祀形式。以此说明炎帝在五帝系统中占有重要位置。到了武帝时期，汉武帝封禅时在泰山下祭祀五帝，各入它们同色的方位，黄帝和赤帝并在一处，这些都由负责官员侍奉祭祀（《史记 · 封禅书》）。西汉皇帝除了在泰山封禅祭祀炎帝外，汉文帝、汉景帝、汉武帝、汉宣帝、汉成帝还分别“郊雍，祀五畤”，即在今宝鸡一带祭祀包括炎帝在内的五帝（其他四帝：黄帝、太昊、少昊、颛顼）。汉武帝在位53年就祭祀过8次。东汉光武帝刘秀建立东汉时，再度借助赤帝子的故事，声称汉为火德，遂使汉兴以来聚讼不休的德运之争画上了句号。汉代郊祭时，不仅祭祀包括炎帝在内的五帝，而且每逢立夏之日还要专门郊祭炎帝。[1]

至于帝王藉田、祭祀炎帝的礼仪，到了汉文帝的时候，官方才正式恢复起来。汉文帝二年正月，昭告天下说：农耕是国家之根本。天下广开藉田，我要亲自率百官耕种，收获的粮食献给宗庙（《史记 · 文帝纪》）。表明汉王朝对农业的重视。自此以后，历朝历代的皇帝每逢“正月始耕”（《后汉书 · 礼仪上》）之日都要先祭神农，然后再躬耕藉田，将“祭”和“耕”有

1.《后汉书 · 祭祀志》：“立夏之日，迎夏于南郊，祭赤帝、祝融。”

机地结合起来。而在两汉时，“官祠先农”已明确是指炎帝。[1] 这一祭祀炎帝的礼仪一直延续至清代。

魏晋南北朝时期基本上继承了汉代的祭祀传统，对炎帝的祭祀主要表现为天帝祭祀、明堂祭祀、迎气之祀和先农坛祭等。南郊祭天是天子地位和王朝统治的象征。在《魏书·僭晋司马叡列传》里载有王敦欲篡位的事，他回答属下说：“尚未南郊，何为天子！”可见南郊祭祀之重要性。说明在这一时期，炎帝已享有与天子同等地位的祭祀。魏晋南北朝是分裂割据时期，每个政权的统治者为了争夺正统地位，都要举行郊天大典，同时祭祀包括炎帝在内的五帝。在这一时期举行过郊天大典的有魏文帝、魏明帝、吴孙权、蜀刘备、晋武帝、晋元帝、晋成帝、晋康帝、晋安帝、宋武帝、宋孝武帝、齐高祖、梁武帝、陈武帝、北魏道武帝、北魏明元帝、北魏献文帝、北魏孝武帝、北齐高祖神武帝、北周武帝等。如孙权初称尊号，“祭南郊告天”；刘备即位，“诏丞相诸葛亮管南北郊于成都府”（《通志·礼略》）。魏晋南北朝时期举行过迎气之祀的有魏明元帝、北齐诸帝、北周诸帝等。

明堂祭祀是一种古老的祭祀形式。炎帝是明堂祭祀的对象之一。据文献载，晋武帝、宋孝武帝、齐高祖、梁武帝以及北齐、北周等皇帝均在明堂中设五帝位，并以有功德之君配祀，还分别作有《祠天地五郊送神歌》（傅玄）、《宋明堂歌·赤帝》（谢庄）、《梁明堂祭歌·赤帝》（萧子云）、《北齐五郊乐歌·赤帝文明乐》《北周祀五帝歌·赤帝云门舞》（庾信）等。可见南北朝时期尽管战争频仍，社会动荡，但朝廷祭祀炎帝活动却未停止，照常进行。

南北朝时期的炎帝祭祀还体现在藉田活动中。晋武帝泰始四年（268），有官员上书请求朝廷开始藉田祭祀先农，可以命令管理部门执行

1. 《后汉书·礼仪志上》注引卫宏《汉旧仪》：“春始东耕于藉田，官祀先农。先农即神农炎帝也。”

这件事。于是皇帝下诏，说国家的大事，在于祭祀与农耕。所以自古以来有作为的国君皇帝亲自藉田，用收获的粮食来供奉郊野庙堂，又以藉田之举教化天下民众。而近世以来，藉田仅有数步，虚有仰慕始祖之名，却没有供奉神农、教化民众农耕的实际，因而让御史乘车载农具以藉田，并用牛、羊、猪三牢祭祀先农（《晋书·礼志》）。此后的宋、齐、梁、陈各朝亦遵旧制，实行藉田之礼，并均设先农坛以祭炎帝。

北周统治者宇文氏，自称是炎帝之后（《周书·文帝纪》），所以，北周对炎帝祭祀尤为重视。孝闵帝于元年正月下诏说，我本出自神农，设明堂以祭祀祖先来陪祭上帝，在庙里祭祀太祖（《周书·孝闵帝纪》）。这年正月，孝闵帝首先去南郊圜丘和北郊方丘，祭祀皇天后土和炎帝。

隋朝虽然只有短短的几十年，但对炎帝祭祀的重视程度不亚于前代。隋文帝、隋炀帝都曾举行过隆重的郊祭、明堂祭、五方帝祭和先农坛祭。有文献说，隋文帝受上天之命，第二年冬至这一天，在圜丘祭祀苍天上帝，以太祖武元皇帝配祀五方上帝，其他历朝历代皇帝并从祭祀（《通志·礼略》）。藉田是在长安南郊进行。隋文帝为了显示他对农耕的重视，对北齐的藉田礼仪还作了小小的改动，让侍中执耒耜，乘坐用象牙装饰的帝王所乘的车，跟从在木制的御史的车子之后（《隋书·礼仪志》）。原来北齐帝王藉田时，令御史乘马车，载耒耜于玉辂，而文帝改侍中奉耒耜，载于帝王所乘的象辂。

唐代除了继续在郊祭、明堂祭、五方帝祭和先农坛祭中祭祀炎帝外，还增加了三皇（伏羲、神农、黄帝）庙祭。据《大唐开元礼》卷一载：大凡国家都有大祭祀、中祭祀、小祭祀，而苍天上帝、五方上帝、皇地祇、神州宗庙都为大祭祀。在圜丘祭祀苍天上帝时，要以五方上帝和五帝（太昊、炎帝、轩辕、少昊、颛顼）一起随从祭祀。立夏时皇帝在南郊祭祀赤帝。

在藉田礼仪上，唐代在继承隋代的基础上有所变化。先农坛由原高五尺加高至九尺，“其色饰以青”。以青色象征绿色的庄稼。隋时藉田于南郊，唐改藉田在东郊。改动的原因是唐太宗李世民认为，长安城所在的关中地区，春耕是从东向西进行的，所以帝王亲耕藉田为天下先，也应该首先从东开始。《旧唐书 · 礼仪志》里记载：贞观三年（629）正月，唐太宗在长安城通化门外东郊十里设先农坛祭祀炎帝，于坛南十步亲自掌犁藉田。以后的武则天、唐睿宗、唐玄宗等唐帝王也都很重视炎帝的祭祀。[1]

唐代在国都长安城始立“三皇庙”，开创了帝王庙祭。《唐会要》说：“天宝六年（747）正月十一日，敕三皇五帝，创物垂范，永言殷祀，宜有钦崇。三皇：伏羲，以勾芒配；神农，以祝融配；黄帝，以风后、力牧配。……其择日及置庙地，量事营立。”说明炎帝被祭祀的地位在唐代有了更大提升。

宋代不仅继承了前代的郊祭、明堂祭、五方帝祭、先农坛祭和三皇庙祭等礼仪，而且增加了炎帝陵祭。宋乾德元年（963），太常博士聂崇义说：皇帝是以火德上承正统，以供奉赤帝为感生帝，每年的正月，另外设坛进行祭祀，以服从火德。于是便在汴京城南郊筑坛祭祀炎帝（《宋史 · 礼志》）。宋太祖赵匡胤“定国运以火德王，色尚赤”（《宋史 · 太祖本纪》），尊崇炎帝为感生帝，人们称宋朝为“炎宋”，因而有宋一代特别重视祭祀炎帝。赵匡胤是通过兵变“黄袍加身”的，因此需要为新王朝建立寻找其合理性。于是，他派人遍访古帝王陵墓，但就是找不到炎帝陵。后来宋太祖做了一梦，梦见在南方有始祖炎帝出现，便派属下“驰节觅求”（《路史 · 后纪》）。于是，乾德五年（967），宋太祖下诏建湖南酃县炎帝陵，并遣员外郎丁顾言诣潭州（长沙郡）告祭。太平兴国年间（976～987），因炎陵地僻路险，交通不便，一度将炎帝殿宇迁至茶陵城南。南宋淳熙十三年（1186），炎帝陵又迁回原址。淳熙十四年（1187），衡州守臣刘清之奏请朝廷，因炎帝陵祠宇荒废，建议重修（《文献通考》卷

1．《旧唐书 · 礼仪志》：唐玄宗开元二十三年(735)正月“亲祀神农于东郊，以勾芒配”。

一〇三）。于是宋孝宗下诏衡州重修炎帝陵庙。（《宋史·孝宗本纪》）同年，罗泌祭拜炎帝陵，并为文说："神农有天下，传七十世。在古最为长世者。葬于茶陵，见于《郡国志》《帝王世纪》，予作《路史》，记之详矣。后十有五年，始获拜陵下。"（《酃县志》卷四《炎陵》）淳祐八年（1248），湖南安抚使知潭州陈铧又奏请朝廷说：南宋是以火德王，对火德炎帝应该加倍祭祀、钦崇。现在炎帝陵在衡州茶陵县，陵庙已长久未修缮了。希望考虑选择吉日兴修，以此来表达崇敬奉祀之意。时宋理宗下诏同意重修（《续文献通考》卷八五）。皇帝祭祀炎帝陵开始于宋太祖，但因宋代朝廷祭祀炎帝陵无文可考，所以宋代具体的祭祀炎帝陵情况不甚了解。

由于唐代末年至五代时期天下大乱，政权更迭频繁，藉田之礼废绝几近百年。北宋雍熙四年（987），宋太宗下诏在来年正月选择良辰吉日在东郊进行藉田礼仪（《宋史·礼志》）。于是，这年正月十七日，宋在都城汴京朝阳门外七里许，筑造先农坛，命令官员"享帝神农氏"。对这次藉田活动，宋王朝极为重视，作了一番精心准备，命翰林学士、宰相等人以大礼仪使、礼仪使的身份参与其中，具体负责筹办此事（《政和五礼新仪》）。到宋仁宗朝，宋仁宗为了表示他力劝农桑的决心，没有依照"三推而止"的古制，而是一口气耕了十二畦田，成为古来藉田最多的帝王。宋代还设四方蜡坛，行大蜡之礼，"东西以日月为主，各以神农、后稷配；南北皆以神农为主，以后稷配。"（《宋史·礼志》）

辽、金是属于北方游牧民族契丹人和女真人建立的政权。他们亦尊崇炎帝，祭祀炎帝。辽统治者自称"炎帝之后"（《辽史·世表》），对炎帝的尊崇自不待言。金统治者虽未自称炎帝之后，但对包括炎帝在内的历代帝王却非常尊重，三年一祭，分别在陈州（今淮阳县）祭祀伏羲，在亳州（今亳州市）祭祀神农，在坊州（今黄陵县）祭祀轩辕（《金史·礼志》）。

元朝对炎帝的祭祀仍沿用和保留了前代的礼仪。改国号为元的第二年即元世祖至元九年（1272），元朝就开始了先农坛的祭祀。于至元十四年

（1277）二月戊辰，在京都东郊祭祀先农。于至元十五年（1278）二月戊午，祭祀先农，以蒙古人的后裔代表朝廷藉田。于至元二十一年（1284）二月丁亥，又任命翰林学士承旨撒里蛮代表朝廷祭祀先农，行藉田礼仪。武宗至大三年（1310）四月，根据大司农的奏请，修建农、蚕二坛。每年朝廷下诏像祭祀社稷一样的要祭祀先农，礼乐用登歌，时间在仲春的上丁时分，以后有时在上辛或甲日。祝文说："维某年月日，皇帝敬遣某官，昭告于帝神农氏。"依据元代礼制规定，皇帝亲自派遣使者代表朝廷致祭的有三个对象：一是社稷，二是先农，三是宣圣。而官员经常祭祀的有五个对象：社稷、宣圣[1]、三皇、岳镇海渎、风师雨师（《元史·祭祀志》）。元代的三皇祭祀开始于元贞元年（1295），初期下诏命各郡、县同祭三皇，就像祭祀宣圣一样。太昊伏羲氏以句芒氏这位神仙陪祀，炎帝神农氏以祝融氏这位神仙陪祀，轩辕黄帝氏以风后氏、力牧氏这些神仙陪祀（《元史·祭祀志》）。虽说元朝皇帝从未亲祭躬耕，但据《炎陵霍氏五修族谱》和《炎陵志》的记载，以朝廷名义派遣官员组织的御祭活动至少有两次，一次是蒙古族官员、学士阿沙石花任御祭官，另一次是汉族官员江存礼任御祭官。

明朝祭祀炎帝的主要形式为陵祭、庙祭、殿祭和先农坛祭。明初仍行元制，通祀伏羲、神农、黄帝三皇，以十大名医陪祀。明太祖朱元璋为了"厘正祀典，凡天皇、太乙、六天、五帝之类，皆为革除"（《明史·礼志一》）。于是，圜丘祭天以五帝配食、明堂祭以五帝配祭、五方帝祭和蜡祭神农氏等古老祭礼均被革除，而炎帝陵祭、三皇庙祭、先农坛祭得到延续的同时，还开创了传心殿祭。洪武元年（1368）冬至，于圜丘祭祀苍天上帝，由皇帝亲自行祭，历经"迎神""奠玉帛""进俎""奉牲""初献""亚献""终献""彻豆""送神""望燎"等礼仪步骤，并由协律郎

1. 汉平帝元始元年谥孔子为褒成宣公。此后历代王朝皆尊孔子为圣人，诗文中多称为"宣圣"。

等配合着演奏《中和》《肃和》《凝和》《寿和》《豫和》《熙和》《雍和》《安和》《时和》及《武功》《文德》等典礼音乐和舞蹈。并将这种祭祀活动推广到王国、州、府、县。其目的是表示一种政教上的宣示：表明皇朝的正统。洪武四年（1371），朱元璋又以“三皇继天立极，开万世教化之原”，而与“药师可乎”的原因（《明史·礼志四》），令天下郡县不得以药师之名随意祭祀三皇。明世宗始兴先圣先师之祭。嘉靖九年（1530），在文华殿的东面，开始祭祀伏羲、神农、黄帝、尧、舜、禹、汤、文、武、周公、孔子等。在每年春天和秋天的第二个月“开讲”前一日，皇帝要亲自前往致祭（《大明会典》卷九一）。

明代除了对三皇庙等祭祀外，就是炎帝陵祭。明代除了建文帝外，其余诸帝皆派遣官员赴炎帝陵祭祀，这为以往历朝所没有。从明洪武四年（1371）朱元璋遣国史院编修雷燧赴湖南炎帝陵告即位致祭，到崇祯元年（1628）明思宗遣官员赴炎帝陵告即位致祭，明代共祭祀了15次之多（[清]道光十八年（1838）《炎陵志》卷第六）。

明代对炎帝的祭祀，可以说最为隆重的是先农坛祭。明太祖朱元璋定都南京，在洪武二年（1369）于南郊建先农坛，并于二月亲祭先农，祭祀毕行耕藉礼。礼毕后，还在坛旁设宴犒劳百官耆老，并赐农夫布一匹（《明史·礼志三》，《明史》卷四九）。明成祖朱棣迁都北京，仿南京之制，在宫城之南建起了先农坛。每年仲春二月，由北京所在地的最高行政长官顺天府府尹致祭于先农坛。后凡遇皇帝登基之初则亲祭先农，行耕藉礼，其余年份则不举行。自弘治元年（1488）后，又恢复旧制：规定每年农历二月，皇帝亲耕藉田，祭祀先农。嘉靖二年（1523）以后，皇帝不再躬耕亲祭，只遣朝廷官员祭祀先农（《明史·礼志三》）。崇祯十五年（1642），崇祯皇帝又亲祭先农，躬行藉田大礼，并对祭祀礼乐作了一些修订，明令以后耕藉，应该唱《豳风》《无逸》诗。教坊俚俗的歌词，严格命令要加以改正。

明代皇帝亲耕亲祭（遣官代耕代祭）先农坛情况（《明实录》《明会

要》）列表如下：

表1 明代皇帝亲耕亲祭（遣官代耕代祭）先农坛情况统计

年号	在位年数	耕、祭次数	年号	在位年数	耕、祭次数
洪武	31	4	建文	4	
永乐	22	2	洪熙	1	
宣德	10	2	正统	14	6
景泰	8		天顺	8	
成化	23	3	弘治	18	1
正德	16	3	嘉靖	45	8
隆庆	6	4	万历	48	
泰昌	1		天启	7	1
崇祯	17	1			

清代基本上继承了明代的祭祀制度，对炎帝的祭祀有增无减，主要形式有陵祭、庙祭、殿祭和先农坛祭，其中陵祭次数之多，历代王朝无出其右。从清顺治八年（1651），顺治皇帝遣侍读学士白允谦赴炎帝陵告即位致祭，开清帝致祭炎帝陵之先河，到光绪元年（1875），光绪皇帝遣荆州左翼副都统穆克德布赴炎帝陵告即位致祭，共有38次。其中乾隆一朝遣官致祭炎帝陵达12次之多，创历朝历代之最。

清代是中国神农耕祭之礼发展的顶峰时期。顺治十一年（1654）开始恢复了祭祀先农、行耕藉礼老传统。康熙时始创《祈谷九章》乐，二十八年（1689），又撰《谷祝文》[1] 用作祭祀神农的祈祷之辞。雍正初年，谕言国家是以民为本，民以食为天。按照礼仪，天子耕藉千亩，诸侯百亩。这耕藉适应于臣下，当地官员应该遵照执行。通过实际耕种，使朝廷上下大小官员都知道耕种的艰难，要考察地力的肥沃与贫瘠，观察天气的阴晴风雨。真是“养民务本，道实由之”（《清史稿·礼志》，《清史稿》卷八三）。雍

1．《授时通考》卷四九劝课祈谷、耕藉。

正二年（1724），祭祀先农行耕藉礼之后，雍正赏赐藉田农夫每人四匹布，颁赐各省嘉禾图一幅。乾隆三年（1738）在举行耕藉大礼前六日，皇帝亲自到中南海丰泽园指导农耕演习。清朝的祀先农藉田的活动，一直延续到清末光绪年间。与此同时，从雍正五年（1727）起，又规定全国各省及府、州、县都要设立先农坛藉田。在每年的仲春亥日，由地方行政长官率领官属农夫祭祀先农，行九推藉田之礼。[1] 这是前代所没有的创举。清朝前后经历了10个皇帝，在位共267年，而皇帝亲历先农坛的次数达248次。

清代皇帝亲耕亲祭（遣官代耕代祭）先农坛情况（《清实录》）列表如下：

表2 清代皇帝亲耕亲祭（遣官代耕代祭）先农坛情况统计

年号	在位年数	耕、祭次数	年号	在位年数	亲、祭次数
顺治	18	8	康熙	61	58
雍正	13	13	乾隆	60	58
嘉庆	25	25	道光	30	29
咸丰	11	11	同治	13	13
光绪	34	29	宣统	3	3

总之，清代从顺治二年（1645）开始正殿七室庙祭祀历代帝王，中室祭祀太昊伏羲氏、炎帝神农氏、黄帝轩辕氏起，到康熙二十四年（1685）建传心殿，正中祭祀圣师伏羲、神农、轩辕始，到乾隆六年（1741），乾隆皇帝亲祭传心殿，六十年归政，再行之。再到雍正四年（1726）八月，雍正皇帝下令在全国设立先农坛。有清一代，炎帝作为古帝王、先农神、先医神、先圣师，不仅得到了朝廷的隆重祭祀，而且也得到了各地官府和百姓的隆重祭祀。

在明清时期，还有一个重要的炎帝、黄帝祭祀场所，就是设立了一座

1．《授时通考》卷四九劝课祈谷、耕藉。

“历代帝王庙”。历代帝王庙为明清两朝祭祀三皇五帝、历代帝王和功臣名将的皇家庙宇。始建于明嘉靖九年（1530），清代屡有修葺。占地面积约2.1万平方米，建筑面积6000平方米，主要建筑有影壁、山门、钟楼、景德门、景德崇圣殿及配殿、碑亭等。景德崇圣殿是专门供奉历代帝王牌位的地方。新中国成立后，一度曾为学校使用。2004年修复开放。1996年被国务院公布为全国重点文物保护单位。景德崇圣殿内供奉三皇五帝和历代开国、守业帝王188人的牌位，东、西配殿供奉历代文臣武将79人的牌位。炎帝和黄帝牌位位居中央最显赫处。可见炎帝、黄帝地位之崇高和后世人对其之崇敬。

（二）历史上的祭祀礼仪

历史上的祭祀礼仪分为始祖祭祀、天帝祭祀、圜丘配祭、帝王祭祀等四种形式。

第一，始祖祭祀由来已久。始祖祭祀大概起源于旧石器时代晚期和新石器时代早期，形成于新石器时代，成熟于夏商周三代。商周以前的祭祖礼仪已不可考，商代的祭祖仪式从卜辞上看并不固定，即使是祭祀同一祖先，每次所用的祭品种类、数量、用牲等都有差异[1]。周代有祭祀祖先的固定场所——宗庙，有祭祀祖先的固定仪式——“四时之祭”，即春祠、夏礿、秋尝、冬蒸，对祖先的祭祀已经制度化、规范化。刘源在整理《礼运》疏、《周礼》《礼记》的有关内容后，总结周天子祭祖仪式如下[2]：

> 祭祀前十日大宰帅大宗伯、大卜等卜日，肆师诏相其礼。
>
> 卜日后大宰誓戒百官，责成百官各司其职，提供祭祀所需一应之物，履行祭祀中所应承担的职事。令守祧、隶仆打扫庙寝。小

1．参见刘源．商周祭祖礼研究[M]．上海：商务印书馆，2004：120—123．
2．引自刘源．商周祭祖礼仪研究[M]．上海：商务印书馆，2004：187—191．

宰、宰夫亦参与戒具，辅助大宰。

卜日后，王开始为期十日的斋戒，改变平日膳食，食玉屑，每天要三次杀牲，所谓“王齐日三举”，负责宰牲供膳的官是膳夫。

祭前三日宿，大宗伯再次誓戒百官。

祭祀前夕，内外饔、廪人、世妇及鬱人等清洁祭器及甑甗炊器，大、小宗伯亲往查看，大宰亦莅临，宰夫亦从大宰往视。大宗伯检视圭瓒。大、小宗伯省牲。封人刷洗清洁牛牲，在牛角上缚横木防其抵触人，给牛鼻子拴绳以便牵引。

祭日之晨小宗伯告备于王。

祭日之晨，王服衮冕而入庙门，大司乐令乐官奏《王夏》以为节。王不出迎尸，尸衮冕入庙门，祝在后侑之，大司乐令乐官奏《肆夏》以为节。

尸入室，大祖面朝东坐，昭面朝南，穆面朝北坐。大宗伯、小宰助王以圭瓒酌鬱鬯祼尸。当灌之时，众尸皆同在大庙中，依次而灌。尸祭之啐之奠之而不饮。是为一献。王灌毕出庙门迎牲，后从灌，二献也。内宰助后以璋瓒祼尸。祼尸时并作乐，宗庙大祭祀则于堂上作《九德》之歌，四时常祭则于堂上以夹钟为调而歌。

尸祼毕，祝延尸出室，大祖之尸坐于户西南面，其主在右，昭在西，穆在东，相对坐，主各在其右。九嫔助后荐朝践之豆笾。王亲牵上牲入庙，大宰辅助，王之肆子牵次牲，公卿大夫次序从天子入庙。封人随王歌舞，称牲肥香以取悦于神。至庭中缚牲于碑上，祝以币告神于庭。射人助王射牲。王亲执鸾刀，启牲毛，祝取血、毛入室告神，毛以告纯，血以告杀。升牲首于室中，置于北墉下。内饔将牲豚解为七体，荐牲血肉于尸主之前，谓之朝践。祝至庙门外祝告求神。王乃以玉爵酌著尊泛齐以献尸，大宰助之，此三献也。后又以瑶爵酌著尊醴齐以亚献，内宰助之，此四献也。当此二献之时，堂上以夹钟之调歌，堂下以无射之调作大武之乐。

内饔体解牲为二十一体，以汤爓之，荐右胖十一体于尸主之前。九嫔助后荐馈献之豆笾。王乃以玉爵酌尊壶盎齐以献尸，此五献也。后又以瑶爵酌壶尊醴齐以献尸，此六献也。此二献时，亦奏乐。

荐爓之后，合牲之左右体烹熟，告神于堂。体别牲之骨体，仍以右胖十一体升于尸俎，而以左胖升于王及后之俎。奉俎于室中，设馔阴厌以飨神，后以玉敦荐黍稷，内宗与九嫔赞助。延主于室之奥，大祖东面，昭在南面，穆在北面，祝以斝爵酌奠于馔南。既奠之后，取香蒿染以牛羊肠间脂，与黍稷一同焚烧升烟飨神。徙堂上之馔于室内坐前，乃迎尸入室，举此奠斝，王入室拜以妥尸。

于是尸食十五饭讫，王以玉爵因朝践之尊泛齐以酳尸，为七献也。尸酢王。王受嘏，献诸侯。于是后以瑶爵因酌馈食壶尊醍齐以酳尸，为八献也。尸酢后。其时王以瑶爵献卿诸侯为宾者，以瑶爵酌壶尊醍齐以献尸，为九献，尸酢宾。王与后交致爵。此三献时皆奏乐。

九献毕，堂上、堂下歌乐合作，王帅群臣持干戚舞《大武》。

宰夫给尸、王、后等进羞笾羞豆。嗣子、公、卿以下为加爵，内宗进加豆笾。

然后行旅酬及馂礼。

膳夫掌撤王之胙俎。九嫔助后撤豆笾。内小臣撤后之俎。

正祭完毕，次日又举行绎祭，不灌地降神，杀牲祭于庙门内西塾之室，然后于堂上傧尸。

第二，天帝祭祀始于先秦时期。战国时期，受阴阳五行学说和方士造神运动的影响，原本为人祖的炎帝同黄帝等一起演化为天神，成为五方帝之一，成为畤祭、郊祭的对象之一。炎帝作为天神受到祭祀，主要有圜丘配祭、五方帝配祭、蜡祭、明堂祭、先农坛祭等。

圜丘是一座圆形的祭坛，象征天圆之形，俗称其为“天坛”。圜丘祭天一般是于冬至之日在位于京城南郊的圜丘举行，炎帝等天帝在祭天时随祀，是为圜丘配祭。炎帝圜丘配祭大概始于汉代，终于明代，其祭祀礼仪分为斋戒、陈设、銮驾出宫、奠玉帛、进熟、銮驾还宫等(《大唐开元礼·吉礼》卷四)。

五方帝祭是在战国秦汉之际，五帝同朝代更迭和四时变易联系起来，不仅配天随祀，而且单独受到祭祀。《后汉书·礼仪志》载：“立夏之日，迎夏于南郊，祭赤帝、祝融。车旗服饰皆赤。歌《朱明》，八佾舞《云翘》之舞。”其祭祀礼仪分为斋戒、陈设、銮驾出宫（如圜丘之仪）、奠玉帛、进熟、銮驾还宫（如圜丘之仪）等（《大唐开元礼·吉礼》卷一四）。

明堂是指古代天子宣明政教即朝会、祭祀、庆赏、选士、养老、教学的地方，也有指在墓前举行的祭祀。《史记·封禅书》云：“初，天子封泰山，泰山东北阯古时有明堂处，处险不敞。上欲治明堂奉高旁，未晓其制度。济南人公玉带上黄帝时明堂图。明堂图中有一殿，四面无壁，以茅盖，通水，圜宫垣为复道，上有楼，从西南入，命曰昆仑，天子从之入，以拜祠上帝焉。”可见，黄帝时期就已有了明堂祭。《汉书》卷二五下载：“则祠泰一、五帝于明堂上坐。”《后汉书》志第八载：“明帝即位，永平二年正月辛未，初祀五帝于明堂，光武帝配。”明堂祭为历代皇帝祭祀的重要场所。其祭祀礼仪分为斋戒、陈设、省牲器、銮驾出宫(如圜丘之仪)、奠玉帛、进熟、銮驾还宫(如圜丘之仪)等（《大唐开元礼·吉礼》卷一〇）。

蜡祭起源于田间祭祀田神，始于伊耆氏，后周时以神农氏、伊耆氏等合祭，相沿至宋代。据《通典》载：“其神神农，初为田事，故以报之。”又载：“后周以十月祭神农、伊耆以下至毛介等神于五郊。……皇帝为初献上帝、地祇、神农、伊耆及五人帝，冢宰亚献，宗伯终献。”其祭祀礼仪分为斋戒、陈设、銮驾出宫(如圜丘之仪)、奠玉帛、进熟、銮驾还宫(如圜丘之仪)等（《大唐开元礼·吉礼》卷二二)。

耕藉礼与先农坛起源甚早。《礼记·祭统》已有“天子观耕于南郊”“诸侯耕于东郊”之语，《后汉书·礼仪志》注引《汉旧仪》云：“春始东耕于藉田，官祀先农。先农即神农炎帝也。”而《明史》卷四九《先农》有较详细的记载：

洪武元年谕庭臣以来春举行耤田礼。于是礼官钱用任等言：“汉郑玄谓王设在耤田之中。唐祝钦明云：‘先农即社。’宋陈祥道谓：‘社自社，先农自先农。耤田所祭乃先农，非社也。’至享先农与躬耕同日，礼无明文。惟周语曰：‘农正陈耤礼。’而韦昭注云：‘祭其神为农祈也。’至汉以耤田之日祀先农，而其礼始著。由晋至唐、宋相沿不废。政和间，命有司享先农，止行亲耕之礼。南渡后，复亲祀。元虽议耕耤，竟不亲行。其祀先农，命有司摄事。今议耕耤之日，皇帝躬祀先农。礼毕，躬耕耤田。以仲春择日行事。” 从之。

二年二月，帝建先农坛于南郊，在耤田北。……

永乐中建坛京师，如南京制，在太岁坛西南。……

明代皇帝举行藉田礼仪如下（《明史·先农》卷四九）：

弘治元年定耕耤仪。前期百官致斋。顺天府官以耒耜穜稑种种进呈，内官仍捧出授之，由午门左出，置彩舆，鼓乐，送至耤田所。至期，帝翼善冠黄袍，诣坛所具服殿，服衮冕，祭先农。毕，还，更翼善冠黄袍。太常卿导引至耕耤位，南向立。三公以下各就位，户部尚书北向跪进耒耜，题天府官北向跪进鞭。帝秉耒，三推三反讫。户部尚书跪受耒耜，顺天府官跪受鞭，太常卿奏请复位。府尹挟青箱以种子播而覆之。帝御外门，南向坐，观三公五推，尚书九卿九推。太常卿奏耕毕，帝还具服殿，升座。府尹率两县令耆老人行礼毕，引上中下农夫各十人，执农器朝见，令其终亩。百官行庆贺礼，赐酒馔。三品以上丹陛上东西坐，四品以下台下坐，并宴劳耆老于坛旁。宴毕，驾还宫。大乐鼓吹振作，农夫人赐布一匹。

先农坛耕祭礼仪图示如下（《配位图》参见《明集礼》卷十二、三十四；《耕耤图》参见《明集礼》卷十二、三十三）：

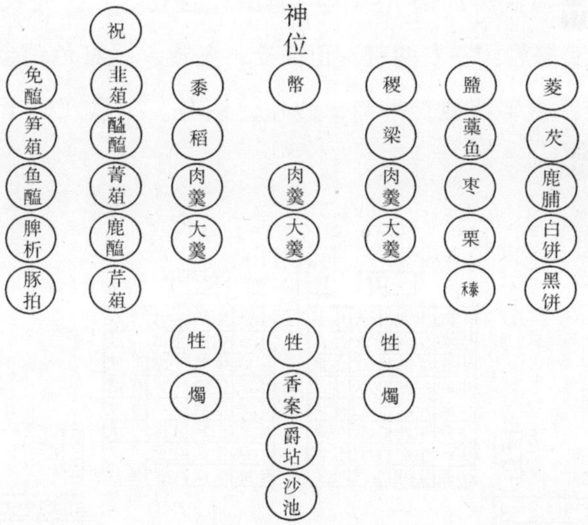

配位图

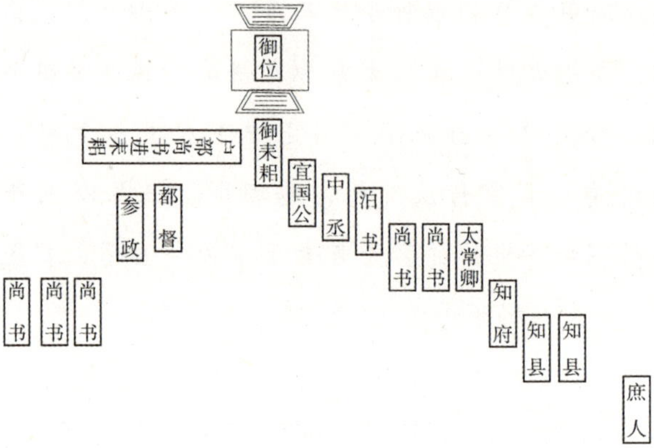

耕耤图

先农坛初献《武舞》谱（《清会典图》卷五二）。先农坛祭以仲春或季春。初献《武舞》：左右两班，正面立，冬冠，服红色销金花服。皆左手执干居中当胸，右手执戚，平衡，戚左，柄右。工歌《时丰》之章，舞凡三十二式。

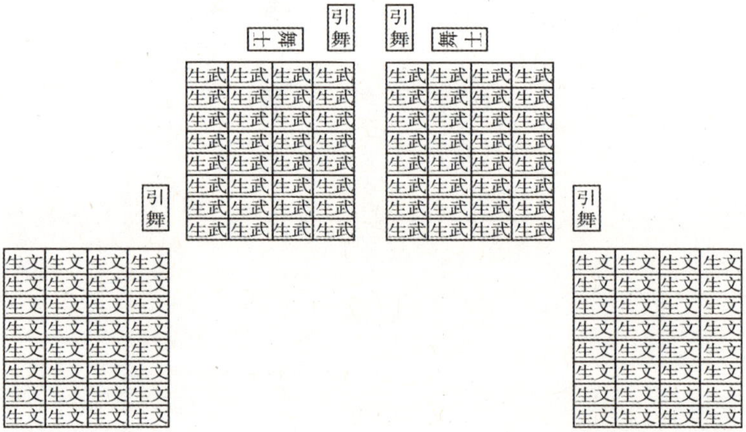

舞图

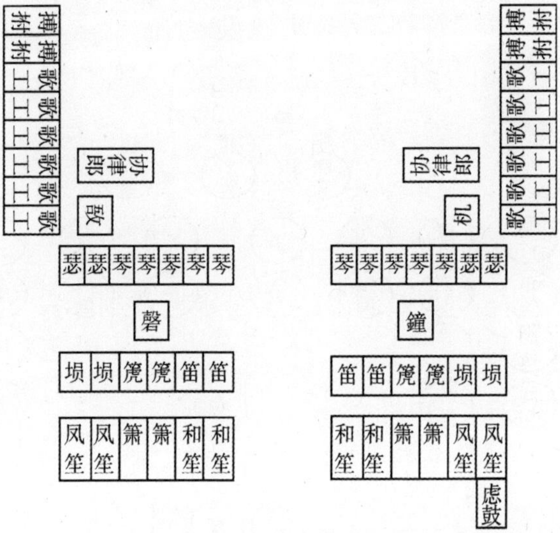

乐图

先农坛亚献《文舞》谱（《清会典图》卷五二）。先农坛亚献《文舞》：左右两班，正面立，皆左手执籥，居左；右手执羽，居右，羽、籥分植，下齐当腰际。工歌《咸丰》之章，舞凡三十二式。

先农坛终献《文舞》谱（《清会典图》卷五二）。先农坛终献《文舞》：左右两班，立如亚献。皆左手执籥，当胸平衡，右手执羽，当中，植立，高出于顶，羽、籥相交如十字。工歌《大丰》之章，舞凡三十二式。

先农坛耕祭礼仪图示如下（《陈设图》《皇帝躬耕位次图》参见《清会典》）：

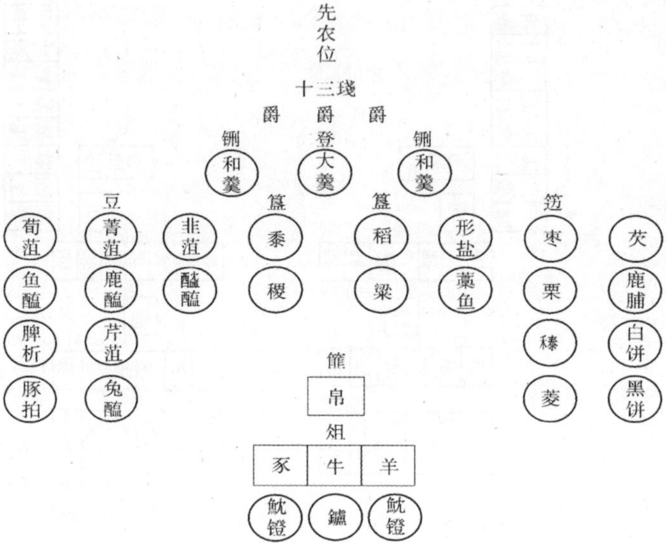

先农坛陈设图

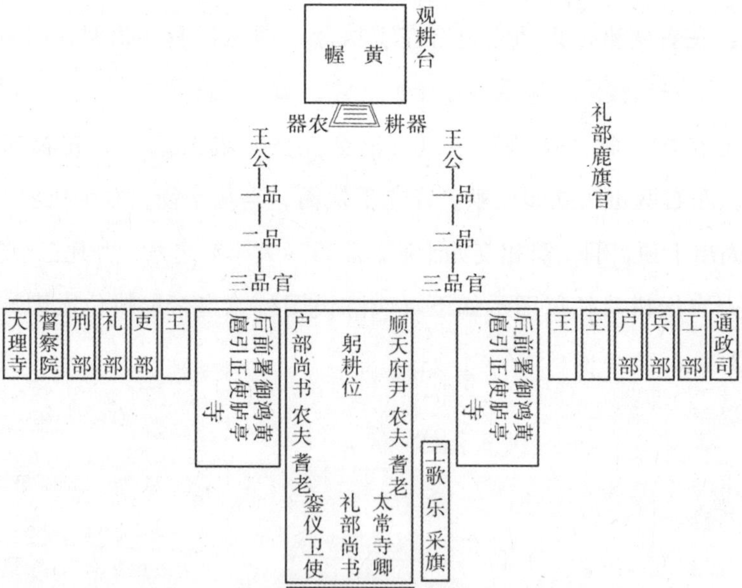

皇帝躬耕位次图

清雍正四年（1726）定议："直省府州县各建先农坛，岁以仲春亥日致祭。"从此，府、州、县也开始了先农坛祭祀活动。《大清通礼》（卷八）记载省府祭祀先农坛礼仪如下：

省会以总督若巡抚一人主之。若有故，则布政使以次摄，陪祀文武官及各执事人均如祭社稷之礼。先二日，主祭、陪祭、执事各官致斋公所，扫除坛壝内外。祭日，鸡初鸣，执事人设先农神案于坛正中，南向；陈钘铏一、簠二、簋二、笾豆各四；案前设俎，陈羊一、豕一。又前设香案一，陈祝文、香盘、鑪镫，左设一案，东向，陈帛一、尊一、爵三，陈福酒胙肉于尊爵之次，设洗于阶下之东。质明，引班引陪祭官人，引赞引主祭官人。通赞、执事者各司其事。赞就位，引主祭官至阶下盥手，就拜位立。陪祭官按班就东西拜位立，均北面。迎神、上香、读祝，行三献礼。祝辞曰：维某年月日，某官某致祭于先农之神曰：惟神肇兴稼穑，立我烝民。颂思文之德，克配彼天；念率育之功，常陈时夏。兹当东作，咸服先畴，洪惟九五之尊，岁举三推之典，恭膺守土，敢忘劳民。谨奉彝章，聿修祀事，惟愿五风十雨嘉祥恒沐神庥，庶几九穗双岐，上瑞频书于大有。尚飨。余仪与祭社稷同。祭毕，率属行耕耤礼。

府州县岁祭先农，主祭官、陪祭官暨各执事并同社稷。祭期，牲帛器数行礼仪节与省会同。

《重修宝鸡县志·建制》（1764）载宝鸡知县祭祀先农坛礼仪如下：

先农坛：东郭内。祭礼，每年部颁日期，前期致斋三日。主祭官俱穿朝服，齐集坛所。其一切礼仪如祭社稷之例。祭毕各官易蟒袍补服，知县秉耒，佐一执青箱播种。行耕时，用耆老一人牵牛，农夫二人扶犁，九推九返，农夫终庙。耕毕，各官率耆老农夫望阙行三跪九叩礼。农具俱用赤色，牛黑色，箱青色，籽种悉听各处土宜。每年所收米石及用过粢盛籽日，报司送部。祝辞：维神肇兴稼穑，粒我烝民；颂期文之德，克配彼苍；念率育之功，常陈时夏。兹当东作，咸服先畴。洪惟九五之尊，岁举三推之典。恭膺守土，敢忘劳民。敬奉彝章，聿修祀事。惟愿五风十雨嘉祥恒沐于神庥，庶几九穗双岐，上书频书于大有。尚飨。

另据乾隆六年（1741）刘良璧所著之《重修台湾府志》卷九记载，全台湾设先农坛的有台湾府（即后来的台南府）、凤山县、诸罗县、彰化县、淡水海防厅等，后随行政区域的改变与扩编，陆续又有台北府、新竹县、宜兰县等。其礼仪如下：

耕田坛位

台湾先农坛制：高二尺一寸，宽二丈五尺。先农牌位：高二尺四寸，宽六寸，座高五寸，宽九寸五分。红牌金字，填写“先农之神”。坛后正房三间，配房各一间。正房中间供奉先农神牌，东间收贮祭器、农具，西间收贮耤田米谷。配房东间置办祭品，西间令看守农民居住。坛庙耤田之外，周围筑土为墙，开门南向。

耕耤日期

每年十月初一，礼部颁历，预择日期奏闻；行文各省督、抚转饬所属，同日一体遵行。前期，致斋二日。

祭品

帛一（青色）、羊一、豕一、铏一、簠一、簋一、笾四、豆四。

祭具

农具赤色，牛黑色，籽种箱青色。所盛籽种，照本省土宜，择勤谨农夫二名，免其差役，给以口粮，令看守坛宇，灌溉耤田，敬谨收贮。所收米粟，以供各该处祭祀之粢盛。

仪注

祭日，巡台满汉御史、总镇、巡道、知府率所属俱穿朝服到坛。通赞生导诣盥洗所，盥手净巾毕，通赞唱："执事者各司其事"；"主祭官就位（就拜位），陪祭官各就位（照官衔、品级就拜位）"。"瘗毛血，迎神"。通赞生导主祭官升坛就位（就神前位）；唱："上香"。又上三炷香，通赞唱："跪"；陪祭官皆跪。行三叩礼，"兴，复位"（复拜位）；安神，行三跪九叩礼，兴。进帛，进爵。行初献礼，通赞唱："诣，酒尊所"；主祭官诣酒尊所。通赞唱："司尊者举幂酌酒，诣先农神位前，就位，跪。"通赞唱："陪祭官皆跪。""献帛""献爵"；"叩首，兴"。"诣读祝位，跪"，读祝文。读毕，三叩首，"兴、复位"。行亚献礼，通赞唱："诣酒尊所"；主祭官诣酒尊所。通赞唱："司尊者举幂酌酒，诣先农神位前，就位，跪。"通赞唱："陪祭者皆跪。"献爵，叩首，兴，复位。行终献礼（仪同亚献）……撤馔；送神，行三跪九叩礼，兴。读祝者捧祝，司帛者捧帛，通赞生导诣燎所，焚祝帛，复位；一舍身，礼毕。

午时，行耕耤礼。知府秉耒，佐贰执青箱，知县播种；外州、县正印官秉耒，佐贰执青箱播种。如无所属人员，即选择耆老执箱播种。行耕时，耆老一人牵牛、农夫二人扶犁，九推九返。农夫终亩耕毕，各官率属暨耆老农夫望阙谢恩，行三跪九叩礼。[1]

第三，帝王祭祀从唐代开始。炎帝作为有功德之远古帝王，在三皇庙、

1．参见钟宗宪．炎帝神农信仰[M]．北京：学苑出版社．1994：138−140．

帝王庙中受到祭祀。唐玄宗时“于京城置三皇、五帝庙，时时享祭”（《旧唐书·玄宗纪下》）。唐玄宗开元二十二年（734）正月，诏曰：“古圣帝明王、岳渎海镇，用牲牢，余并以酒脯充奠祀。”天宝六年（747）正月，唐玄宗诏曰：“敕三皇五帝，创物垂范，永言殷祀，宜有钦崇。三皇：伏羲，以勾芒配；神农，以祝融配；黄帝，以风后、力牧配。……其择日及置庙地，量事营立。其乐器，请用宫悬。祭请用少牢。仍以春秋二时致享。共置令、丞，令太常寺检校。”（《唐会要卷二二》）宋、金、元、明、清历代皆在三皇庙、帝王庙中祭祀炎帝。《大明会典》载洪武二十六年（1393），遣祭历代帝王礼仪有斋戒、传制、省牲、陈设、正祭、典仪、祝文、乐章、迎神。

自宋代建陵以来，历代均在湖南酃县（今炎陵县）炎帝陵祭祀炎帝。据《酃县志·炎陵》[1] 载清代祭祀炎帝陵礼仪如下：

大祀

凡遇国家大庆，举行典礼，钦派官员，告祭炎帝神农氏陵于湖南衡州府酃县。

先期，礼部开列侍郎以下、四品以上堂官职名，题请钦派致祭。钦派官员内有奉旨简放外差，另行开列奏请钦派。如致祭未毕，遇有事故者，奏请敕下该省督抚，于副都统、总兵内拟派，就近致祭，祭毕报部。

钦命告祭官员起程，钦天监择日。告祭官前一日斋戒，届期赴部。礼部堂官将致祭香帛、《祭文》交与该员，并与礼部、太常寺笔帖式内、酌派一员赍送。其致祭日期，会同地方官选择。

致祭品物，地方官备。礼部行文该处，总督、巡抚查照并钞录《仪注》遵行。

1. 参见周新发点校注. 酃县志（清·同治）[M]. 西安：西安出版社. 2011. 102–106.

告祭官至该处，各官朝服出郭跪迎，地方官恭奉《御祭文》、香帛，安置龙亭内，迎至公所中堂，各官行三跪九叩首礼。择定祭期，告祭官前期致斋三日。地方官备鼓乐仪仗，行一跪三叩首礼，迎《御祭文》、香帛龙亭，由午门入至祭所。钦差官及陪祭各官吉服，由东戟门入，行一跪三叩首礼。

祭期前一日，告祭官省馔醴。省毕，省牲。执事者牵牲过香案前，省毕，告祭官与陪祭官（或道或府或府佐）俱退入朝房序坐。地方官诣宰牲亭，监视宰性毕，率礼生二十五名，各照位次序立，请演礼。通赞二、引赞四、司罇一、司爵三、司盥洗二、瘗毛血五、司香二、奉帛一、读《祭文》一、歌乐章二、跪献二。告祭官、陪祭官俱立朝房门观演礼。演毕，赴殿观陈设祭器、祭品。次日，质明行事。

祭日，四鼓，地方官率礼生各执事人陈设祭器、祭品、牲俎，乐工陈乐器讫，各齐集庙门外待事。五鼓，告祭官、陪祭官各朝服诣庙门外，下舆步行，由东戟门进入朝房序坐。执事人声鼓，鼓三严。告祭官、陪祭官出，就位，行礼照部颁《仪注》。礼毕，退，由西戟门出。

陈设

紫降香一（裹以龙袱，祭则陈而爇之）、沉速香一（裹以黄帛，上有印信，祭亦陈而爇之）、绫寿币一（裹以龙袱，表曰“礼神之帛”。祭毕焚于陵前）。

祭器

爵九、俎三、登一、铏二、簠二、簋二、笾十、豆十、篚一、罇七。

祭品

牛一（黄色牡牛，少而角周正）、豕一、羊一（以上用俎三），太羹（煮肉汁不用盐酱。用登一）、和羹（以猪腰、羊脊肉造，和以五味。用铏二），黍、稷（以上用簠二）、稻、粱（以上用簋二），形盐（用白盐作虎形）、薨鱼（干鱼也）、枣、栗、榛、菱、芡、鹿脯、白饼（熬稻曰白）、黑饼（熬黍曰黑。以上十品用笾盛之），韭菹、醓醢（碎猪肉和盐酒料调）、菁菹、鹿醢（有骨曰臡、无骨曰醢）、芹菹、兔醢、笋菹、鱼醢、脾析（用牛百叶切细条，沸汤捞过，盐酒拌）、豚拍（取豚肩上肉生用。以上十品用豆盛之），烛九品（大二寸围，长九寸余，涂以朱，饰金龙于其上）。

乐章

迎神：天生人兮养未及，猗大帝兮立人极，分草食兮烝民粒，世永赖兮祀无斁。皇有命兮报神功，猗大帝兮驾青龙，降坛壝兮鉴微衷。

初献：涓吉日兮辰良，浴菲躬兮兰汤，佩玉鸣兮币帛将，祭如在兮心皇皇。

亚献：夜登坛兮未央，奠桂酒兮椒浆，肴蒸薄兮荐芬芳，神昭昭兮来洋洋。

终献：纷扬枹兮拊鼍，疏缓节兮安歌，贰用缶兮心靡他，拟陈词兮续猗那。

受祚：君德昭彰兮禋祀古皇，上溯五帝兮下逮哲王，钦承厥命兮代天荐扬，佩玉鸣珂兮执帛奉璋。颙若有孚兮禨禧辉煌，公辅公社兮禄寿靡疆。

彻馔：具粢盛兮惟虔，设果蓏兮惟涓，报大帝兮功如天，福我民兮成丰年。

辞神

维元元兮生不息，安饱煖兮谁之力？圣德深兮孰能测，人思功兮孰能绝，历万岁兮荐蒸尝，灵皇皇兮降中央，拥红云兮驭丹凤，飙回翔兮天茫茫。

时祭

每岁春秋仲月诹吉，守土正印官一员致祭，执事以礼生。

陈设

帛一、爵九、铏二、簠二、簋二、笾八、豆八、酒樽一、羊一、豕一。

仪注

致祭前一日，正印官斋戒，率礼生、执事生省牲涤器。届期，正印官朝服，前后行三跪九叩首礼，中间三献，饮福、受祚，俱与祀文庙礼同，惟无乐舞。

祝文

维帝功高当时，泽垂后世。陵庙所在，仰止益虔。兹届仲春（秋），谨以粢盛醴齐，用伸祀禴（尝）。尚飨。

附：御祭图式

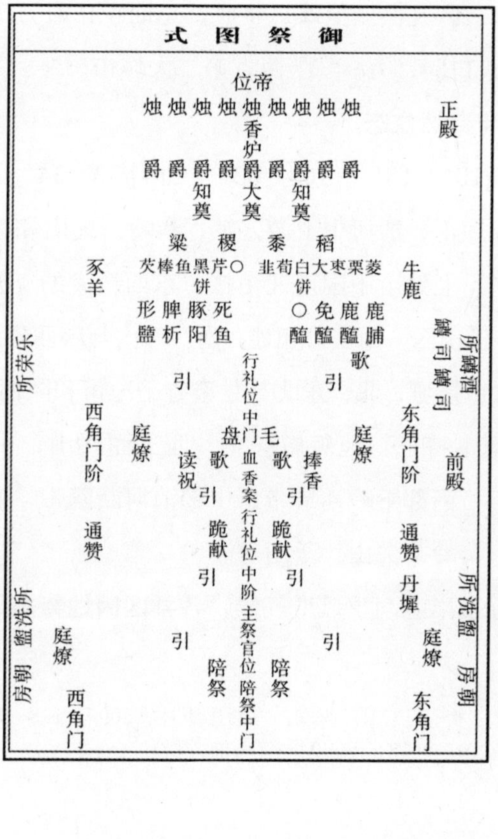

二、祭炎帝的流布地域

据不完全统计，现在，祭炎帝（陵）的流布地域涉及有陕西宝鸡、凤翔、陈仓，湖南炎陵、耒阳、郴州、会同、溆浦，湖北随州、神农架，山西高平、长治、长子，河南淮阳、沁阳、郑州、新郑、伊川，甘肃天水，福建永春，河北涿鹿以及台湾省的台北、台南、高雄等二十余处。[1] 本卷《中国节日志·祭炎帝》主要是以陕西宝鸡、湖南炎陵、湖北随州和山西高平祭炎帝为对象。

（一）陕西宝鸡祭炎帝

宝鸡古称陈仓。周秦畿辅之地。秦设陈仓县，唐肃宗至德二年（757）更名宝鸡县。1949年7月14日宝鸡解放，始设宝鸡市（宝鸡县仍存，2004年改陈仓区）。今辖三区九县。至2011年底，总面积1.81万平方千米，常住人口372.72万，市区人口84.5万。[2] 陕西省第二大城市。

1. 地理位置与自然生态

宝鸡位于东经106°18′～108°03′，北纬33°34′～35°06′。地处陕西省八百里秦川西部，渭河中上游之滨，秦岭、关山和关中平原的坳合地带。在大地构造单元上处于中国南北衔接、东西过渡的交会地带。东、东南与陕西省咸阳市、杨凌区、西安市相连，南、西南与陕西省汉中市毗邻，西、西北与甘肃省天水市接壤，北、东北与甘肃省平凉市和陕西省咸阳市相接。

地形地貌的基本特征：地貌南、北、西三面环山，中部凹平，呈簸箕形。地形分为三带：南部秦岭褶皱带，中部渭河断陷带，北部鄂尔多斯台向斜带。主要山脉有秦岭、关山、千山等。

宏观上属暖温带半湿润季风型气候，各县区因地势高低差异悬殊，气温

1. 霍彦儒. 陕西省志·炎帝志[M]. 西安：三秦出版社，2009：128—151.
2. 宝鸡统计局. 宝鸡2012年统计手册[Z].（内部资料）

高低差异较大。市区气候的特点是季风明显，四季分明。春季温暖少雨，夏季炎热多雨，秋季凉爽连阴雨，冬季干燥较寒。

境内河道以秦岭山脊为界，分属黄河和长江两大水系，主要河道有一级河流渭河和嘉陵江，二级河流有千河、石头河、漆水河、清姜河、小峪河、旺峪河、褒河、胥水河等。因南有秦岭，西有关山，北有千山，山、川、塬兼备，所以，雨量充沛，河流纵横，水资源较为丰富，故有关中"水龙头"之称。

已探明地下矿藏有金、铅、锌、铁、镉、镓、石墨、石灰岩、磷、红柱石、钠长石、透辉石、饰面大理岩、饰面花岗岩和煤等。

自然灾害主要有干旱、水涝、冰雹、霜冻、暴风、病虫害、地震、滑坡等。是陕西自然灾害较为频发的地区之一。

农业耕地面积542.34万亩，可利用草地面积15.19万亩，林地面积97.73万亩。[1] 粮食作物以小麦、玉米、水稻为主。主要经济作物有油料、棉花、麻类、烤烟、药材、蔬菜、瓜果、桑茧等。

2．祭炎帝的缘起和传承

宝鸡祭炎帝的缘起基于两方面的原因：一是《国语·晋语四》记载："昔少典氏娶有蟜，生黄帝、炎帝，黄帝以姬水成，炎帝以姜水成。"北魏郦道元《水经注·渭水》云："岐水又东，迳姜水城南，为姜水。"认为姜水为宝鸡渭河流域的一条支流。《史记·封禅书》又载：秦灵公三年（前422）曾在今宝鸡市陈仓区吴山之阳设下畤祭炎帝。《帝王世纪》载："炎帝神农氏，姜姓也。母曰任巳，有蟜氏女，名曰女登，为少典正妃。游华山之阳，有神龙首感女登于常羊，生炎帝。人身牛首。""华山之阳"泛指秦岭之南。二是民间传说。在当地民间，传说炎帝生于濛峪，长于瓦峪，沐浴于九龙泉。还传说，炎帝上天台山采药，误尝断肠草而中毒身亡，安葬于天台山。黄帝得知，登上天台山，为炎帝造烧香台，祷告七七四十九天。依据这些文献记载

1．宝鸡统计局．宝鸡2012年统计手册[Z]．（内部资料）

和民间传说，自战国起，宝鸡就开始有了祭炎帝活动，至唐代又在峪泉村修庙祭祀，直延续至20世纪50年代中期。90年代初，经宝鸡市人民政府研究决定，在原河滨公园内重修炎帝祠（原祠在渭滨区神农镇峪泉村）。1993年炎帝祠竣工。宝鸡市人民政府于当年农历七月初七举办了首届炎帝节，并在此期间举办了祭祀炎帝活动。连续举办三年后，从1996年起，由农历七月初七改为每年清明节，继续由宝鸡市人民政府主办，直至今天。其祭祀范围包括现在的渭滨区、金台区、陈仓区以及凤翔、岐山、扶风、眉县等县区。

宝鸡的祭炎帝分为三种模式：一是公祭。即由政府主持、出资而举办的祭祀活动，其参加祭祀人员主要为政府公务人员（官员），主祭人、主持人为市政府或市人大、市政协的主要领导，所以又称“官祭”。宝鸡有文字记载的公祭是战国早期，即公元前422年，《史记·封禅书》记载秦灵公在“吴阳……设下畤，祭炎帝”。这也是有文字记载的中国境内最早的由官方主办的一次公祭。在以后的文献中，虽没有具体记载秦灵公后的秦公祭祀炎帝的文字，但从秦人不断的祭祀“四帝”（白、青、黄、赤帝）来看，炎帝也是被列入其中的。秦始皇统一六国后，继承了先秦的祭祀传统，炎帝继续得到崇祀。刘邦入关后曾问：“故秦时上帝祠何帝也？”对曰：“四帝，有白、青、黄、赤帝之祠。”[1] 赤帝即炎帝。说明秦朝时仍祭炎帝。汉高祖刘邦尊炎帝为感生帝，在秦代四帝祭祀的基础上又增加了黑帝，形成了以后完整的五帝祭祀系统。汉文帝对五帝祭祀尤为热衷。《史记·封禅书》载：“文帝出长门，若见五人于道北，遂因其直北立五帝坛，祠以五牢具。”《史记·孝文本纪》载：“上亲郊见渭阳五帝庙，亦以夏答礼而尚赤。”汉文帝“尚赤”，说明炎帝在五帝系统中地位重要。汉武帝除了在泰山封禅祭赤帝（炎帝）、黄帝等“五帝”[2] 外，还18次到宝鸡、凤翔等地祭祀包括炎

1.［东汉］班固．汉书·郊祀志[M]．北京：中华书局，1995：1210．
2.［汉］司马迁．史记·封禅书[M]．北京：中华书局，1982：1401．

帝在内的"五帝"。魏晋隋唐宋元无文字记载宝鸡的官祭，而在清代乾隆二十九年（1764）《重修宝鸡县志·建制》中说："每年部颁日期，前期致斋三日。主祭官俱穿朝服，齐集坛所。其一切礼仪如祭社稷之例。"这是说在明清春秋两季，该地在知县的率领下，在先农坛以"藉田"的形式祭祀炎帝。此后直至中华人民共和国成立后的20世纪80年末期，宝鸡公祭再未举办过。先农坛也在1958年"大跃进"破除迷信运动中被拆除。

20世纪90年代初，宝鸡市公祭炎帝活动又重新恢复。1991年～1993年，由宝鸡市人民政府出资，在今炎帝园（原河滨公园）内辟地十亩，重修炎帝祠。于1993年8月23～27日宝鸡市人民政府主办了首届中国·宝鸡炎帝节。8月24日（农历七月初七，传说为炎帝忌日），宝鸡市人民政府在刚刚竣工的炎帝祠举行了隆重的公祭典礼。来自省内外各界及港台同胞代表1200人参加了祭祀，时任市长主祭并恭读祭文，全国政协副主席洪学智、汪锋，中华炎黄文化研究会执行会长萧克上将参加。祭典结束后，在炎帝祠广场举行了文艺演出。以后在同一时间又在炎帝祠举行了两次公祭炎帝典礼。至1996年以后，由市政府确定为每年的清明节举行公祭炎帝典礼。至今已举办了22年。

二是官民合祭。即由民间社团、人士组织主办而由政府、个人出资的祭祀活动。一些大型的祭祀典礼，又有官方人士参加。民间传说宝鸡的民祭始于黄帝时期。炎帝在天台山采药，误尝了断肠草而去世葬于天台山。黄帝知道后，便在天台山祭祀炎帝九九八十一天，以后人们便将黄帝祭祀炎帝的地方叫"烧香台"。于是，后世人在天台山修建庙宇（此庙遗址尚存）祭炎帝，并将每年农历七月初七作为炎帝忌日。每年到了这一天，四乡八村的老百姓都要带上供品，到天台山安放炎帝尸骨的"寝骨台"祭奠。时间要延续一个多月。进入20世纪90年代初，在民间人士的呼吁下，为了便于群众祭祀，由益门镇（今为神农镇）镇政府与宝鸡桥梁厂（今为中铁宝鸡桥梁有限公司）联合，在常羊山重修炎帝陵。并于1993年农历七月初八在（因初七在炎帝祠举行公祭活动）常羊山炎帝陵举行了移陵后首届大型官民同祭活动。

从此沿袭旧例，将每年农历七月初七定为炎帝陵祭祀日。2005、2006、2009三年，由世界华人协会、中华炎黄文化研究会和宝鸡市人民政府主办，渭滨区人民政府承办，在此先后举行了三次全球华人省亲祭祖大典。共有两万多人参加，其中有来自本地和外地社团群众万余人。时任市长主祭和恭读祭文。这三次祭祀炎帝典礼在国内外产生了重要影响。

三是民祭。即纯粹由村民自己组织、个人捐款、无官方参与的一种祭祀模式。这种祭祀模式也表现在峪泉村神农庙祭祀活动上。传说炎帝出生后，曾在今峪泉村九龙泉“洗三”，所以在此村留下了炎帝出生于农历正月十一的传说。依据这则传说，当地人将每年农历正月十一作为祭炎帝的庙会，一直延续下来。在峪泉村立庙祭祀，大约始于唐代。苏轼《初游楼观五百言诗》：“……鸡岭云霞古，龙宫殿宇幽。南山连大散，归路走吾州。”“龙宫殿宇幽”一句，就是写的这座祠。因为：一是“神农”亦称“神龙”；二是苏轼在诗中所说的从鸡峰山下到大散关，与此祠所在的峪泉村正好是在同一条路线上。[1] 清乾隆三十年（1765）《重修凤翔府志·卷三》载：“神农庙：一在县东南，一在县南九龙泉上。”“县南九龙泉上”的神农庙就是指的今峪泉村神农庙。神农庙至中华人民共和国成立，先后修缮过三次。其中一次有文字记且较大的修缮为乾隆三十年（1765）。乾隆三十年（1765）《重修神农祠九龙泉碑记》“……见其垣墉圮颓，断碣仆地，泉井四旁，磊块牙错，殊失庄严……附近居人，竞发诚愿，谋修亭宇。余因商之合邑士庶，佥有同心，莫不踊跃从事，不数月而工告竣。”1958年前后，因破除迷信，神农庙被拆，集体祭祀活动也被迫终止。至1983年，当地几位热心人士自发捐款、筹款，在原址重修了一间只有9平方米的小庙（称老庙）进行祭祀。这座小庙曾在20世纪80、90年代先后接待了来自中国台湾同胞和新加坡等华人华侨二三百人。2000年前后，因修建310国道，占用了老庙祭祀场

1．霍彦儒．陕西省志·炎帝志[M]．西安：三秦出版社，2009：127．

地，于是，在村委会的倡导下，在热心人士的积极参与下，各家各户捐款捐物，又在离原址不远的310国道北重修了三间神农大殿（称新庙），占地1500多平方米。以后每年正月十一的祭炎帝庙会就在这新建庙宇举行。而农历每月初一、十五的小型祭祀和个人还愿之类的信仰表达仍在老庙进行。

3. 祭炎帝的组织、筹备和礼仪

祭炎帝的基本内容包括成立组织、筹备和祭祀礼仪。祭祀礼仪是整个祭祀炎帝期间的主要环节和内容。因祭炎帝有公祭、民祭之分，所以在组织、筹备和仪式等方面也有所不同。

公祭　清明节公祭因主要是市级和县区党政机关公务人员参加，不邀请上级和外地团体，所以相对来说筹备工作要简单些。首先，确定主、承、协办单位。然后成立由宝鸡炎帝研究会、宝鸡市委宣传部、宝鸡市委统战部、宝鸡市直机关工委、宝鸡市公安局、宝鸡市教育局、宝鸡市文化广播电视局、宝鸡市环卫局、宝鸡市社科联、宝鸡市武警支队、宝鸡炎帝园等单位主要领导组成的“宝鸡XX年清明祭祀炎帝典礼筹委会”。筹委会主任由主管副市长兼任。在筹委会领导下，由宝鸡炎帝研究会、宝鸡炎帝园抽调人员组成“清明祭炎办公室”，一般为5～7人，具体负责祭祀典礼活动的各项筹备工作。筹备时间为1～2个月，分三个阶段：一是制订方案；二是落实仪仗队（包括锣鼓队、唢呐队、礼仪人员）；三是布置祭祀场地。如果是举行大规模的祭祀活动，如2005年的“全球华人省亲祭祖大会”，其筹委会主任由市长兼任，下设办公室、综合处、安保处、祭祀处、宣传处、学术处（论坛处）、接待处等具体办事机构，具体负责筹备工作。

礼仪流程一般分为全体肃立；击鼓鸣钟[1]；敬献佳肴珍馐；敬献花篮；恭读祭文；行三鞠躬礼，鼓乐告祭（锣鼓）；瞻仰炎帝像（同时奏祭乐）。

1．宝鸡清明公祭活动，击鼓34响，以象征34个省、市、自治区（包括港、澳、台）；鸣钟13响，以象征13亿炎黄子孙。

根据规模的不同，其祭祀礼仪的内容也有所不同。如2009年9月19日，由世界华人协会、中华炎黄文化研究会和宝鸡市人民政府主办，渭滨区人民政府承办，在炎帝陵广场隆重举行了第三届“全球华人省亲祭祖大典”。这是一次官民合办的祭祀活动。有来自海内外8000名华人参加。祭祀场面宏大，庄严肃穆。

祭祀广场的布置：祭台后设置仰式梯形喷图背景，背景上雕刻“全球华人祭祀炎帝大典”会标和两条巨龙，寓意中华民族的腾飞。双龙中央耸立魁梧高大的炎帝塑像，塑像前置供桌、香炉等祭器。祭台上铺设红色地毯，台两边各置5门礼炮，台前端各设10把架式长号。在祭台两侧延伸出的牛角形阶梯上各竖5面立式唐鼓，并在牛角阶梯弯处各设两座图腾柱。77人（寓意农历七月初七）组成的唢呐队站立于祭祀台前东西两侧。祭祀广场周围施放、悬吊若干气球和条幅，两侧各插99面杏黄龙旗，祭台两侧各插55面杏黄龙旗，寓意“九五之尊”，广场中央铺设红色地毯，两侧各设百面彩旗，形成祭祀神道。

祭祀人员按幡帐队、民祭队、农祭队的顺序以方阵形式排列在神道两侧。方阵前为中央、省、市领导和港澳台及海外嘉宾。整个祭祀广场气氛庄严肃穆、井然有序。祭祀议程分为两部分：迎亲和祭典。上午9时整，迎亲开始，分为五个部分：唢呐迎亲、“守陵人”致辞、主祭人更衣、圣水沐浴、古乐净心。祭典礼仪分为“文祭”和“乐祭”。文祭议程：点燃圣火后，由主祭人宣布祭祀仪式开始：①击鼓、奏乐；②党、政、军领导敬献花篮；③主祭人上香；④“酒祭”；⑤民众代表敬献“三牲”“五谷”，敬箸、敬馔及时令鲜果；⑥主祭人代表恭读《祭炎帝陵文》；⑦全体人员向炎帝塑像三鞠躬。祭祀礼仪结束后是乐舞告祭。

主持人宣布乐舞告祭开始后，音乐响起。同时，一面巨幅代表炎帝功绩的历史画卷落下，一幕现代、博大而壮丽的场景展现在祭台两侧——999名身着白色长裙、胸戴黄花的“圣女”出现。齐声高唱《炎帝颂》。此时，舞

▲ 祭祀典礼/闫瑜 摄/2006年

蹈伴歌而起。舞蹈分为五个乐章：钻木取火、教民稼穑、发明医药、日中为市、华夏统一。

祭祀大典在结束时刻彩弹冲空，礼炮齐鸣，御龙升天，彩球飞舞（由99名学生手执彩球从广场四周穿越方阵沿祭祀神道排开，放飞9999只代表中华民族长治久安的彩球），飞鸽游天(放飞999只代表全球华人久久归一，祖国统一心愿的飞鸽)。

民祭　民祭仪式在20世纪五六十年代以前还比较隆重，祭祀仪式也相对丰富，有唱戏、杂耍、诵经，其活动有祈雨、止雨、止火、淘泉、发愿、雷木等。近年来，由于公祭活动的举办，再加上受经费、人力、物力等因素的影响，较前相对简单。原来会期为5～7天或7～10天，现在一般为2～3天，将搭高台唱大戏改为地台清唱，有时干脆就不唱了。其庙会组织在20世纪50年代以前，由当地村民选举产生，一般为3～5人，设会首一人。20世纪80年

▲ 御龙升天/杨安立 摄/2009年

代以后，庙会会首由村委会主任兼任。庙会仪式包括挂灯、“献祭”[1]（供品）、诵经、“搭红”[2]（供衣）、送神[3]（炎帝）、分祭[4]等。庙会期间的演出活动有秦腔、陕西眉户、陕西道情、西府皮影、西府木偶剧等。演出的剧目多为传统剧目，如《回荆州》《玉堂春》《斩秦英》《赵氏孤儿》《大登殿》。有时也演出现代戏或新编历史剧、神话剧，如《梁秋燕》《屠夫状元》《刘海砍樵》《窦娥冤》等。舞蹈有秧歌舞、扇子舞、扑蛾即兴舞、板凳龙、赶犟驴、跑竹马、车社火、马社火、山社火、说唱社火、高跷等。游艺娱乐有吹（捏）糖人、赛鼓等。庙会期间的饮食小吃多种多样，如臊子面、面皮、搅团、八宝饭、羊肉泡馍、臊子肉、腊驴肉、面花、西凤酒等。

1．献祭也叫“上祭摆供”。就是把用上等新麦面粉做的“面花”如“连年有余”“百鸟朝凤”等，或是把用油炸的各种形式的“面祭”如“二龙戏珠”“狮子滚绣球”等摆在供桌上，以让炎帝和诸神享用。

2．搭红就是给炎帝供衣。是指将精心制作的丝绸或锦缎衣服、被面披在炎帝圣像上。以表示炎帝在节日期间，在享用佳肴珍馐的同时还要享用华美的服装。

3．庙会第三天傍晚，再从祭棚内请出诸神，又以迎接的仪式送回。不过仪式要比迎接简单多了。

4．庙会结束后（往往为庙会的第四天），由德高望重的长者双手托盘，端着供品，将庙会期间群众献的食品一类东西，绕村挨家行走，分送给各家各户，寓意让神农诸神把福泽传给每家每户，在新的一年里继续造福人间。

▲ 峪泉村神农庙会/霍彦儒 摄/2010年

（二）湖南炎陵祭炎帝

炎陵县原名酃县，古属茶陵县，南宋嘉定四年（1211）置县。至2011年底，总面积2030.24平方千米，常住人口17.9万。[1] 1994年由酃县改为今名炎陵县。属湖南省株洲市管辖。

1.地理位置与自然生态

炎陵县位于东经113°34′～114°07′，北纬26°03′～26°39′。地处湘东南边陲、罗霄山脉中段。东与江西省井冈山市、遂川县交界，南与桂东、兴资县相邻，西与安仁县接壤，北与茶陵县和江西省宁冈县毗邻。

炎陵县属华南褶皱带范围。地形大势为东南高亢，西北低缓。地貌以山地为主，另有丘陵、岗地、溪谷，平地仅占4.3%。全境为两条主要山脉所

1．炎陵县统计局2011年年报。

覆盖。在西为八面山，东南为万洋山，北部为笔架山、青台山。群山环抱，峰峦叠翠。

气候属中亚热带季风湿润气候区。低温寒冷期短，春早回暖快。不同海拔和不同区域，气温差异明显，既有立体气候特征，又有小区气候差别。四季分明，昼夜温差大，冬无严寒，夏无酷暑。

境内有洣水、斜濑水、河漠水、沔水、东风河等，河溪纵横。境内还有大小瀑布千余处。其中珠帘瀑布、东坑瀑布，已辟为旅游景点。山泉和地下水也很丰富。山泉有鄠泉、目连井、晏公井、洣泉、鸣玉泉、镜泉等。

矿产资源有23种，已开采的有钨、铁、萤石、无烟煤、稀土、高岭土、钾长石、石灰岩及金、银等。

农业耕地面积约有16.2万亩，林地面积约有253.5万亩。[1] 粮食作物主要是水稻。

2.祭炎帝的缘起和传承

炎陵县的祭炎帝和有炎帝陵始于西汉。据《路史》作者罗泌自注（或说其子罗苹）云："丁未春，予至焉，寓人云，年常有气出之，今数载无矣，所葬代云衣冠，赤眉时，人虑发掘，夷之。"是说炎帝陵墓在西汉末年赤眉兵乱时才被夷为平地。晋皇甫谧《帝王世纪》载："炎帝在位百二十年，崩，葬长沙。"唐司马贞《史记·补三皇本纪》亦载："炎帝崩，葬长沙。"《太平御览》引《郡国志》曰："炎帝神农氏葬长沙。长沙之尾，东至江夏，谓之沙羡，是其地。"宋王象之的《舆地记胜》和罗泌《路史》说得更为具体。前者云"炎帝墓在茶陵县南一百里康乐乡白鹿原"。后者云"崩葬长沙乡之尾，是曰茶陵"，"地有陵名者皆以古帝王之墓。竟陵、零陵、江陵之类是矣"。唐代陵前建唐兴寺，"有唐尝奉祀焉"（《路史·后纪》），祭祀的具体情况无文字记载。

1．炎陵县统计局2011年年报。

文献传说，炎帝（传说为第八代炎帝榆罔）阪泉之战被黄帝打败后，有一支南迁至环洞庭湖一带，其首领炎帝榆罔死后葬“茶陵之尾”，即现在的炎陵县白鹿原。文献记载炎陵县正式修建炎帝陵始于宋代。清道光年间《炎陵志》载：宋王朝建立后，宋太祖赵匡胤奉炎帝为感生帝，便遣使臣遍访天下古陵，在茶陵县南一百里处之康乐乡（今塘田乡）鹿原陂觅得炎帝陵，遂于乾德五年（967）建庙奉祀。同时置守陵户，诏禁樵牧。有宋一代的具体祭祀情况无文字流传下来。宋太平兴国年间（976～983），因炎陵地僻路险，舟车不便，有人奏请将炎帝祠庙迁至茶陵县城南，以便祭祀。宋太宗诏许，即移鹿原陂炎帝庙于茶陵县城南五里处。鹿原陂炎帝陵庙几近湮没。宋孝宗淳熙十三年（1186），衡州守臣刘清之奏请朝廷，欲移庙陵侧，废陵前唐兴寺而重建炎帝庙。孝宗诏许。从此，炎帝庙又在鹿原陂恢复了原貌。淳熙十四年（1187），天下大旱，宋孝宗诏衡州府修葺陵庙，祈雨禳灾。

宋宁宗嘉定四年（1211）析茶陵县康乐、霞阳、常平三乡置酃县。此后，炎帝陵所在地鹿原陂归酃县境内，隶衡州路管辖。宋理宗淳祐八年（1248），湖南安抚使知潭州陈韡奏请对炎帝陵进行修葺。同年，宋理宗诏准，对炎帝庙进行了一次较大的修葺。元代除京师就地遥祭炎帝外，未由政府主持修葺过炎帝陵庙。

明代较大规模的修葺有三次：第一次是洪武三年（1370）。明太祖朱元璋即位后，诏命遍修历代帝王陵寝，“发者掩之，蔽者葺之”，因而，炎帝陵庙亦得到了一次全面修缮。第二次是嘉靖三年（1524）。由酃县知县易宗周主持，在原庙址的基础上进行了拓宽兴建。在“其右址而新之”，大殿名“圣容殿”。殿外建高阁，宽广如殿，阁下为陛道，中为丹墀，纵横数丈。东西庑殿各三间，前三门周环垣墙，内有大道绕阁，循墙行可以直达殿后陵墓。此次修建，使殿宇陵寝连为一体，基本上改变了旧庙原貌。第三次是万历四十八年（1620）。因炎帝陵庙久经风雨剥蚀，日渐颓坏，酃县县令便发起募款整修，“坛壝虽因，而庙貌顿改”（《重修炎陵庙碑》）。

清世祖顺治四年（1647），南明将领盖遇时部进驻酃县，屯兵炎帝陵庙侧，士兵拆帝殿木板搭建营房，使之破败不堪。是后，虽经补葺，然未完善。康熙三十五年（1696），太仆寺少卿王绅奉康熙帝旨到炎帝陵致祭，见祠庙栋宇破坏严重，奏请朝廷整修。康熙帝准奏。由酃县县令龚佳蔚督工，整修一新，但未能恢复原貌。

清代对炎帝陵庙大的整修有两次：第一次是雍正十一年（1733），知县张浚奉文动用国币，按清王朝公布颁行的古帝王陵殿统一格式重建。陵庙也统称陵殿而正其名。这次整修奠定了炎帝陵殿的基本形制，形成了“前三门—行礼亭—正殿—陵寝”的四进格局。前三门平列，中为午门，左右戟门，门内有丹墀。左右两廊皆树历代告祭文碑。墀上有台，中为御道，两旁三陛，上为行礼亭。亭上有小丹墀，丹墀上为上殿，中为御道，左右三陛，祭官升降由之，亭左右各有门，自正殿至午门各九陛，总长二十余丈，阔五丈，殿高三丈三尺。四周垣墙高一丈许，一律以白灰粉刷涂上红色。整座陵殿皆仿皇宫建筑，不但陵殿面貌一新，而且建筑布局也较以前更加气势恢宏。清乾隆至嘉庆年间，历任知县周仕魁、林愈蕃、麦连、沈道宽等相继进行过局部维修。但结构均未改变，基本上保持了雍正年间的建筑格局。第二次，也是最大的一次修复，是在道光十七年（1837），由知县俞昌会主持。修复由是年孟夏开始，至十月竣工，历时7个多月。重修后的炎帝陵殿及附属建筑焕然一新。其陵殿布局虽与雍正年间重建的基本相同，但规模有了扩大。整修后的炎帝陵殿，高大宽敞，金碧辉煌，庄严肃穆，蔚为壮观。各附属建筑，依山傍水，错落有致，与主殿相辉映，形成了一个统一的整体。如俞昌会《重修陵庙记》所说：“爰暨陵庙与奉圣之寺，皆重新之，规制如旧，更高且广焉。林木茂密，古杉耸然，益以雕梁画栋，藻井玉珰，辉映呼其间，洵美观也。”道光之后，咸丰、同治、光绪、宣统诸朝，均未见由朝廷主持对炎帝陵进行过大规模修复的记载。

明清两代祭炎帝陵均有文字记载，并且每次祭祀均有皇帝御笔签署的祭文。明代朝廷派官员祭祀（公祭）有15次，分别是：明洪武四年（1371），朱元璋遣国史院编修雷燧赴湖南炎帝陵告即位致祭。永乐元年（1403），明成祖遣翰林院编修杨溥赴炎帝陵告靖难致祭。宣德元年（1426），明宣宗遣翰林院修撰曾鹤龄赴炎帝陵告即位致祭。正统元年（1436），明英宗遣行人司行人雷复赴炎帝陵告即位致祭。景泰元年（1450），明代宗遣尚宝司少卿朱礼赴炎帝陵告即位致祭。天顺元年（1457），明英宗遣尚宝司少卿凌信赴炎帝陵告复辟致祭。成化元年（1465），明宪宗遣中书舍人解祯亮赴炎帝陵告即位致祭。弘治元年（1488），明孝宗遣翰林院编修于材赴炎帝陵告即位致祭。正德元年（1506），明武宗遣太仆寺少卿何孟春赴炎帝陵告即位致祭。嘉靖元年（1522），明世宗遣翰林院编修尹襄赴炎帝陵告即位致祭。隆庆元年（1567），明穆宗遣太常寺少卿王凝赴炎帝陵告即位致祭。万历元年（1573），明神宗遣吏部给事中张楚城赴炎帝陵告即位致祭。天启元年（1621），明熹宗遣官员赴炎帝陵告即位致祭。天启七年（1627），明桂瑞王至炎帝陵告即藩位致祭。崇祯元年（1628），明思宗遣官员赴炎帝陵告即位致祭。

清代朝廷派官员祭祀（公祭）有38次，分别是：清顺治八年（1651），顺治皇帝遣侍读学士白允谦赴炎帝陵告即位致祭，开清帝致祭炎帝陵之先河。康熙七年（1668），康熙皇帝遣宗人府府丞高珩赴炎帝陵告亲政致祭。康熙二十一年（1682），康熙皇帝遣督捕理事官魏双凤赴炎帝陵告平滇致祭。康熙二十七年（1688），康熙皇帝遣詹事府少詹事舒书赴炎帝陵告皇祖妣文皇后升祔太庙礼成致祭。康熙三十五年（1696），康熙皇帝遣太仆寺少卿王绅赴炎帝陵告灾致祭。康熙三十六年（1697），康熙皇帝遣詹事府少詹事巢可托赴炎帝陵告靖边致祭。康熙四十二年（1703），康熙皇帝遣通政司左通政张格赴炎帝陵告五旬万寿致祭。康熙四十八年（1709），康熙皇帝遣通政司左通政戴璠赴炎帝陵告复储致祭。康熙五十二年（1713），康熙皇帝遣通政使司左参议陈汝成赴炎帝陵告六旬万寿致祭。康熙五十八年

（1719），康熙皇帝遣翰林院编修惠士奇赴炎帝陵告皇妣章皇后升祔太庙礼成致祭。雍正元年（1723），雍正皇帝遣都察院左副都御史金应璧赴炎帝陵告即位致祭。雍正二年（1724），雍正皇帝遣都察院左副都御史杨汝谷赴炎帝陵告配享礼成致祭。乾隆元年（1736），乾隆皇帝遣太常寺少卿雅尔呼达赴炎帝陵告即位致祭。乾隆二年（1737），乾隆皇帝遣内阁学士兼礼部侍郎吴金赴炎帝陵告配享礼成致祭。乾隆十四年（1749），乾隆皇帝遣大理寺少卿陈世烈赴炎帝陵告中宫摄位晋慈宁徽号致祭。乾隆十七年（1752），乾隆皇帝遣汉军镶红旗副都统兼大理寺卿李世倬赴炎帝陵告慈宁万寿晋徽号致祭。乾隆二十年（1755），乾隆皇帝遣大理寺卿罗源汉赴炎帝陵告平定准噶尔及晋皇太后徽号致祭。乾隆二十五年（1760），乾隆皇帝遣礼部侍郎程景伊赴炎帝陵告平定回部致祭。乾隆二十七年（1762），乾隆皇帝遣都察院左都御史董邦达赴炎帝陵告慈闱万寿晋徽号致祭。乾隆三十七年（1772），乾隆皇帝遣户部左侍郎范时纪赴炎帝陵告慈闱万寿晋徽号致祭。乾隆四十一年（1776），乾隆皇帝遣内阁侍读学士欧阳瑾赴炎帝陵告平定两金川致祭。乾隆四十五年（1780），乾隆皇帝遣詹事府詹事梦吉赴炎帝陵告七旬万寿致祭。乾隆五十年（1785），乾隆皇帝遣礼部左侍郎庄存与赴炎帝陵告御极五十年致祭。乾隆五十五年（1790），乾隆皇帝遣内阁学士傅霖赴炎帝陵告八旬万寿致祭。乾隆一朝遣官致祭炎帝陵达12次之多，创历代历朝之最。嘉庆元年（1796），嘉庆皇帝遣荆州左翼副都统成德后就近改派衡州协副将徐琨赴炎帝陵告即位致祭。嘉庆五年（1800），嘉庆皇帝遣国子监祭酒玉麟赴炎帝陵告配享礼成致祭。嘉庆十四年（1809），嘉庆皇帝遣理藩院右侍郎策丹赴炎帝陵告五旬万寿致祭。嘉庆二十四年（1819），嘉庆皇帝遣都察院左副都御史韩鼎晋赴炎帝陵告六旬万寿致祭。嘉庆二十五年（1820），嘉庆皇帝遣荆州副都统七克唐阿赴炎帝陵告即位致祭。道光元年（1821），道光皇帝遣荆州副都统七克唐阿赴炎帝陵告配享礼成致祭。道光九年（1829），道光皇帝遣湖南镇筸镇总兵陈阶平赴炎帝陵告平定喀什噶尔致祭。道光十六年

（1836），道光皇帝遣湖南绥靖镇总兵官李约文赴炎帝陵告慈宫万寿晋徽号致祭。道光二十六年（1846），道光皇帝遣永州镇总兵英俊赴炎帝陵告慈宫万寿晋徽号致祭。道光三十年（1850），道光皇帝遣湖广荆州左翼副都统官文赴炎帝陵告即位致祭。咸丰二年（1852），道光皇帝遣湖广荆州左翼副都统官文赴炎帝陵告配享礼成致祭。咸丰十年（1860），道光皇帝遣湖南布政使司布政使文格赴炎帝陵告三旬万寿致祭。同治元年（1862），道光皇帝遣湖南署布政使恽世临赴炎帝陵告即位致祭。光绪元年（1875），光绪皇帝遣荆州左翼副都统穆克德布赴炎帝陵告即位致祭。

中华民国年间，据有关文字记载，炎帝陵殿的修葺先后有4次。第一次是民国四年（1915），酃县知事瞿燮捐资修复，土木将兴，因陵侧驻军无法施工而作罢。第二次是民国十二年（1923），湖南省政府拨款500元，令县长欧阳枚鸠施工修葺。第三次是1936年，酃县县长夏礼鉴于“炎陵殿宇年久失修，多已损坏”，便组建筹委会，准备修复，未实施而作罢。第四次是民国二十九年（1940）。时任国民党第九战区司令长官兼湖南省政府主席薛岳主持，对炎帝陵殿进行了一次全面修复，并亲笔撰写了修复碑文。同时还拨专款，修建了一条从茶陵到炎帝陵的简易公路。此次修复，与道光年间相比，殿容殿貌又有很大改观。

中华人民共和国成立后，炎帝陵被列入了湖南省省级文物保护单位。1955年1月，因香客失火，炎帝陵主殿、行礼亭被焚。“文化大革命”十年中再遭毁坏，被夷为平地。1983年6月全国六届人大一次会议上，湖南代表23人联名倡议修复炎帝陵，得到了中央领导的重视和社会各界人士的支持。翌年7月，株洲市人大常委会决定成立修复炎帝陵筹备委员会。1985年8月，炎陵县成立修复炎帝陵工程指挥部。经国家文化部和湖南省人民政府批准，并由湖南省人民政府拨出专款。1986年6月28日，酃县人民政府在炎帝陵旧址举行了隆重的奠基典礼；同年7月，修复工程正式破土动工。经过两年多的紧张施工，于1988年10月竣工并对外开放。1994年修建牌坊。

新修复后的炎帝陵殿，“修旧如旧”，是按清代皇宫式样设计，采用接三重檐歇山顶，全部承袭古代木结构。既保持了浓厚的清式古建风格，又较前布局更加合理。比原陵殿在规模上有所扩大。整个陵殿分为五进：午门、行礼亭、主殿、墓碑亭、陵寝。南北长73.4米，东西宽40米，占地3839平方米，建筑面积903平方米。陵墓封土高5.6米，周长50米。前后五进沿南北纵轴线对称分布。殿内雕梁画栋，富丽堂皇。所有建筑盖黄色琉璃瓦。环绕陵殿，筑有两米多高的红色围墙。比清道光年间重修的炎帝陵殿规模更加宏大，气势更为雄伟。[1]

在陵殿之南，由湖南省人民政府主持，炎帝陵基金会投资7400多万元，于2001年7月动工，2002年9月又完成神农大殿、祭祀广场、朝觐广场、圣德广场、圣火台、咏丰台、祭祀大道和改造炎帝陵殿广场等工程。使炎帝陵由原来的3800多平方米扩大为5.2万平方米，建筑面积由900多平方米增加到2.1万多平方米。

中华民国时期因军阀混战、抗日战争等原因，炎帝陵祭祀只进行过一次。1940年10月10日双十节（中华民国国庆日）这一天，第九战区司令长官兼湖南省政府主席薛岳，特遣湖南省政府秘书长李扬敬率各厅主要负责人，专程前往炎帝陵致祭。酃县县长肖坤率地方乡绅迎接，上千群众闻讯赶来观看。上午10时左右，鼓乐齐鸣，铳声震天，当司仪宣布全体肃立，祭礼开始时，主祭官、陪祭官就位，礼官引领身着长袍马褂的主祭官李扬敬缓步进入行礼亭，行隆重的三献礼，上香敬酒叩首后，代薛岳恭读祭文。礼毕之后，沿袭以前的做法，将刻好的《重修炎帝陵记》石碑竖立在碑亭内。随后李扬敬等人在肖坤及众乡绅的陪同下参观了炎帝陵、奉圣寺。此次祭祀活动在群众中引起很大反响，人们普遍认为，祭祀炎帝级别之高、礼仪之隆，此为民

1．霍彦儒．陕西省志·炎帝志[M]．西安：三秦出版社，2009：118—125．

国以来之最。[1]

中华人民共和国成立后的几年，未进行过公祭，主要是以民间在春节期间的祭祀为主。于1990年清明节正式恢复官方祭祀。定为县为一年一祭，市为三年一祭，省为五年一祭。据统计，至2009年，县、市、省人民政府共组织公祭33次。[2] 民祭于每年的春节或平时节假日自行组织进行。

3.祭炎帝的组织、筹备和礼仪

炎陵县祭炎帝分为两种模式：公祭和民祭。

公祭　因主办规模的不同，其祭祀组织、筹备和仪式也有所不同。下面以湖南省人民政府于2007年冬季主办的祭炎帝陵为例加以说明。

2007年冬季祭炎帝陵程序分为四个阶段进行。第一个阶段成立组织，制订方案，宣传动员，抽调工作人员。由省、市、县三级政府有关部门负责人组成“丁亥年炎帝陵祭祖大典活动组委会”，由主管副省长担任组委会主任。制定和发出《丁亥年炎帝陵祭祖大典方案》（以下称《方案》）。株洲市成立了“筹办工作协调领导小组”，下设综合协调部、食宿安排部、后勤保障部等临时工作机构，组织、协调各项准备工作。炎陵县成立了“丁亥年炎帝陵祭祖大典活动炎陵县指挥部”，下设办公室、接待与宾馆改造改善督察组、宣传组、活动组织组、交通保障组、安全保卫组、市容环境组、商贸活动组等临时机构，负责在炎陵县举行的各项活动的策划与准备工作。随后，活动筹备和前期宣传开始启动。省、市、县电视台、广播电台和网站播放“丁亥年炎帝陵祭祖大典”宣传广告和相关新闻节目。同时在长沙市火车站、机场、码头、高速公路出入口以横幅、条幅、标语牌、广告牌及电子屏幕等形式发布“炎帝陵祭祖大典”信息。株洲市以及市区至炎陵县沿途县、

1．参见谭建勋．抗战时期湖南省政府祭祀炎帝陵前后记略[A]．酃县炎帝陵管理局．神州第一陵[C]．长沙：湖南省新闻出版局，1992：46．

2．参见霍彦儒．陕西省志 · 炎帝志[M]．西安：三秦出版社，2009：164—169．

市，也以横幅、条幅、彩旗、气球、气柱、拱门等形式营造节日气氛，并以大型电子屏幕滚动播放宣传片和广告。为欢迎参加祭祖的嘉宾，炎陵县城主要街道悬挂横幅和竖立标语牌，路口安装充气拱门，沿街门面和单位张灯结彩，宾馆、公共场所和街道摆满鲜花，清洗街道，整顿车辆停放。

第二个阶段欢迎嘉宾，现场准备。11月7日下午1时，参加祭祀大典的嘉宾及工作人员在长沙和株洲两个集合点乘车。车队在株洲会合后，沿106国道南行，于下午4时许到达炎陵县城。按照预先安排，分别住进鄢峰、炎陵、龙井、神农、大华、翰森、鑫华、小西苑、邮缘、华苑、八一、方圆等14个接待宾馆。

下午6时，各宾馆举行欢迎晚宴。菜肴按统一的菜谱制作，以炎陵县地产菜蔬、食品为主。炎陵县党政领导受株洲市政府委托，分别到各宾馆宴会厅致欢迎词。

晚上7时30分，在鄢峰宾馆会议室举行“炎陵县与黄陵县缔结友好县记者见面会”。炎陵县与黄陵县领导及嘉宾、新闻记者等150余人参加。两县领导分别介绍了经济和社会发展情况，表示在弘扬炎黄精神，传承“祭典文化”，加强宣传、旅游、文化研究、推介项目等方面进一步加强合作。此前，炎陵县与黄陵县于10月19日在黄陵县已举行过建立友好合作关系的签字仪式，此次见面会，是向媒体通报签字仪式等情况。未参加记者见面会的来宾自由活动。有的嘉宾在中心广场观看民间文艺表演和燃放焰火，有的则游览山城夜景，购买山货特产。

在欢迎嘉宾的同时，祭祀现场准备工作也已开始。10月7日的炎帝陵却是另一番繁忙景象，各种现场准备和协调工作要在这一天完成。现场准备包括现场演习和场地布置。这由活动组织组担任。仪仗队、表演队、乐队人员，主要是来源于县乡机关单位的工作人员、退休干部职工、学生和当地农民。

仪仗队、表演队、乐队、合唱队等1386人在祭祀活动现场彩排，模拟祭祀仪式，进行逐项演练和全程合练；现场的音响设备和广播电视现场转播设备，配合排演进行调试；现场交通指挥、安全保卫，也在这一天按照预案进行逐点逐段、逐人逐事检查落实。

场面布置，一般是在大典前一天晚上12点以前完成，然后派人值班看护。需要布置的场面，除了举行大典仪式的神农大殿和祭祀广场之外，还有举行开午门和揭碑仪式的谒陵广场和墓碑亭，以及神农中医药文化纪念馆工程建设开工典礼仪式。主要工作是悬挂会标，陈设香案、祭器、祭品和场面装饰。场面装饰工作主要是在神农大殿前三层护栏上绕以黄色绸布和花结；在祭祀广场、三级平台、祭祀大道及谒陵广场、炎帝陵殿、墓碑亭等处铺设红色地毯，面积达4000多平方米。此外还要安插500余面大小彩旗和幡旗。场面布置工作由炎帝陵管理局的工作人员负责。

第三个阶段正式祭祀。10月8日8时，参祭人员（社会各界人士）乘坐大巴从县城出发，8时30分到达炎帝陵。8时20分，主、陪祭人员（领导和嘉宾）在住宿宾馆乘车。车队按照编号在西城井冈大道右侧自行列队，按时出发。8时50分到达炎帝陵。

主、陪祭人员下车后，由礼仪小姐引领在圣德广场正中列队。参祭人员随之按照预定位置于两侧列队。与此同时，由41人组成的管弦乐队奏《迎宾曲》，100人的腰鼓队就地跳起腰鼓舞，56位身着民族服装、手持花环的少女在鼓乐声中翩翩起舞。

在仪仗队引导下，祭祀队伍合着锣鼓、唢呐的节奏，向祭祀广场缓步行进。仪仗队依次是大幡旗（1面）、大直幅龙旗（2面）、刀形幡旗（40面）、九节龙（3条）、狮（2只）、长号（16支）、大锣（8面）、唢呐（20支）、神农钹（12副）、神农鼓（12面）。随后是由24位男青年组成的供品队（抬、捧供品）、24位女青年组成的花篮队（手抬花篮）。仪仗队之后是主祭人、陪祭人、参祭人队伍。主祭人、陪祭人统一着暗红色唐装，佩戴 “主祭人”“嘉宾”标识胸花，所有参加祭祀活动人员斜肩披黄色绶带，绶带两端印有“炎”字图案和“丁亥年炎帝陵祭祖大典”字样。

由圣德广场至祭祀广场，途经圣德林、咏丰台、圣火台、朝觐广场、龙珠桥。当祭祀队伍行进至朝觐广场时，广场上2只“狮子”，10条“三节龙”在大鼓（14面）、神农鼓（40面）、神农钹（40副）的声威中，表演“龙狮朝觐”。“三节龙”长约2米，由三人舞耍，是炎陵客家人的传统娱乐形式（已列入湖南省非物质文化遗产名录），30个矫健敏捷的小伙子，手持彩龙，游走翻滚，腾跃穿插，让人眼花缭乱。

队伍进入祭祀广场后，按划定的区域，分界别站成36个方队。据安全保卫组估计，参加祭祀活动的人数约8000人，其中周边群众和当日游客自发参加祭祀仪式的约3000人。

神农大殿正门之上悬挂“丁亥年炎帝陵祭祖大典”横幅，广场两边矗立高达5米的直幅幡旗各12面，幡旗下有手持50米长的彩色巨龙。大殿前是三级平台，总高3.36米,宽80米。其中一级平台（靠广场）宽68米，进深8.6米，是这次祭祀活动的主祭台，古乐队在平台东侧列座。二级平台宽51米，进深9.3米，置“高香炉”2只。三级平台宽27米，进深3.7米，中嵌九龙御路石，石前陈设九龙戏珠香炉，高0.98米，直径1.2米，供上香之用。另外，在一级平台两侧前沿是专为摄影、摄像记者搭建的台子。湖南卫视直播主持台、红网直播点和省市广播电台直播点分别设在东西配殿前廊。

9时，现场直播开始，首先由电视节目主持人介绍祭祖大典盛况。随后，株洲市委书记肖雅瑜介绍参加“丁亥年炎帝陵祭祖大典”的领导和嘉宾。

参加本次祭祀仪式的有：全国政协副主席张思卿，中共湖南省委副书记、湖南省人民政府省长、主祭人周强，湖南省省委常委、省委统战部部长李微微；湖南省人大常委会副主任颜永盛；湖南省人民政府副省长郭开朗，湖南省政协副主席李贻衡，湖南省军区副政委万建华；湖南省政府党组成员、秘书长袁建尧，中共株洲市委书记肖雅瑜，株洲市人民政府代市长陈君文及国家食品药品监督管理局、全国妇联、香江社会救助基金会、香港万都集团、炎帝陵基金会、澳门环宇集团公司、新华联集团等领导。此外，还有湖南省直机关代表、湖南省各市州代表、企事业界代表，炎陵县党政军领导和各界代表及中央、省、市和境外新闻界代表、“炎帝之光”全国书画名家采风团以及社会各界人士共5000余人参加了祭祀典礼。

9时09分，仪式主持人、湖南省人民政府副省长郭开朗宣布：“丁亥年炎帝陵祭祖大典开始”。现场气氛顿时肃穆、凝重。

“全体肃立，击鼓九通，鸣金（锣）九响”。伴随击鼓声和鸣金声，18只牛角“呜呜”吹响，深沉的回音，把人们的思绪带进远古时代。

“鸣炮、奏乐”。伴随九响鸣炮，41名身着古装的乐手，以古琴、笙、琵琶、笛、二胡等民族乐器，演奏古乐曲《大开门》。

在幽雅的古乐声中，24名古装青年恭捧（三牲盒分别由2人抬）供品从广场前列拾阶而上，在供品台前行三鞠躬礼之后，将供品敬献于台上。

仪式第三项“颂唱《祭炎帝》”。由720名男女青年组成的合唱队，从平台两侧捷步走来，分七列队形站立于一、二级平台台阶。女队员身着白色长裙，男队员身着白色平装（小衣领、布纽扣），在红色地毯的衬映下，显得清纯典雅。在民族乐器的伴奏下，歌声磅礴，气势恢宏。

合唱之后，举行仪式第四项：向炎帝像敬献花篮。随着清越舒扬的乐曲声，张思卿首先向中华民族始祖炎帝神农氏敬献花篮。花篮高2米，形似花瓶，内插鲜花。两侧系以红色缎带，一边写着“敬献中华民族始祖炎帝神农氏”，另一边写着“政协全国委员会副主席张思卿敬献”。礼仪小姐将花篮抬至主祭台正中，张思卿缓步来到花篮前，向炎帝座像行三鞠躬礼，然后整理缎带。缎带整理毕，再行三鞠躬礼。敬献完毕，礼仪小姐将花篮抬至殿内炎帝像前。接下来由主祭人、陪祭人等依次敬献花篮。

仪式第五项，是主祭人向炎帝像敬香。三根高香已由礼仪人员点着，并置于托盘上。主祭人从托盘中举起高香，来到香炉前，行三鞠躬礼，然后依次将高香插入香炉正中，再行三鞠躬礼。随后，是全体祭祀人面向炎帝塑像恭恭敬敬地行三鞠躬礼。

▲ 祭祀场景/周新发 摄/2007年

仪式第六项：恭读祭文。仪式最后一项是“焚帛书”。主祭人将《祭炎帝文》置于香炉中焚烧。到此，祭祀仪程全部完成。主持人宣布：“鸣炮，奏乐，礼成。”

仪式结束之后，主祭、陪祭人员依次进入神农大殿，瞻仰炎帝神农氏石雕像，观看大型壁画《神农功绩图》。随后，参加祭典的群众及游客，也来到神农大殿内参观，向炎帝像敬香跪拜以表虔诚之心。

瞻仰毕炎帝像，祭祀队伍从神农大殿后廊出来，向谒陵广场缓步行进，参加开午门仪式。这是此次祭祀活动的第二项内容。

谒陵广场陈设特大鼓（直径2米）、大锣（直径1.3米）各2面，大鼓（直径1米）4面，神农鼓（直径0.6米）20面，神农锣（直径0.8米）10面、神农钹10副，唢呐20支。9时45分，主祭人、参祭人来到谒陵广场。在气势磅礴的鼓乐声中，3条9节彩龙威风起舞，最后在午门前以“中华”二字造型。此时，朱漆午门徐徐开启，主祭人、陪祭人缓缓进入。

▲ 揭碑/周新发 摄/2007年

主祭人、陪祭人依次在行礼亭向陵殿正中的炎帝神农氏座像三鞠躬并敬香，然后进入炎帝陵殿，瞻仰炎帝神农氏座像。

9时59分，揭碑仪式开始。《祭炎帝文》碑立于陵墓左侧。碑体为汉白玉，通高3米，碑身2.2米，宽1.2米，厚0.25米。在揭碑前碑面以红色绸布覆盖。副省长郭开朗宣布：请周强省长为祭文碑揭碑。铜管乐队奏乐。周强来到《祭炎帝文》碑前，轻轻揭开红绸布，一通洁白如玉的石碑呈现在人们眼前。参加仪式的人员热烈鼓掌。揭碑仪式在鞭炮和音乐声中结束。

揭碑之后，部分领导和嘉宾参加崇德坊揭碑仪式和神农中医药文化纪念馆工程建设开工仪式。至此，丁亥年祭祖大典活动全部结束。参加活动的领导和嘉宾乘车离开炎陵县。

第四个阶段召开新闻发布会、总结、表彰奖励等。

在祭祀典礼程序的设计上，每年都有所不同。如2004年湖南省人民政府重阳节举行的公祭炎帝陵典礼，其祭典场面布置和流程：在祭祀广场（圣德广场）的中央，长龙盘绕，恰似九龙拱珠，身着56个民族盛装的少男少女手持花环，41位铜管乐手吹奏起优美动听的《迎宾曲》，欢迎来自海内外的各界嘉宾。祭祀大道两旁，在由全省各市(州)、县(市、区)捐赠的246棵大树上，悬挂123盏冬瓜形大红灯笼。仪仗队依次为： 1面大祭幡、2面直幅龙幡在前引导，接着是40面刀形幡旗，8面大锣，2面大鼓，12副神农钹，12面神农鼓，20支铜长号，20支唢呐队，4条九节长龙。2只北狮、2只南狮飞舞其间，三牲供品陈设其中。

7时49分，参加祭祖大典的各界嘉宾在仪仗队引导下，自祭祀大道南端圣德广场出发，经咏丰台、朝觐广场、龙珠桥，缓步进入祭祀广场。

祭祀分为“火祭－文祭－乐祭” 三重礼仪。“火祭”仪式：先采集五岳火种。火种是通过击石和聚光两种方式采集的。再由68人组成的传递队伍，历时10天，经过华东、华北、华中、华西、华南17座城市，行程1万多千米，最后汇集到炎帝陵圣火台。火种寓意深远，代表着炎黄子孙万众一心，祈祷中华民族大团圆的美好祝愿！

8时09分，“文祭”开始。首先主持人宣布：甲申年重阳炎帝陵祭祖大典仪式开始。击鼓九通、鸣金九响后，在鞭炮和鼓乐声中，身穿民族服装的16个年轻小伙子缓步拾阶而上，毕恭毕敬地将三牲五谷时鲜供品敬献于供品台上。随后，各界代表分别随在威武、庄重的礼兵后，依次向中华民族始祖炎帝塑像敬献花篮和供酒。接着主祭人向炎帝敬献高香，同时全体祭祖人员向炎帝塑像三鞠躬。

8时29分，主祭人恭读祭文。恭读、置香炉焚烧完祭文，“乐祭”开始。伴随着朗诵声，788位合唱队员，分别身着洁白连衣裙和鹅黄色服装，缓步步入神农大殿前坪的主合唱区，2600余名群众合唱队员也站满祭祀广场东西两侧山坡。合唱队员就位后，庄严肃穆的《祭炎陵》前奏曲响起，领唱者在前奏音乐中健步走向领唱台。随着浑厚的领唱声扬起，合唱队员一同引吭高歌《祭炎陵》，唱至高潮处，全场齐声高歌，歌声表达了对始祖炎帝的无限敬仰和衷心赞颂。歌声刚落下，广场上再次响起铿锵高昂的朗诵声和气势恢宏的《炎帝颂》前奏曲，随之，合唱队员怀着崇敬景仰的心情，唱起磅礴激越的《炎帝颂》。随着乐曲的行进，广场东西两侧山坡上的群众合唱队员和所有祭祖人员近万人再次汇入大合唱，荡气回肠的嘹亮歌声伴随着古朴典雅的音乐，响彻万里碧空，也仿佛渗透到每一个炎黄子孙的心灵。仪式结束后，祭拜人员依次进入神农大殿瞻仰炎帝塑像和谒陵。

民祭　民祭炎帝陵要比公祭简单得多，时间在每年的春节期间，即从农历的腊月二十四（小年）至来年的正月十五日。由群众自发进行，或是单个人，或是一家人，或是几家联合，选定一个日子，提上鸡，或是拉上猪、羊等供品，到炎帝陵墓前当场宰杀，以此来敬奉炎帝。在这期间，腊月二十四、正月初一、正月十五是祭祀群众最多的。其中年三十晚到第二天的正月初一，是群众祭祀的高潮，且流行抢头香。其他时间为随到随祭，没有一个固定的祭典日期。仪式一般还是沿用传统的一跪、二拜、三叩首、四敬酒的形式。祭祀供品多是群众自家的时令食品。不同的季节和节日，则用不同的祭品。如春节为米粿糍粑，清明为鲜鱼鲜肉，端午为粽子包点，中秋为月饼水果，等等。但不论何时祭祀，香烛、纸钱、鞭炮、水酒等几样东西是必备的。有的人还献上几斤或几十斤茶油，供陵庙点长明灯。一般未有统一组织，采取个人自愿进行祭祀。20世纪90年代以后，随着一些社会团体和部门单位的参与，民祭形式也发生了变化，成为有组织的进行。祭祀议程在保留传统祭祀礼仪的基础上，又吸收了公祭中敬献花篮、恭读祭文等礼仪内容。有些村社还自发组织龙狮队、花灯舞、腰鼓舞、采茶戏、湖南花鼓戏、单人狮子、三节龙舞等节目在祭祀广场演出。饮食在民间主要有酿豆腐、饺、包饺米粿、粉皮丝、蒸酒、浸盎、潘蒲糕、豆拉子、米豆腐等。

（三）湖北随州祭炎帝

随州之名源于“汉东之国，随为大”（《春秋左传·桓公六年》）

之语。随即曾（曾国），周为诸侯，战国末秦灭楚，始置随县[1]。西魏大统元年（535）置随州。1979年设县级随州市。2000年升为地级市，辖一区一市一县。截至2011年底，全市总面积960.36平方千米，常住人口258万。[2]1994年被国务院公布为国家历史文化名城。

1.地理位置与自然生态

随州位于东经112°43′～113°46′，北纬31°19′～32°26′。地处湖北省北部，长江流域和淮河流域的交汇地带，东承中部中心城市武汉，西接省域副中心城市襄阳，北临信阳，南达荆门，素有“荆豫要冲”“汉襄咽喉”之称。

随州地貌多样，山地、丘陵、平原多种地形兼而有之。其中，山地面积占总面积的61.3%。因而形成了山脉与河流交错，山谷与坡地相衔，丘陵与平地呼应，有“万山千泉百洞”之称。在地理环境上，南有大洪山环列，北有桐柏山拱峙，是中国著名的南北界河——淮河的发源地，其间为丘陵和坡地，中部是一条西北—东南走向的狭长平原，称之为“随枣走廊”，是古今南北交往的一条重要经济、文化通道。

境内土壤的成土母岩主要为花岗岩、花岗片麻岩、凝灰岩、千枚岩和红砂岩等。形成的农业土壤有三大类，即黄棕壤类、潮土类和水稻土类。其中水稻土遍及全境，占耕地的86.2%。

在气候上，随州因处于中纬度季风环流区域的中部，属于亚热带季风气候。因受太阳辐射和季风环流的季节性变化的影响，气候温和，四季分明，光照充足，雨量充沛，无霜期较长，严寒酷暑时间较短。

水文方面，有溮水流贯其间。在溮水两岸，数百条支流呈叶脉状分布，其中流量较大的有漂水、差水、均水等，形成一个相对独立的水系。

1. 樊友刚．炎帝神农探源[M]．武汉：武汉出版社，2009：87.
2. 随州市统计局2011年年报。

农作物主要有水稻、小麦、玉米、油菜、芝麻等。

2.祭炎帝的缘起和传承

湖北省随州市祭炎帝的缘起为文献传说和当地民间传说。《国语·鲁语上》："昔烈山氏之有天下也，其子曰柱，能植百谷百蔬，夏之兴也。"东汉郑玄注《礼记·祭法》说："厉山氏，炎帝也，起于厉山，或曰烈山氏。"西晋皇甫谧《帝王世纪》记载："神农氏起列山，谓列山氏，今随厉乡是也。"北魏郦道元《水经注》卷三十二记载得更为详尽："溳水北出大义山，南至厉乡西，赐水入焉。水源东出大紫山分为二水，一水西迳厉乡南。水南有重山，即烈山也。山下有一穴，父老相传云，是神农所生处也，故《礼》谓之列山氏。水北有九井，子书所谓神农既诞，九井自穿，谓斯水也。又言汲一井则众井动。今井堙塞，遗迹仿佛存焉。亦云赖乡，故赖国也，有神农社。"《荆州记》载："随郡北界有重山，山有一穴，云是神农所生，周围一顷二十亩地，外有两重堑，中有九井，相传神农既育，九井自穿。又，汲一井则众井动，即此为神农社，年常祀之。"《元丰九域志》载："随州神农庙，在厉乡村。"根据这些文献记载和民间传说，随州于南朝起开始在今殷店立庙"年常祀之"（《 荆州记》）。到了宋代，厉山神农社已扩展为神农庙。北宋《元丰九域志》载：随州"神农庙在厉乡村。《郡国志》云：厉山，神农所出。厉山，炎帝所起也"。北宋罗泌《路史》亦载："神农井在赖山，即厉山，旧说提一井则八井皆动，人不敢触。今惟一穴，大木旁荫，即其处立社。社今废，后复建炎帝庙焉。"明弘治四年（1491），知州杨宪为神农像饰以服帽。明正德四年（1509）在洞天山东麓复修神农庙，庙内有帝像。明嘉靖十一年（1532），随州知州范钦率民在殷店重修殿宇，并立《神农洞天碑记》，碑云：

惟炎帝神农古迹，著本州黄连村大河冲，东有神农观，西耸棋盘山，山下有神农庙，中有神农洞，即号洞天之所，皆为上古遗踪，其势苕□，其形磅礴，水绕山环，地灵人杰，斯迹正与在□民程仲妄住基相近，□见神通显化，德被生民，□□□妙用宏敷，功施社稷，□□□□□□□□□□□莫非上古圣神继天立极之功，渐民以仁，摩民以久，□功当所报也。是以辄举斯心，喜舍水植砖瓦，财银谷帛，命匠建修神农洞，庙焕然□□□□华矣。

明嘉靖二十年（1541）五月，神农庙所在地发生地震，志书描述说：“地大震，有声如雷，黄连村裂为壑，周五里皆震，越月乃止。”神农庙处在震中位置，庙毁。据1988年版《随州志》记载：“神农洞……谣传有神农所用桌、凳、榻等石器。洞旁旧有神农观，祀奉炎帝。近有神农宅、神农井……。”此后，神农庙移建距神农洞下朱店河（古漂水）西500余米处。中华人民共和国成立后，神农庙曾改建为学校，后又改为村办工厂，20世纪80年代改为镇管委会。同时祭炎帝也停止。现在，神农庙前还幸存一株600年以上树龄的银杏树，遗址中还能见到一些残碑和石礅，在两面坡房屋的山墙上还能看到汉代和明代的青砖。由此可见，殷店镇神农庙是随州地区祭祀炎帝神农最早的地方。20世纪60年代，神农洞还有一间房大的空间，里面有香坛和石桌。后洞门石头坍塌，洞口变得狭窄。

另一处祭炎帝为厉山镇神农庙，始建于明代。万历五年（1577），知州阳存愚在厉山立炎帝神农氏遗址碑。万历三十八年（1610），知州王纳言主持修复神农遗迹，隆其庙宇。此后神农庙时兴时废，直到清同治十三年（1874）出版的《随州志》所绘古厉山镇图上，神农庙、神农洞等仍清晰可见。后由于连年战乱，时建时毁。据知情者回忆说，1949年以前，离神农洞西几十米处，靠山陡坡处依山建有半坡水式房三间，外有围墙，此庙始称三皇庙，后称神农庙。每年正月初一、十五，有数千人来这里烧香，襄樊、枣阳的香客较多，还有武汉的香客乘船到此来敬香，尤其每年正月初一，不少人争着来烧头香。1958年庙被拆毁。经过“文化大革命”的浩劫之后，厉山炎帝遗迹仅剩下一洞寂然，一碑横卧，余皆杳杳，残破不堪。

为了顺应海内外炎黄子孙寻根祭祖之意愿，1987年8月，厉山镇成立修复神农庙领导小组。经过两年施工，于1989年8月，神农纪念馆正式落成，并完成神农庙、神农洞修复。1997年又开始神农庙扩建工程。在神农庙东北面，由随州市人民政府负责，黄石古建公司承建，投资800万元，于1999年建成烈山大宗祠（神农功德殿）。随着神农庙的复修，民间祭炎帝活动也随之开始。

随州的公祭炎帝活动最早始于1991年农历四月二十六，当时由随州市人民政府主办。全国政协常委、中华炎黄文化研究会副会长黑伯理出席。1992年仍为公祭活动。中华炎黄文化研究会执行会长萧克上将、常务副会长冯征、副会长戴逸等出席公祭活动。1993年公祭活动达到高潮。主办单位有：湖北省文化交流协会、湖北省炎黄文化研究会、襄樊市人民政府、随州市人民政府。主会场设在随州市城区黄垄体育场。时任国家主席李先念题写了“中国湖北烈山炎帝神农文化节”节名。全国政协副主席、中国和平统一促进会会长钱伟长，中华炎黄文化研究会副会长李葆光，原中央顾问委员会委员刘杰出席开幕式。来自加拿大、菲律宾、韩国及我国台湾、香港、澳门等21个代表团和上万名群众出席开幕式。由860人参加表演了大型舞蹈《神农风》。第二天在厉山镇隆重举行了炎帝神农生辰祭典活动。此后改为民间祭祀活动。1997年、1998年再次举行公祭活动。以上五次公祭炎帝活动均在神农庙和神农文化广场举行。

2006年下半年，随州市人民政府着手规划建设炎帝神农故里风景区。第一期工程于2009年5月底完成。

3.祭炎帝的组织、筹备和礼仪

随州祭炎帝与炎陵祭炎帝一样，也分为两种模式：公祭和民祭。

公祭　因主办规模的不同，其祭祀组织、筹备和仪式也有所不同。下面以2009年5月20日举办的首届世界华人炎帝故里寻根节为例加以介绍。

2009年5月20日，首届世界华人炎帝故里寻根节在新落成的谒祖广场隆重举行。这次炎帝故里寻根节是湖北省人民政府举办的一次高规格公祭炎帝活动。大典主题是“同根同源，爱我中华”。公祭活动规模空前。全国人大常委会副委员长陈昌智，全国政协副主席李兆焯，台湾新党主席郁慕明和湖北省委书记罗清泉，省长李鸿忠，省政协主席宋育英，台湾金门县县长李炷烽，中国社科院副院长高全立，中华炎黄文化研究会第一副会长张文彬，中国航空工业集团公司副总经理徐占斌，省委、省人大、省政府、省政协领导李明波、李春明、周坚卫、蒋大国、田承忠、张岱梨、仇小乐，省人民检察院检察长敬大力，省武警总队总队长杨波，国务院侨办国外司司长吴洪芹等参加了大典。

湖北省人民政府副省长田承忠担任官方主持人。中央电视台主持人水均益、敬一丹担任播音主持人。

来自美国、加拿大、英国、澳大利亚、日本、韩国、新加坡、印度尼西亚等30多个国家和地区的华人华侨商会代表、烈山宗亲代表、港澳台同胞代表、社会知名人士及各界群众代表万余人参加了拜祖大典。中央电视台新闻频道等多家媒体同步直播了开幕式盛况。

此次公祭活动的筹备工作分为五个阶段：第一阶段为启动阶段。主要任务：一是成立组委会，明确职责，分配工作任务。省政府联合中国社会科学院主办，湖北省社会科学院、随州市人民政府承办“炎帝神农文化高层论坛”。省文化厅负责组织节会主题曲目创作。省旅游局负责协调做好鄂西生态文化旅游圈战略研讨会及拜颂神农的组织工作。随州市政府成立首届世界华人炎帝故里寻根节办公室，负责活动的组织协调工作。二是确定节会总体方案和系列活动方案。采取公开招标方式，确定拜祖大典的总体活动策划方案。此次中标的是湖南视界金鹰传媒有限公司。启动前期对外宣传工作。在北京和武汉分别举行专场新闻发布会。开展“重走神农路、寻根鄂湘行”活动，组织大型新闻采访团沿线采访，踏访随州 （炎帝诞生之地）、谷城

（炎帝植五谷之地）、神农架（炎帝搭架采药之地）、耒阳（炎帝发明耒耜之地）、炎陵（炎帝故去之地）五地，探寻炎帝神农由诞生到开创中华民族远古农耕文明的生命脉迹和历史功绩。全面启动嘉宾邀请工作。重点邀请党和国家领导人及中央有关部委和海内外知名华人华侨。嘉宾邀请约1500人。全面开展城市“五大”（大清洗、大整治、大包装、大绿化、大亮化）环境综合整治和炎帝神农故里风景区周边环境整治工作。

第二阶段为推进阶段。主要任务：一是完成开幕式和烟花音乐会、乐舞、服装、礼器、议程的编制设计工作，并投入制作。服饰：①奉祀队9人，古典服装及头饰和鞋。②五谷方阵81人，女款汉朝礼服，有头饰，4种颜色1种款式。③幡旗方阵81人，男款汉代式样，有冠。④护旗方阵120人，男款汉代式样，不同于幡旗方阵，有冠。⑤演出人员1374人服饰，礼仪小姐40人服饰，志愿者2000人服装。以上五项人员服饰共3626套，设计15款，租用122套，新做3393套。节目道具：①64件青铜编钟一套（租用）。②4节令鼓48面（租用）。③村鼓（手柄鼓）180面。④直径80～100厘米中华鼓8架。⑤白红黄蓝黑龙5条。⑥钢琴一架（租用）。⑦红绸90条。⑧超大耒耜4个。奉祀道具：①号角20个。②耒耜。③药杵。④麻布匹。⑤杆秤及秤砣。⑥古琴。⑦弓箭及箭筒。⑧陶器和斧头。⑨盛五谷用的斗5个。⑩幡旗81面，护旗120面。二是开展开幕式系列活动工作人员、演职人员、仪仗队人员培训工作。三是开展前期宣传。

第三阶段为攻坚阶段。主要任务：一是完成来宾确认和接待准备工作。二是组织预演彩排和各项活动的筹备工作。

第四阶段为查漏补缺阶段。主要任务：一是组织全面检查验收。二是进一步对各项筹备工作精雕细琢。

第五阶段为冲刺阶段。主要任务：一是各项准备工作就绪。二是召开节会最后阶段的动员大会。

2009年5月20日，首届世界华人炎帝故里寻根节在新建的谒祖广场进行。

▲ 祭祀场景／樊友刚 摄／2009年

在广场入口处，组织有百人的威风锣鼓队。入场通道两旁摆放百米鲜花。道路两旁及圣火广场、谒祖广场四周插放节徽彩旗。步行道铺设红色地毯。公祭主会场搭建分级舞台。第一级舞台长50米，宽10米。第二级舞台长18.85米，宽7.5米。舞台东西两侧安装大型电子显示屏。

公祭仪程分开幕式暨拜祖大典和文艺表演两大部分。活动总时长约90分钟，其中祭祀仪式65分钟，文艺表演约25分钟。谒祖广场参祭除嘉宾席分为东西两个方阵外，群众方阵12个，每个方阵33列，15排，495人，每个方阵由志愿者92人围合，以保证场面安静。

正式祭祀仪式：入场式由9人奉祀队引导，后为81人五谷方阵队，81人幡旗方阵队，国家、省级、市级领导方阵，烈山五姓宗亲方阵，世界华人方阵。鼓点静场后，奉祀官读《颂祖文》。接着电视直播主持人请出拜祖大典主持人——湖北省人民政府副省长田承忠。中共湖北省委常委、宣传部长李春明致欢迎词后，全国政协副主席李兆焯、中共湖北省委书记罗清泉为炎帝神农圣像揭幕。随之庆典开幕。全国人大常委会副委员长、民建中央主席陈昌智宣布"2009中国湖北·首届世界华人炎帝故里寻根节暨炎帝神农拜祖大典开幕"。接唱颂首届世界华人炎帝故里寻根节主题歌，燃放五彩礼花。接下来由中国工程院院士、著名农业专家、国际油菜理事会主席付廷栋，奥运冠军郑李辉传递圣火。接下来分四组敬献花篮：分别为全国人大常委会副委员长陈昌智，全国政协副主席李兆焯；中共湖北省委书记罗清泉、湖北省人民政府省长李鸿忠、湖北省政协主席宋育英、湖北省人大常委会常务副主任周坚卫；李讷、王景清，中国社会科学院副院长高全立，中华炎黄文化研究会第一副会长张文彬，中国航空工业集团公司副总经理徐占斌，国务院侨办国外司司长吴洪芹；中共随州市委书记马清明，随州市人民政府市长刘晓鸣。敬献花篮后，由海外华人华侨及港澳台同胞代表，宗教界代表，企业家代表分为三组敬献高香。接下来三项分别为湖北省省长李鸿忠恭读《颂炎帝文》，全体祭祀人员行三鞠躬礼，千人颂唱《华夏同根，鼓舞中华盛世》。

▼ 文艺演出/樊友刚 摄/2009年

祭祀仪程结束后为文艺表演即乐祭。由电视直播主持人主持。乐祭分为五章：第一章：神州史诗（大型音诗画演示舞蹈剧《耕》）。第二章：华夏同根（台湾实力歌手童安国独唱《同根歌》）。第三章：盛世和合（歌伴舞，中国TOP排行榜最受欢迎歌手王栎鑫唱《黄种人》）。第四章：龙腾九州（中华金鼓团、鼓王、24节令村鼓团、龙队联袂演绎史诗鼓点日景烟火秀）。第五章：同根同源、爱我中华（总政歌舞团著名歌唱家毛阿敏倾情演唱《神农吟》，配以大型舞蹈《中国结》）。

在炎帝故里寻根节期间，还分别举办了音乐焰火晚会，中国（随州）专用汽车博览会，炎帝神农文化高层论坛，以“和平金门”为主题的海峡两岸及海外华人百位国画家彩瓷作品联展，举神农印象——名人名家书画展等活动。

民祭　随州民祭是在厉山镇神农庙举行。有文字记载的祭祀可追溯至清同治八年（1869）。祭典最早传人为同治年间的胡兴普，传承方式是非家族性的师徒口授传承，延续至今已有140余年。新中国成立后一度停止。1991年恢复民间祭祀活动。时间一般是在清明之际和传说的农历四月二十六炎帝生辰日。其仪式还是传统的跪、拜、烧纸、上香、祭酒等。近年来，民祭由过去的自行而转向有组织的进行。从2009年开始，正式设农历每年四月二十六为神农庙庙会日。时间一般为3～4天。首先由参祭民众推选德高望重的老者担当主祭、助祭、司仪和执事。祭祀日，在神农广场烈山门上悬挂布标，上书“××年炎帝神农生辰庆典”。神农雕像前居中安置香案，案前设一大香炉，左右各设一小香炉。案上摆放三牲——牛头、猪头、羊头。另供有鱼、公鸡，五谷有稻、麦、高粱、小米、豆。并依次置放烛台、爵、盆、帛等祭器。备有酒、时蔬、糕点、瓜果、大烛、火纸。

主要仪程：鸣金三响、击鼓三通，主祭人、司仪、执事就位，司仪宣读开场白、恭读颂文、敬献花篮和供品、敬奉高香、敬奉享酒、大礼叩拜、狮龙娱祖。在举行祭祀活动后，配合庙会的同时，由随州县文化局和旅游局组织，举办民间文艺展演活动。2009年庙会主要节目有采莲船、旱车、玩狮子、蚌壳精、玩龙灯、板凳龙、跑竹马、独龙杠、独人桥、独角兽、打硪号、随州大鼓、义阳大鼓、随州花鼓戏等。同时，各类小吃有“应山滑肉”“随州春饼”“鳝鱼汤”等，百货杂耍也为庙会助兴。

(四) 山西高平祭炎帝

高平始称泫氏，夏商时代为冀州之域，春秋时属晋，战国时改为长平，先属韩，后属赵，秦赵“长平之战”后为秦所据，置高都县，属上党郡。北齐末又改为高平县。1993年撤县设市，为省辖县级市，由晋城市代管。今总面积946平方千米[1]。截止2011年，常住人口48.48万人。[2]

1.地理位置与自然生态

高平位于东经112° 42′ ～113° 09′ ，北纬35° 39′ ～35° 59′ 。地处山西东南部，泽州盆地北端，太行山西南边缘。东自铁佛岭与陵川县接壤，南至界牌岭与泽州县交界，西至老马岭与沁水县相连，西北至丹朱岭与长子县为邻，东北自金泉山与长治县相接。

地形地貌的基本特征接近正方形，东、西、北三面环山，状如簸箕，整个地势西北高、东南低。境内山峦连绵，丘陵起伏，沟壑纵横，平川较少，层次明显，地形破碎复杂，形成三类地形：河谷平川区、黄土丘陵区、中低山区。因地处太行山之中，自古有“地绝四维”之说。

属大陆性暖温带季风气候。一年四季分明，雨热同季，季风强盛。境内大小河流30余条，流域面积在30平方千米以上的有丹河、许河、大东仓河、小东仓河、东大河、永录河等。其中丹河由西北至东南纵穿市境中部，其流域呈带状平川，向南渐宽。

矿产资源丰富，主要有煤、硫铁矿、铁矿、铝土矿、耐火黏土、石灰岩、砂石及黏土等，尤以煤炭资源最为丰富。

农业耕地面积约有62万亩，支柱产业有种植、养殖、林果、蔬菜等，主要农产品有玉米、小麦、苹果、黄梨、高粱、谷子、大豆、薯类等。

1．高平县志编纂委员会．高平县志[M]．北京：中国地图出版社，1992：7.

2．第六次人口普查数据。见高平市政府网。

▲ 祭祀场景/梁晋高 摄/2007年

2.祭炎帝的缘起和传承

高平祭炎帝的缘起依据文献传说和民间故事与习俗。《山海经·北次三经》载："又北三百里曰陆山，多美玉。𨛬出焉，而东流注于河（郭璞注：或作郯水）。"《管子·轻重戊》云："神农作，树五谷淇山之阳，九州之民，乃知谷食，而天下化之。"《路史·禅通记》云：神农"其初国伊，继国耆，故氏伊耆"。有学者考证认为"𨛬水"和"郯水" 皆指"姜水"，在太行山；"淇山之阳"是太行山中的一座山；伊耆之地均在古上党地区，即今天的晋东南一带。在太行山尤其是在高平、长治一带自古以来遗留有极其丰富的与炎帝有关的村名、山名等地名传说和民俗。如羊头山、神农井为"神农尝谷于此"；神农城、五谷畦为神农得嘉谷播种之处；百谷山、凤凰山、发鸠山、浴儿池等山名、水名都传说与炎帝有关。在上党地区与炎帝有关的村名、地名有庄里村：传说炎帝遍历群山，口尝百草，不意身中剧毒而亡，在此地装殓、安葬，故而将这里取名为"装殓"。后来人们感觉此名不好听，不吉利，所以取谐音改为“庄里”村；换马村：其中有一种传说炎帝中毒后，骑马往回走，到了这里实在走不动了，只好换坐轿子，所以叫“换马”村；北营村：一种传说炎帝中毒后，到了这里病情加重，叫也叫不应，于是便把此村叫“不应”村。在当地读音中，“北”与“不”同音，后来演变为“北营”；卧龙湾：传说炎帝吃了百脚虫，到了不应村就断气身亡。人们将他的遗体抬到这里后，稍作休息，古人以为天子是龙，故取名为卧龙湾；原家庄：传说是炎帝原配夫人住过的村子，所以叫原家庄，原叫槐树庄。据传，与炎帝有关的地名还有五谷山、跑马岭、炎帝岭、难沟、老龙湾、滴水全神农洞、女娲坟，等等。基于以上文献记载和民间传说，在以羊头山为中心的高平、长治一带，历朝历代修建炎帝庙宇达四五十处，碑石100多通。庙会活动以农历四月八或三月十八、三月三为主。[1] 自新中国成立至20世纪80年代初，因破除迷信和“破四旧”而致使庙宇破坏、祭祀活动停止。至今仍有长子县色头镇色头村炎帝庙、长治市区柏后村神农庙、壶关县东长井炎帝庙、长治市郊区老顶山镇关村炎帝庙、长治市郊区老顶山神农庙、长治县北和炎帝庙、高平市庄里炎帝庙等庙会活动。1995年高平市神农镇首次在五谷庙（炎帝陵）庙会期间举行了民间祭祀活动。2002年起每年的七八月间，由晋城市或高平市在新修的羊头山炎帝广场不定期举行公祭活动。

3.祭炎帝的组织、筹备和礼仪

高平市的祭炎帝也分为两种模式：公祭和民祭。

高平市公祭炎帝祭祀日期不确定。祭祀地址前三年设在神农镇的五谷庙（炎帝陵）。从2004年始，设在重新修建的羊头山神农庙广场举行。开始两年由神农镇人民政府代表致祭，从2002年开始由高平市人民政府代表致祭。祭祀时间一般为上午9时30分，典礼程序一般为鸣炮奏乐、敬献花篮、恭读

1．刘毓庆．上党神农氏传说与华夏文明起源[M]．北京：人民出版社．2008：41—66．

祭文、乐舞告祭等。

2006年8月11日，晋城市人民政府在神农庙举行了“晋城市社会各界公祭神农炎帝典礼”。上午9时许，在庄严的祭乐声中，由60名武警官兵组成的护卫队，40名礼仪小姐组成的花篮队和百余名身着杏黄服人员组成的威风锣鼓队、文艺演出队的引导下，一支由两千余人排列的祭祀队伍依次进入祭祀广场。9时30分开始，21门礼炮鸣响后，由各界祭祀代表团敬献花篮。10时许，主祭人恭读祭文。随后，全体参祭人员向炎帝塑像行三鞠躬礼。祭祀礼仪的最后一项是乐舞告祭。共分四个乐章：第一章“文明曙光”；第二章“神农鼓韵”；第三章“驭龙腾飞”；第四章“故里之春”。典礼结束后，各界祭祀代表和嘉宾走进神农庙，参拜华夏始祖炎帝，游览羊头山景区。

高平市民祭炎帝的时间一般在春秋两季，有些因地而异，随意而祭；祭祀地址分别在羊头山神农庙、庄里村五谷庙、中庙村炎帝中庙、故关村炎帝行宫等处。其中庄里村五谷庙祭祀时间为每年的农历四月初八。传说这一天为炎帝的诞辰日。祭祀活动以庙会形式由“社首”组织，自愿参加；仪式还是传统的祭祖跪、拜、烧纸、上香、敬献祭品等。在旧时插祭仪式时，不准孕妇、毛头闺女、寡妇、穿白戴孝的人接近或看到，认为不洁、不吉利。庙会期间艺术表演有河北梆子、上党梆子、河南豫剧等演出，有霍家山龙灯、扛桩、捞鱼鹳、二鬼摔跤、山西西河花鼓、土沃老妖精等民间舞蹈，有八音会、高平鼓书等音乐和曲艺表演。饮食有烧豆腐、汆汤、扯面、烧大饼等。

（五）其他地方祭炎帝

河南淮阳五谷庙、甘肃天水炎黄庙等民祭活动多以庙会进行，其礼仪形式亦多为传统的三叩九拜、烧香焚纸、供奉祭品、燃放鞭炮等。在湖南耒阳，自古以来，民间有“尝新节”（即当地民众自行规定：新稻谷下来后，让神农先尝，犬次之，人最后）、“开春祭神农”（即指在春节期间，或元宵节前，在新一年中首次下地动土，须先祭祀神农）、“唱禾戏敬神农”

（即在每年农历五到七月，以庙区为单位，为神农唱戏。为的是让神农到各庙区查看，以消灾减害，五谷丰登。）等祭祀礼仪。此外，台湾地区的民祭炎帝多于农历四月二十六的神农诞辰日进行。祭奠之盛况有台北市大龙峒保安宫、台北县三重市先啬宫和桃园县龙潭乡龙元宫等处。

三、祭炎帝的人文背景、差异和现状

（一）祭炎帝的人文背景

祭炎帝为什么历经数千年而不衰，并在不同地方形成不同的节期，且规模愈来愈大，规格愈来愈高，其原因是多方面的。概括起来，大概有以下三个方面：

1.历史文化深厚

从宝鸡、炎陵、随州和高平等地来看，都有着积淀深厚的历史文化。据第三次（2008～2010年）全国文物普查结果，宝鸡境内已发现的确定的人类史前时期的文化遗址约900处。在这些古遗址中，以仰韶文化遗址数量最多，分布最密集，内涵也最丰富。其中仅宝鸡渭河及其支流的仰韶文化遗址就多达五六百处，龙山文化遗址二三百处。在市区20多平方千米的区域内就有新石器文化遗址80余处。从已发掘的关桃园、北首岭、福临堡和石嘴头等遗址来看，最早距今已达8000余年，其序列完整，真实地反映了历史传说时代的宝鸡地区，在不同历史时期先民的社会组织和生产、生活情况。进入有文字记载的历史时代后，周人在这里崛起，秦人在这里壮大。因而，历史在这里遗留下如姜氏城、周城、陈仓城、青铜器、石鼓文等丰厚的物质文明和精神文明，也诞生了像周文王、周公、秦穆公等数以百计的杰出人物。

炎陵县虽置县较晚，历史发展较短，加上地处偏僻，交通不便，相对来说古文化遗存较少。但据1987年文物普查，这里亦有龙山文化、商周文化、汉文化、晋文化、明清文化等遗址32处，出土有石斧、石镞、石锛等多种文物。说明炎陵地区从史前时期就开始有人类生息，积淀了较为深厚的文化。

随州也是中国史前文明的发祥地之一。1957年曾在距随州市区约5千米的山地采集到一件石英岩打制的石器，经鉴定，这是湖北乃至长江流域最早发现的旧石器时代的遗物。考古发现新石器时代文化遗址50余处，其中，较著名的有淅河西花园遗址和三里岗冷皮垭遗址。闻名海内外的曾侯乙编钟就出土于随州市内。近年来又在随州叶家山出土了铜器、陶器、瓷器、漆器、玉石器等各类文物700余件(套)。

高平历史文化资源也极为丰富。在此一带的沁水县发现有下川文化遗址，距今为2万多年前，从遗址发现的采集文化到高级采集文化以至向采集农业过渡时期最完整和持续发展的遗存，为前农业族群文化的研究提供了系统的有价值的资料。[1] 为此，有学者认为，太行山地区是中国粟作农业的起源地之一。[2] 在太行山地区还流传有大量的神话传说，如炎帝、精卫、夸父、女娲、后羿、愚公、共工、尧、舜、丹朱等。因“上党四塞之固”特殊的地理环境，为“战国以来攻守重地”（《读史方舆纪要》卷四十二）。战国时期历史上著名的秦赵“长平之战”就发生在这里。

源远流长的历史文化，积淀了当地民众深厚的人文情怀。所以，自古以来，“慎终追远”“厚德载物”就成为这些地方民众的一种伦理习俗和风尚。从四地祭祀可以看出，炎帝信仰与当地历史渊源有着密切的关系。

2.民德至厚虔诚

“慎终追远”是中华民族的传统美德。“法祖敬宗”自古以来就是广大人民群众遵循的一种民风民俗。炎帝作为中华民族的始祖，得到了华夏儿

1．石兴邦．下川文化的生态特点与粟作农业的起源[J]．考古与文物．2000(4)．
2．王星光，李秋芳．太行山地区与粟作农业的起源[J]．中国农业．2002(1)．

女的认同；他在农业、医药、交易、纺织、音乐等方面的发明创造，为华夏族的形成做出了伟大贡献，受到华夏儿女的仰慕。因而，在民间多处地方，都建有神农庙、炎帝祠等，以多种形式祭祀炎帝。例如，宝鸡峪泉村一年两次的神农庙会从有文字记载可考的乾隆朝算起，已沿袭了三百多年，即使在“文化大革命”期间，虽无地方集体集会，但一些农户春节或庙会节日也暗地在家里设坛祭奠。湖南炎陵每年春节期间群众自发在炎帝陵墓地杀猪宰羊祭拜炎帝的习俗已延续了上千年。山西古上党地区（今长治、晋城一带）在历史上有上百座神农庙宇，即使今天在这一带，仍尚存十多所，留存今天的碑文有近百篇，最早的碑刻为北齐天保二年（551）所立的《羊头山五佛碑》，也是目前国内发现记载炎帝遗迹最早的石碑。至今这些庙宇仍在农历每月初一、十五和庙会期间香火旺盛。高平炎帝陵有位名叫张根昌的老人，他一生住在庙里，为炎帝守陵。由于民众这种虔诚的信仰情怀，所以，在民间形成了多种形式的祭祀活动，如在宝鸡地区流传有祈雨祭、止雨祭、止火祭、淘泉祭、发愿祭、雷木祭等；在炎陵县传统的祭祀节日有十多种，如春分节、清明节、谷雨节（祭茶祖）、炎帝诞辰日（农历四月二十六）、尝新节（农历六月初六。意为在新粮收获后，以新米饭、时令菜肴祭祀炎帝）、重阳节、冬至节、春节等。民间祈求风调雨顺、五谷丰登、免灾驱邪、吉祥富贵的观念意识和慎终追远、民德至厚的淳朴民风是祭炎帝长久存在的土壤。

3.政府大力推动

祭炎帝活动的长久不衰，还与中央政府和地方政府的有力推动分不开。中国古代，历朝统治者都将“祀”与“戎”同等看待，均视之为国家大事。所以，自夏商周起，历朝历代不论是天帝祭，还是祖先祭；不论是五帝祭，还是帝王祭，都将炎帝列入其中，作为祭祀的对象。尽管其中不乏有神灵祭祀，甚至还带有迷信色彩，但其主流还是将炎帝与黄帝一样作为祖先祭祀。尤其自汉以后，“罢黜百家，独尊儒术”，儒家思想成为占据中国传统文化的主导地位。孔子提倡“孝”道，即对父母“生，事之以礼；死，葬之以礼，祭之以礼”（《论语·为政》）。即使父母在世时未尽到孝心，父母死后也要通过丧葬和祭祀，以表达孝心。因而，祭祀祖先，是孝心的延续，孝道的体现。炎帝作为中华民族的共同始祖而进行祭祀，也就是情理之中的事情。所以，明清两朝的历代帝王不论是遇到登基、太后寿诞，还是遇到平叛胜利、岁欠祈福等重大事件，均要派遣官员代表朝廷到炎帝陵和黄帝陵祭祀。其祭文都要经皇帝御批，文中都有对炎帝“圣功圣德”“功德载籍，炳若日星”的赞颂和对炎帝“切慕于心”“万世所法”的崇敬的话。不仅如此，明清两代在北京还建立历代帝王庙，将炎帝、黄帝的牌位置于其中显赫之位，让天下民众不要忘记，时时加以缅怀。在明清以前，不仅汉族统治者建立的政权将炎帝视为始祖加以祭祀，就是少数民族统治者建立的政权如北周宇文氏也自称“其先出自炎帝神农氏”，孝闵帝祠圜丘，以 “神农配昊天上帝”。尤其到了清代雍正朝，将先秦以来的朝廷“藉田”之礼推广到全国各府、县，均要建先农坛、“三皇庙”，在春秋两季由地方长官率领众官吏，亲自扶犁耕种，举行藉田礼，以祭祀炎帝。以此行动昭示天下，民以食为天，让普天下的民众重视农业生产。当然，这也与中华民族自古以来以农立国的基本国策不无关系。自20世纪80年代以来，祭祀炎帝活动为什么能在有关炎帝遗迹的地方迅速兴起，且成为海内外炎黄子孙高度关注的重要祭祀活动之一，每年都吸引成千上万的人参加各地举办的公祭、民祭活动，这与当地地方政府的大力推动有着直接关系。不论地方政府是从何种主客观因素出发，但从实际效果来说，祭祀活动起到了凝聚人心、传承文明、共建民族精神家园、促进炎帝文化研究的积极作用。

另外，除前面说的几点外，还与国家领导人尤其是国家最高领导人的关注和支持，与学术团体和专家学者的积极支持和参与也不无关系。邓小平、胡耀邦、江泽民、李先念、陈云等国家领导人分别为炎陵炎帝陵、宝鸡炎帝祠、随州炎帝神农故里炎帝节等题词[1]。据不完全统计，自20世纪90年代以来，成立这方面的学术团体不下十多个，召开炎帝和炎帝文化方面学术研讨会多达四五十次，出版和发表这方面的图书和论文近千篇（部）。[2]

（二）祭炎帝的差异

虽则宝鸡、炎陵、随州和高平等地公祭、民祭的对象都是炎帝，公祭仪式中都有送花篮、恭读祭文、三鞠躬、乐祭等内容和仪程，民祭中有烧香、跪拜等形式，但是，由于祭祀缘起、地域民俗、自然环境、人文环境、举办规模和层次等的不同，在一些祭祀仪式等方面也存在着一些差异。

首先，祭炎帝的时间不同。宝鸡公祭是在每年的清明节，民祭分别在每年农历的正月十一和七月初七。湖南省、市公祭是每年重阳节，县公祭在清明节，而民祭在春节期间要延续近一个月。湖北随州公祭、民祭和台湾地区（大多）均为每年农历四月二十六（台湾有些地方还传说炎帝诞辰日为农历四月二十八[3]）。高平公祭不定期，民祭为每年的农历四月初八，传说这一天为炎帝的诞生日。其他地方如河南沁阳、淮阳等地为每年的农历三月初三。

其次，在仪式和程序上也略有不同。宝鸡清明公祭仪式为八项，祭文恭读完后收藏保管，而炎陵、随州、高平仪式有十项或十二项，祭文恭读完后将祭文焚烧。宝鸡公祭祭祀开始前唢呐仪仗队要上大殿迎炎帝牌位，参加祭祀人员入场，以击鼓、鸣钟、奏乐开始，其他几处地方均无此仪式，而是以鸣放礼炮开始。民祭的差异，宝鸡、随州、高平以庙会形式，时间一般为三天，炎陵民祭是以个人或以户为单位祭祀，时间较长。而且炎陵供品是在陵墓前现场宰杀，以新鲜的猪、羊、牛肉食供奉炎帝，其他

1．霍彦儒．陕西省志·炎帝志[Z]．西安：三秦出版社，2009：454—504．
2．霍彦儒．陕西省志·炎帝志[Z]．西安：三秦出版社，2009：281．
3．钟宗宪．炎帝神农信仰[M]．北京：学苑出版社，1994：147．

地方无此情况，供品以食品、果品为主，有时也供奉“三牢”，提前准备好，祭祀时再敬献。

第三，祭祀的主办者、参加者不同。宝鸡公祭参加者以市内党政军及群众团体为主，不邀请市外人员，并由市政府主办，而随州、炎陵公祭以省政府名义主办，除了当地党政军和群众团体参与外，还邀请海外华人华侨代表参加，主办单位除了当地政府外，还邀请中央有关单位参加主办。民祭：宝鸡、炎陵由村社或个人自行组织；随州、高平则是由当地政府组织。

(三) 祭炎帝的现状和特点

自20世纪90年代以来，在地方政府的大力推进下，在有关学术团体和专家学者的积极支持与参与下，随着海内外寻根祭祖热的兴起，祭祀炎帝活动至今可以说是热度不减，一浪高过一浪。据不完全统计，目前，在中国大陆有炎帝陵、庙的地方近20处，而台湾地区有130多处。他们都定期或不定期的举办公祭、民祭活动。在海内外影响较大，祭祀活动开展比较正常且规模大层次高的有陕西宝鸡、湖南炎陵、湖北随州及山西高平等。将各地祭祀活动现状加以归纳，可以概括为三点：

一是规范和程序化。经过近三十多年祭祀活动的举办，各地都积累了举办大型公祭和民祭活动的丰富经验。祭祀活动从时间、筹备、彩排到正式祭祀的礼仪形式等越来越规范化和程序化。宝鸡从1993年开始举办公祭活动，一年一度，已连续举办了20多次，成为当地政府每年组织的第一次大型群众活动，被列入政府正常的工作程序之中。湖南省从20世纪90年代初就规定：省祭五年一次，市祭三年一次，县祭一年一次，从1990年开始，至今已连续举办了24年。随州从1990年开始举办公祭活动，虽中途一度停止（由民间承办），但从2009年重新开始，至今也已有6年了。宝鸡市清明节祭祀典礼还形成了一套既有传统文化因素又有现代因素的较为完整的祭祀礼仪，即将传统的唢呐、击鼓、鸣钟、锣鼓、古装、祭品、迎神等与现代的敬献花篮、鞠躬等礼仪有机结合。随州、炎陵、高平等地也均形成了一套自己的祭祀礼仪形式。

二是规模大层次高。祭祀炎帝活动自进入21世纪以来，其规模越来越大，层次越来越高。不仅参加的人数多、各方面代表广泛，而且参加的领导人的级别也愈来愈高。2004年炎陵神农大殿落成，中华全国归国华侨联合会和湖南省人民政府在新建的神农大殿广场联合举办了“甲申年重阳炎帝陵祭祖大典”，来自海内外万余名炎黄子孙参加了大典。2009年湖北省人民政府在新落成的炎帝神农故里风景名胜区隆重举办了“己丑年炎帝神农故里寻根节拜祖大典”，全国人大常委会副委员长、民进中央主席陈昌智，全国政协副主席李兆焯及湖北省省委书记罗清泉等参加了祭祀大典。河南郑州黄河游览区炎黄二帝巨型雕像落成典礼，竟有3万民众参加。宝鸡在2005、2006、2009年举办了三次“全球华人省亲祭祖大典”，先后共有三四万海内外炎黄子孙参加，2009年的全球省亲大典，第十届全国人大常务委员会副委员长许嘉璐参加并敬献花篮。

三是影响大参与广。近年来，随着祭祀活动规模和层次的不断提升，影响和吸引海内外各界参与的人员也越来越广泛。2004年湖南省人民政府举办的重阳节祭祀炎帝陵活动，参加人员涉及中央有关部委和其他十多个省市代表，同时参加的还有来自我国港澳台和马来西亚、荷兰、奥地利、新西兰、日本、澳大利亚、新加坡等国的华侨知名人士，以及国内企业界等代表。2009年湖北省人民政府举办的“炎帝神农故里寻根节祭祖大典”，中国台湾新党主席郁慕明及来自美国、加拿大、英国等30多个国家和地区的华人华侨商会、烈山氏宗亲会、港澳台同胞、社会各界知名人士和各界群众代表2万人参加了大典。

目前，宝鸡、随州的炎帝祭典和炎陵的炎帝陵祭典已分别被列入国家级非物质文化遗产和遗产扩展项目名录。炎陵县炎帝陵还被公布为全国重点文物保护单位。

四、祭炎帝的意义和功能

自古以来的各地祭祀炎帝活动，有古代朝廷和今日政府的倡导、主办和参与，也有民间群众的自发组织、自发祭祀。其规模、形式亦是有大有小、多种多样。不管规模、形式如何，但其意义和功能是基本一致的，除了重农、劝农的思想观念外，炎帝信仰和祭祀的意义还反映在以下几个方面：

其一，增强民族认同感。千百年来，无论是华夏/汉民族，还是历代的少数民族，凡是生活于大陆或生活在海外的华人，对炎帝这位中华民族人文始祖的崇敬，对炎黄文化的认同，对中华民族的认同，从中华儿女自古以来自称为"炎黄子孙"， 20世纪80年代兴起的"寻根"意识，就是最好的说明。尤其在时隔数千年后的今天，在停止公祭炎帝近百年的今天，炎帝祭祀与黄帝祭祀一样，且能迅速兴起，其规模之大，参加人员之多之广、影响之大之深，除与所在地政府的倡导、支持有一定因素外，其深层原因缘于与海内外炎黄子孙的认同是分不开的。例如，自2010年起，台湾中华神农大帝协进会等社会团体每年组织岛内60余家神农宫庙的信众及台湾企业联合会成员及台湾各界代表五六百人来湖南炎陵县炎帝陵，与当地民众共同举办祭祀炎帝典礼、开展文艺演出活动、召开研讨会、商贸洽谈等。另外，台湾专家学者和神农宫庙的信众，还多次前往宝鸡、随州、高平等地，参加祭祀炎帝活动和学术会、论坛。通过这一系列的文化、经济交流活动，加强了两岸同胞的认同，增强了两岸人民的互信，为增强中华民族凝聚力、向心力发挥了积极作用。正如参加2014年随州甲午年世界华人炎帝故里寻根节的许嘉璐所说："举办寻根节是一项非常有意义的活动，很能触动和凝聚全球华人尤其是两岸四地炎黄子孙的感情。"[1] 张荣恭说："炎帝在炎黄子孙的心目中地

1．许亨红，刘诗诗．传承炎帝精神 弘扬中华文化——第十届全国人大常委会副委员长、中华炎黄文化研究会会长专访[A]．武汉：武汉出版社，2014：19．

位非常崇高，两岸人士到随州来实际祭拜炎帝，是很有现实意义和历史意义的。我们同为炎黄子孙，共同的祖先，共同的历史，共同的文化，追求共同的未来，这种文化交流能使两岸人民心灵契合。”[1] 叶克冬说：“炎帝神农文化是中华传统文化的一个重要组成部分，两岸同胞可以通过祭拜炎帝这个活动，加强心灵之间的沟通，增进了解。这是一种很好的方式，能够使‘两岸一家人’的精神深入到两岸同胞的心里，让大家为实现‘中国梦’共同努力。”[2] 方雕义说：“看到海峡两岸、世界各地的华人来这里寻根谒祖，社会的参与度非常高，我感受到了炎黄文化的凝聚力，感受到了炎黄文化的向心力。”[3] 这种炎帝文化的交流，使两岸有了更多的认同度，不仅是两岸文化交流的共同平台，而且也是深化两岸文化交流合作的动力。[4] 祭祀炎帝“已成为整合居民向心力的表征”[5] 。据问卷调查统计，全国有92.6%（黄帝）和82.6%（炎帝）被调查对象认为应该祭祀炎黄二帝，认为祭祀炎黄二帝能够增强中华民族的团结，是培养中华民族凝聚力的有效途径。[6]

其二，具有“神灵”约束作用。在当地民间，尤其是在新中国成立前，神农庙或炎帝庙具有村公所的职能，是一个村社的政治活动中心。无论是村人的“换届选举”还是“宣誓就职”都是在炎帝大殿举行。官员在炎帝庙里无论是“就职演说”还是颁布乡规民俗，都有向祖宗、老天发誓的意思。祖宗、老天在头顶看着，看谁敢说谎，做昧心事。例如在山西高平市三甲北村

1．张琴．随州在两岸文化交流上有重要意义——访国民党中评委主席团主席张荣恭[J]．炎帝神农文化，2014，(12)：37—38．

2．张琴，冯家园．寻根节是两岸同胞沟通的纽带——访中央台办、国台办副主任叶克冬 [J]．炎帝神农文化，2014，(12)：37．

3．徐梦晗．两岸的情感和文化相连相同——访台湾中华神农大帝协进会副理事长、嘉义市大天宫董事长方雕义[J]．炎帝神农文化，2014，(12)：44．

4．张景堂，陈清和，林国升．两岸共祭炎帝神农活动对推动神农大帝信仰之影响[J]．根．2014，(5)：13．

5．钟宗宪．炎帝神农信仰[M]．北京：学苑出版社，1994：157．

6．赵建昌，高强．炎黄文化感知调查研究[J]．华圣文化，2014，(4)：42．

炎帝庙，除了修庙的记事碑外，还有一通“禁山碑”，与其他庙里立的“禁赌碑”一样，具有比法律还要神圣的地位。尽管朝代在不断更迭，朝令也会跟着朝代烟消云散，而老祖先在大庙里立下的规矩，那就是千朝万代不能改变的禁令，是历朝历代炎黄子孙必须遵守的。[1] 据湘潭师院历史系赴炎陵社会实践营所做的《民间祭祀炎帝神农氏民俗研究》分析，民间祭祀炎帝神农氏的民俗活动，大约分为两种类型，其中之一就是“把炎帝神农氏视为一个能保佑民众的‘神’而进行祭祀朝拜”。[2]

其三，具有精神寄托的作用。民众参与庙会祭祀活动，其中有一种重要的心理，就是精神的寄托。在生活中，人们会遇到各种各样的困难和问题，如生老病死、儿女婚姻、子弟升迁、灾祸困厄，等等，所以他们通过到庙里烧香磕头、许愿还愿，取得神灵（炎帝）的保佑、赐福、消灾、安康，以此求得心理的平衡，精神的解脱。所以，民间信仰是炎帝祭祀活动长久不衰的重要动力之一。正如台湾姚同发所说：“民间信仰在台湾的传播不是简单的移植”，“它切切实实寄托着台湾同胞对故土的深深的眷恋之情，在客观上发挥着维系两岸一家亲的桥梁和纽带作用。”[3]

其四，为文化娱乐搭建了一个活动平台。在旧时农村，庙宇往往为一村中的文化活动中心，庙会为文化活动提供了平台。因为在旧时农村，文化贫乏，只有在庙会时，人们为了娱神而举办各种文艺演出，同时也在娱人。如宝鸡峪泉村每年正月十一神农庙会，正值春节农闲时间，为庙会助兴的各类民间文艺节目轮番演出，有社火、高跷、锣鼓赛、旱船、八大棍、赶犟驴、跑竹马等。而戏曲演出一般为三天四晚上。只有在每年一次的神农庙庙会期间，农村人才能享受一次“精神大餐”。又如随州、高平、长治近年来，在

1．李津．三甲北村炎帝庙介绍[J]．炎帝文化，2014，(13)：66—67．

2．陈良文等．民间祭祀炎帝神农氏民俗研究[J]．湘潭学刊，1987，(3)．转自钟宗宪．炎帝神农信仰[M]．北京：学苑出版社，1994：169．

3．周薪发．台湾民间神农信仰及其他[J]．根，2013，(2)：16．

每年的神农庙会期间，都由政府出面组织，进行非物质文化遗产保护项目展演活动。2014年随州在5月23、24日两天举办的文化庙会期间，组织了200多个文艺节目开展“百团大赛”“广场舞PK”和“边走边演”民俗节目。长治在柏谷山神农庙会期间，还新创作了一批歌颂炎帝、反映上古神话传说的古装剧目：上党梆子《神农炎帝》《羿射传奇》，上党落子《愚公移山》《炎帝归潞》，豫剧《精卫填海》，舞剧《女娲》，杂剧《羿射与嫦娥》等。观者如潮，热闹非凡。[1]

其五，有利于提高当地知名度、带动当地经济尤其是旅游业的发展。自20世纪80年代以来，祭祀炎帝活动为什么能在几个文献传说有炎帝遗迹的地方陆续开展，并不断升温，提高祭祀层次，其中有一个重要原因，与当地政府借此提高知名度，扩大影响，拉动经济尤其是拉动旅游业快速发展不无关系。这也就是为什么在政府主办的祭祀炎帝节或寻根节期间要安排商贸洽谈会、商品交易会和旅游推介会的原因。实际上，不论是宝鸡、炎陵，还是随州、高平，通过多年来举办祭炎帝活动，可以说这一目的基本达到。据调查，近年来，每年分别来宝鸡、炎陵、随州、高平等地寻根祭祖的游客逐年增多，成为当地旅游经济收入的重要来源。同时，也带动了其他景点、其他行业的发展。这在带动旅游产业发展的同时，也带动了当地招商引资、经贸洽谈等经济活动。这也就是祭祀炎帝活动至今方兴未艾的一个重要原因。

其六，借用祭炎帝平台，使传统文化真正的“活”起来，有利于普及和弘扬中华民族优秀传统文化。炎帝是中华民族的人文始祖，炎帝文化是中国传统文化的重要组成部分，且具有源头的性质。通过这种祭祀活动形式，不仅便于向群众普及和弘扬中华民族优秀传统文化，使群众在参与祭祀活动中，慎终追远，缅怀先祖，而且通过感同身受，既是一次精神的洗礼，心灵的净化，又从中领悟到炎帝精神的感召，中国传统文化的博大，

1．甲午年世界华人炎帝故里寻根节看点解读[J]．炎帝神农文化[C]．2014，(2)：1．

提升人们的精神文明素质。正如任大援所说：“炎帝文化的传承与弘扬对社会发展具有重要的意义，尤其是对人们的心灵意识、思想形成等有很强的引领作用。它会浸润人们，树立正确的价值观，加强对人生的思考，促进社会的进步。”[1]

1．冯家园．炎帝文化有利于树立正确价值观——访中华炎黄文化研究会副会长任大援 [J]．炎帝神农文化[C]．2014，(12)：40．

志略

一、节日时空

自古以来，祭祀炎帝活动分为官方祭祀和民间祭祀两种。官方祭祀一般是一年一次。民间祭祀比较频繁，随意性也较大。如百姓有事、有愿，即进庙烧香，许愿、还愿。自20世纪90年代初恢复祭祀炎帝活动以来，祭炎帝亦分为两种，即公（官方）祭和民祭。公祭、民祭炎帝时间，因各地传说炎帝的诞生或死葬的时间及主办单位的不同而设立的祭祀节日也不相同。陕西宝鸡公祭炎帝于每年的清明节（4月4日或4月5日），祭祀场所在宝鸡炎帝祠；民间祭祀（庙会）于每年农历正月十一和农历七月初七，祭祀场所前者在神农镇峪泉村神农庙，后者在神农镇常羊山炎帝陵。湖南炎陵炎帝陵的公祭时间为每年的农历九月初九（重阳节），祭祀场所在炎帝陵神农大殿广场；民祭没有具体的时间，主要集中于每年春节期间，祭祀场所在炎帝陵陵殿内的墓葬前。湖北随州公祭时间为农历四月二十六，祭祀场所在湖北随州厉山镇（今随县）炎帝神农故里风景名胜区；民祭时间与公祭时间同时，祭祀场所在厉山镇神农庙。山西高平公祭不固定，祭祀场所在高平神农镇羊头山神农庙；民祭在每年的农历四月初八和六月初一，祭祀场所在神农镇庄里村五谷庙、炎帝行宫、炎帝寝宫、炎帝中庙等。另外，河南淮阳五谷台（庙）、河南郑州炎黄广场、河南沁阳中华祭祖坛、河北涿鹿归根苑（亦名“中华三祖堂”）、湖北神农架神农坛、甘肃天水炎黄庙等也有定期或不定期的公祭和民祭活动。

清明节

每年清明节为陕西宝鸡公祭炎帝时间。清明节是中华民族的传统祭祀节。大约始于周代帝王将相“墓祭”之礼，后来民间亦相仿效，于此日祭祖扫墓，历代沿袭而成为中华民族一种固定的风俗。距今已有二千五百多年的历史。陕西宝鸡清明公祭炎帝自1996年开始，定于每年的清明节（4月4日或

5日）这一天，由宝鸡市人民政府主办、宝鸡炎帝研究会承办，在宝鸡炎帝祠举行。筹备时间一般是从清明节前的两个月开始，制订方案，成立筹备组织，落实工作人员等。至清明节前三天进场布置。正式祭祀是从上午9时50分开始，取“九五之尊”之意，先后持续约40分钟结束。湖南炎陵县也在清明节举办由县人民政府主办的公祭炎帝陵活动。

正月十一

每年农历正月十一是宝鸡市渭滨区峪泉村神农庙庙会日。神农庙庙会缘起于炎帝出生时在峪泉村九龙泉的“洗三”[1]。传说炎帝刚生下来，满身疥疮，头上长角，便抱到峪泉村一眼泉洗身子。炎帝刚被放进泉里，便有九条龙游过来，向他身上喷水，第一次身上的疥疮完全消失了，第二次头上的角没有了，第三次就能说话走路了。于是人们便在此泉旁立碑纪念，命名为“峪圣九龙泉”。据说唐代时，又在此立庙，并将炎帝出生的农历正月十一定为神农庙庙会日。庙会一般为三天，从正月初十开始。第一天为准备时间，第二天为“正会”，是祭祀人数最多的一天。在这三天中，陆续有四邻八村的人拿上鞭炮、香、蜡烛、供品等来庙里烧香、放鞭炮，磕头作揖，许愿、还愿。若遇上好的年景，还会请戏班唱大戏，以酬谢炎帝保佑，风调雨顺，庄稼获得丰收。此外，农历十月十六还有一次庙会，是祭祀炎帝之母。庙会规模要比正月十一庙会小，仅有当地村民去烧香、跪拜，无什么大的活动。

1．在宝鸡地区，有一种风俗，孩子生下的第三天，请来左邻右舍有福分的人，或是孩子的奶奶、姥姥，把孩子脱光，放在盆子里洗，以去掉从娘胎里带出的污秽，以后小孩才无病无灾。将此称为“洗三”。在随州等地，在“洗三”之前要先煮一个鸡蛋，把蛋壳剥掉，然后用蛋白从孩子头上至脚上滚。这样孩子就会平安长大，一生像鸡蛋一样，一滚就过去了，一生没有什么沟沟坎坎。也有说这样孩子的皮肤会像煮熟的鸡蛋一样白，“一白压三丑”，孩子就会长得漂亮。

七月七

每年七月七为宝鸡炎帝陵民祭炎帝日。传说在远古时期，有一支炎帝氏族生活在今宝鸡渭水流域的清姜河（古称“姜水”）一带。有一年，清姜河一带发生了伤寒，炎帝族有很多人传染上了。于是，炎帝心急如焚，为了给族民治病，便登上天台山采药。在口尝草药中，不慎误尝了一种俗名叫“断肠草”（又名火焰子）的毒草，未来得及解毒便去世了。黄帝听到后，便赶到天台山，为其“兄”炎帝致斋祷告七七四十九天。此后，当地民众把黄帝祷告的地方叫烧香台。唐代时，为了缅怀炎帝，当地民众又在炎帝去世的地方天台山修建了一座炎帝庙（此遗址犹在）。传说炎帝去世的日子为农历七月初七。于是，当地民众便将每年的这一天立为祭祀炎帝的庙会日。庙会时间一般为10天，从七月初一至初十。1992年以前祭祀场地在天台山。为了方便群众祭祀，由渭滨区神农镇与宝鸡桥梁厂联合，于1993年将炎帝陵墓移至常羊山。自此以后，祭祀炎帝典礼便在常羊山进行。时间还是沿用了农历七月初七。祭祀时间缩短为一天。除了由炎帝陵管委会组织的每年一次的七月七民祭以外，2005、2006、2009三年曾由宝鸡市人民政府与全球华人联合会、中华炎黄文化研究会联合在此分别举办了全球华人省亲祭祖大典。

重阳节

每年重阳节为湖南炎陵县炎帝陵祭祀炎帝日。湖南省人民政府公祭炎帝陵开始于1993年。从1994年开始，公祭时间改为每年的农历九月九（重阳节）。因为这个时间，南方少雨，便于开展活动。祭祀时间是从上午的9时19分开始，至10时19分结束，历时一小时。选有“9”的时间开始，因“九”与“久”谐音，寓意“长久”，有尊崇、景仰之意。2001年以前，祭祀场地设在炎帝陵陵殿。2002年新修神农大殿竣工后，祭祀场地设在神农大殿广场。1994年规定省级五年一次，市级三年一次，县级每年一次。筹备一般从正式举办祭祀典礼的前一个月或两个月开始，制订方案、成立领导小组、抽调工作人员、落实各项工作等。

春节

炎陵县的民祭是在每年的春节期间，没有具体的日期。当地民众自发地从腊月二十四日（小年）开始，陆续有人捉上鸡、拉上猪、牵着羊和自家制作的时令食品如春节的米果糍粑、清明的鲜鱼鲜肉、端午的粽子点心、中秋的月饼、四时水果，以及香烛、纸钱、鞭炮、水酒等祭品，到炎帝陵墓前宰杀、献供、烧香，以敬奉炎帝。至年三十除夕夜、正月初一，这种宰牲活动达到高潮。这种民祭活动一直要延续到元宵节过后。至二月二还有零散民众前来炎帝陵墓前宰牲、献供，以祭炎帝。根据《炎陵志》记载，民间除了春节祭祀外，还有清明祭祀、炎帝生辰祭祀（农历四月二十六）、端午节祭祀、“尝新”祭祀、冬至祭祀、禳灾祭祀，以及初一、十五和平时的寻根祭祖祭祀等。

尝新

炎陵县的尝新是指每年在早稻成熟之后，开镰收割之前，炎帝陵周围一带的农民都要举行一次“尝新”的祭炎帝活动。尝新实际上就是品尝新鲜。每当尝新的这一天，人们将自己劳动所得的新米饭、新出产的菜蔬作供品，首先献给炎帝，以感谢其发明五谷、教民耕种的功绩。然后祭祀家祖，再全家围桌而坐，自己品尝。关于品尝的习俗，在炎陵县一带还有一首歌谣：“银河展屋栋，新米饭，茄子送。”因此，尝新这一天有两样菜肴是不能少的，一是新鲜茄子，一是粉蒸肉。而且在自己品尝之前，还要盛一碗新米饭，夹一块粉蒸肉给狗吃，以纪念神农狮子狗盗窃谷种的功劳。

四月二十六

每年农历四月二十六为湖北随州公祭炎帝日。春秋《国语·鲁语上》

记载："昔烈山氏之有天下也，其子曰柱，能植百谷百蔬；夏之兴也，周弃继之，故祀以为稷。"东汉郑玄注《礼记·祭法》说："厉山氏，炎帝也，起于厉山，或曰烈山氏。"西晋皇甫谧《帝王世纪》记载："神农氏起于列山，谓列山氏，今随厉乡是也。"据这些文献传说和当地父老传云，炎帝神农氏生于此地，于是自宋代起建庙，开始了祭祀炎帝活动。20世纪80年代末，湖北省人民政府和随州市人民政府为了推动旅游文化产业发展和扩大其海内外影响、搭建招商引资平台，开始于每年农历四月二十六举办公、民祭祀活动。传说这一天为炎帝的诞生日。正式祭祀时间是从上午9时开始，至10时30分结束，历时一个半小时。取"九"之意是说九在个位数中最大。从2009年开始，祭祀炎帝典礼开始由湖北省人民政府主办。祭祀场地为新修的谒祖广场。因由当地原政府主办升格为省政府主办，规模大，层次高，筹备工作一般要于三个月前便开始了，制订方案，成立筹委会，抽调工作人员集中办公。近年来，随州厉山神农庙也于农历四月二十六举办庙会。一般为三天。此外，台湾新竹、苗栗诸县也以农历四月二十六为炎帝诞辰日。一般是农历四月二十五为迎神日，二十六为寿诞本日。

四月八

文献传说，炎帝带领族民在骊山（今西安临潼一带）农耕后，又东徙伊水（今河南伊川县）发展农业生产，以水名而号"伊氏"。之后，炎帝又渡过黄河，到达耆地，建立了"耆国"。[1]"耆国"即"黎国"（《史记·周本纪·正义》）。耆、黎，一地二名，在古上党"潞州黎城县东北十八里"。即今长治、高平一带刀耕火种，播种五谷，又尝百草采药为民治

1．另有一观点认为：炎帝族有一支先期到达今河北阪泉涿鹿一带，自阪泉之战后，炎帝族与黄帝族再沿桑干河、汾河折回晋南一带。参见陈平．略论阪泉涿鹿大战前后炎帝族的来龙去脉[J]．炎黄文化研究，2001，(8)：55．

病，故留下不少传说和遗迹。南朝任昉《述异记》说：今山西长治一带神釜冈中，有神农尝药之鼎。成阳山中，有神农鞭药处，一名神农原，一名药草山。山上有紫阳观，世传神农曾在此辨百药，山中有“千年龙脑”，即今日叫冰片的一种中药。北宋罗泌《路史》记载：“神农氏十七世有天下，神农氏兴，受炎帝参卢禅，封参卢于潞，守其先茔，以奉神农之祀。”参卢是炎帝的末代帝，潞是古上党地区的潞城县。北宋《太平寰宇记》又载：“羊头山东南相传为炎帝陵，石甃尚存。”于是，民间以每年农历四月初八作为炎帝的忌日。每年到这个时候，五谷庙半月前就将故关、换马、长畛、口则、岭东、庄里、许家等七村的社首以钟为号，召集到庙里开会，商讨庙会情况。庙会的筹备工作就开始了。自20世纪90年代以来，庙会筹备主要由五谷庙所在地庄里村负责。

宝鸡炎帝祠

宝鸡炎帝祠是每年清明节宝鸡市人民政府公祭炎帝的场所。炎帝祠坐落于宝鸡市经二路西段炎帝园内（原为河滨公园）。它易地重建于1991年，于1993年8月竣工。重建的新祠呈正方形，占地8100平方米，建筑面积3800平方米。炎帝祠坐北朝南，分为两个区域：大殿区和祭祀区。大殿区主要建筑有山门、回廊、大殿、钟鼓亭、东西庑殿（配殿）等。东西回廊内墙壁镶嵌赞颂炎帝功绩的党和国家及知名人士的题词、诗文碑刻和线雕《炎帝的故事》图。大殿建在距地面5米高的第三个平台上。大殿顶高20米，面阔30米，进深17米，内塑有5米（以象征中华民族五千年的历史）高的炎帝坐像，质地为玻璃钢，铁锈色，给人一种高大魁伟、气势凛然之感。坐像前为供桌，置以香表、蜡烛、面花等供品。大殿三面墙壁有彩绘壁画，反映的是炎帝发明农业、医药等故事。大殿双重顶盖，由四周24根合抱方石柱支撑。殿檐四角翘起，凌空欲飞。祭祀区位于炎帝祠山门前，占地2000平方米，东西两边为草坪，内有石狮、花坛、雪松等。炎帝祠是

▲ 宝鸡炎帝祠/赵迪明 摄/2010年

一座纪念性的庙宇，主要功用：一是供民众平时在此烧香祭拜，二是每年清明节在此举行公祭炎帝典礼。因炎帝园有常年的祭祀炎帝活动，2009年被国家住房和城乡建设部评为文明行业示范点单位，2010年又被国家住房和城乡建设部评为国家重点公园。

宝鸡炎帝陵

宝鸡炎帝陵是渭滨区民众民祭场所。原位于宝鸡天台山，据传建于唐代。今庙院遗址尚存。因年久失修和路途离市区较远（约20千米），便于1993年移至渭滨区神农镇常羊山。占地面积70余亩。分为陵前区、祭祀区、墓冢区三部分。陵前区由神农门、上陵台阶、停车场、碑亭等组成。祭祀区主要建筑有祭祀广场和炎帝大殿。祭祀广场位于祭祀区牌坊南面。广场约有500多平方米，可容纳1000多人活动。两侧分别为三间偏殿，内为炎帝生平事迹图片展。正南2米高的台基上坐落着炎帝大殿，面宽21米，进深12米，

▲ 宝鸡炎帝陵大殿/李长纪 摄/2009年

周围有26根石柱，前后左右各出檐3米，施彩，琉璃瓦覆顶，殿前置神农鼎和香炉，左右为钟、鼓亭，施彩，攒角，五角五坡面。整个建筑群古朴典雅。炎帝大殿内，正中是高大的炎帝坐像，高4.5米。炎帝肩披兽皮，腰束叶裙，双手紧握谷穗，目光炯炯，身后头部上方为太阳的“四射”光芒。大殿两侧是大型彩色壁画。壁画生动地再现了炎帝创世教民的丰功伟绩——“降牛耕田”“制耒作陶”“选种播谷”“百果藏实”“鞭草尝药”；还绘有炎帝初生时的“人身牛首”“神鸟送禾”“炎帝抱太阳”等故事。炎帝大殿后面，是一个占地一万多平方米的新建祭祀广场。广场两边为草坪，分别栽植4棵银杏树，树干挺拔，枝叶繁茂。广场中央为一巨型“火炬”圈，内为约2米见方的“炎”字，周围为9条巨型浮雕龙。广场南端，是新建的第二座炎帝大殿。大殿为梯形，面宽56米，高18米，进深26米。高大雄伟，气势恢宏。殿内9.5米高的炎帝塑像，气宇轩昂。大殿后面，一条石阶山道直通山顶。山道两旁是百代帝王石雕像、狮头柱和苍翠挺拔的松柏。距祭祀区百米的山顶，便是墓冢区。炎帝陵墓依山起冢，墓冢底部用青砖围砌，上半部芳草盈顶。陵墓的正北，树立着一座高大的墓碑，上为启功题写的“炎帝陵”三个字。墓碑的前面，摆放着一尊古朴厚重的四足大香炉，供游人上香祭拜。陵区前两侧，左右各立一石碑，上分别刻着“福”“寿”两个大字。两座碑的背面，分别为文怀沙、张岂之题词。陵墓四周，松柏森森，肃穆幽静。整个炎帝陵区，由一条中轴线（南偏西18°）贯通陵区南北，牌楼、山门、大殿、墓冢以轴线空间为序列，顺山就势纵向排开，高低起伏，气势宏大、庄严。其功能是为每年农历七月初七民祭活动和每两年一次的全球华人省亲大会祭祀炎帝陵活动提供场所，也是民众平日凭吊始祖的场所。

宝鸡峪泉村神农庙

宝鸡峪泉村神农庙是当地村民祭炎帝的场所。位于宝鸡市渭滨区神农镇峪泉村。原庙建于唐代。据清代《宝鸡县志》记载，曾于乾隆三十年（1765）重修[1]。20世纪50年代后期被拆。80年代初在原址上，村民自发修建了仅有一间的小庙（当地人称为老庙）。2000年本村村民又自发捐资，在距老庙50米处建起一座面阔五间、进深三间的神农大殿（当地人称为新庙）。神农庙坐西朝东，占地6亩。大殿坐落在九龙泉之北，为仿古高台建筑。台高二级，一级高1.06米，二级高0.6米。一级有台阶9个，二级5个，寓意九五之尊。五开间大殿，南北宽18.58米，东西进深16.88米，殿脊至室内地面高8.6米，距地基平面高10.86米，高大、宏伟、庄严、肃穆。大殿为砖木结构，廊檐为六根钢筋水泥大柱支撑，既具有秦汉厚重坚实的特点，又具有明清伟岸富丽的风格。四面坡式屋顶以板瓦覆盖，又以筒瓦间隔，既美观，又牢固。

大殿施彩，红漆明柱、雕梁画栋、飞檐斗拱、翘角如翼。四角高悬风铃，脊覆威严、灵动的神兽。格扇门窗，彩绘花草吉兽。殿宇、香房、神农广场青松环绕，殿前置放一对1.6米高的蹲坐石狮，气势威猛。晨风晓月，风铃叮当；烟雾缭绕，九龙泉水潺潺，更显神农庙之神圣。

大殿正中门楹上彩绘飞龙两条，透脊（正脊）正中有陶塑方亭，方亭之上有麒麟背负宝瓶，瓶中插万字戟（兼具避雷针的作用）。亭之两侧有两条大型陶塑腾龙，龙之两侧各有龙子狻猊（狮）一条，脊之南北两端各有鸱

1．炎帝与宝鸡课题组．炎帝·姜炎文化[M]．西安：三秦出版社，1992：154．

▲ 峪泉村神农庙/霍彦儒 摄/2006年

吻一个，四个纵向脊上有近三十个似鱼似龙的蒲牢、狴犴（又名宪章）、饕餮、睚眦、狻猊等。

殿内正中为两米高的炎帝彩绘塑像，精神焕发，端庄沉毅。其右侧依次为少典、太阴神、后稷、扁鹊，左侧依次为安登、太阳神、华佗、孙思邈。在民众心目中，他们是开启农耕、医药、交易等文明之光的圣人。殿内南北两壁为彩色堆塑图像，如“九龙泉浴”“制作耒耜”“培植五谷”“驯牛耕田”“亲尝百草”“抟土制陶”“击石取火”“建造房屋”“率民狩猎”“画卦记事”等，以反映炎帝的丰功伟绩。

殿前殿后，立有三块石碑，下各有赑屃一个。九龙泉碑下的赑屃为其之最，首尾长2.43米，宽1.4米，厚0.77米，重达3.5吨。斗拱中的近百个拱，皆由龙、凤、象叠压而成。殿前有可容纳千人的祭祀广场。神农庙主要为当地村民每月初一、十五祭祀炎帝的场所。每年两次（农历正月十一和农历十一月十八）的神农庙庙会就在这里举办。

九龙泉

九龙泉位于峪泉村神农庙院内。传说此泉是炎帝“洗三”的地方，距今已有五六千年的历史。1995年以前九龙泉在原址老庙旁，水深丈余，清澈可鉴，全年川流不息，当地村民饮水、浇地就依靠此水。1995年以后，301国道在此通过，将泉水通过暗管引入50米开外的公路之北、神农大殿之南。现村民多在此洗衣、洗菜、提水饮用。原碑为断碑，仅留下三个字“九龙泉”。今在泉旁由庙管会又立一通三米高的“浴圣九龙泉”碑。

▲ 神农庙九龙泉/霍彦儒 摄/2011年

炎陵炎帝陵公祭区

炎陵县炎帝陵公祭区是湖南省和株洲市、炎陵县公祭炎帝的场所。位于鹿原镇鹿原陂，坐北朝南。2001年7月动工，2001年10月竣工。公祭区从北至南依次为神农大殿、祭祀广场、龙珠桥、朝觐广场。连接其间的是306米长、12米宽的祭祀大道。祭祀大道两旁的半坡处分别建有圣火台和咏丰台。神农大殿由主殿、配殿和方亭组成，占地面积3920平方米，建筑面积1680平方米。大殿前廊立蟠龙石柱10根，每根高5.4米，直径0.8米；殿后及左右外廊立蟠龙石柱20根，高5.4米，直径0.6米，均为整条花岗石制作。大殿中央为炎帝石雕坐像。炎帝一手拿谷穗，一手握耒耜。雕像高9.7米，底座长8.9米，宽4.7米。雕像两侧各树石柱一块，右书：“到此有怀崇始祖”，左书：“问谁无愧是龙人”。大殿左、中、右三面墙壁为大型红砂岩石雕画，高5.2～7.9米，总长321平方米，壁画内容为歌颂炎帝的八大功德。神农大殿正南面为祭祀广场，宽41米，长59米，总面积约为2400平方米。其广场东

▲ 炎帝陵大殿/周新发 摄/2008年

西两侧为坡地，有树龄在百年以上的罗汉松、银杏、龙柏、重阳木、女真、香樟等珍稀树木。龙珠桥是由三座拱桥组成，中间是主桥，宽6米，两边是边桥，各宽3米。桥栏板的两面都雕刻有古代乐器图案，分别是筝、竽、笙、笛、箫、云板、编钟、月琴和琵琶，以缅怀炎帝发明音乐之功德。朝觐广场南接祭祀大道，北接龙珠桥，是一个八角形的广场。中轴距离48米，面积2400平方米，地面用花岗岩铺砌。在广场的八个边按乾、坎、艮、震、巽、离、坤、兑嵌入了“八卦”图案，以缅怀炎帝“重八卦为六十四爻”之功绩。从2002年起，祭祀活动在这新修的炎帝陵公祭区举行。

炎陵炎帝陵陵殿区

炎陵炎帝陵陵殿区主要为民祭场所。位于炎帝陵公祭区的北边。文献记载原炎帝陵庙始建于宋乾德五年（967）。于宋太宗兴国年间（976～983）移鹿原陂炎帝庙于茶陵县城南五里处。宋孝宗淳熙十三年（1186），鹿原陂又恢复炎帝庙。后经元明清及民国时期，炎帝陵庙虽经多次修缮，始终再未易地。1955年因香客失火，炎帝陵主殿、行礼亭被焚。1986年经湖南省批准重修，于1988年10月竣工。炎帝陵陵殿区分为两个区域：陵殿区和御碑区。陵殿区由午门、行礼亭、主殿、墓碑亭和墓冢等五部分组成。午门为炎帝陵殿正门，高8.67米，宽2.6米。午门两侧为戟门，高6米，宽2米。行礼亭高8.33米，宽14米，进深6.67米，是敬香朝拜之地。亭前竖立江泽民1993年9

月4日题写的“炎帝陵”汉白玉石碑。左右为碑房，内立清代告祭文碑。主殿高19.33米，宽20.67米，进深16米。大殿正中供奉炎帝祀像。殿后便是炎帝墓碑亭。亭中置汉白玉墓碑，墓碑“炎帝神农氏之墓”题字为胡耀邦于1986年4月17日手书。亭后为炎帝墓冢。御碑园分为四个文化小区：御碑廊、《神农功绩图》壁画、祭祀碑区、九鼎台。园内绿草盈地、松柏挺拔，环境幽静。炎帝陵殿主要是民众在此祭拜、供奉始祖炎帝的地方。2001年以前每年的省、市、县公祭曾在此举行。同时，这里也成为海内外炎黄子孙寻根祭祖、旅游观光的圣地。

▼ 炎帝陵陵殿区/周新发 摄/2003年

圣火台、咏丰台

炎陵炎帝陵圣火台坐落于洣水河畔的龙珠山上。1993年为点燃首届“炎黄杯”世界华人龙舟赛圣火而建。台高40米，气势雄伟，设计独特。山下圣火台南面起步处平台的正面嵌有“炎帝圣火”四个大字。踏步共有205个台阶。圣火台有四条通道，分五层呈梯形框架，象征“天圆地方”。底层为正方形平台，二、三、四层均为梯形圆台。圆台中心为3.8米高、体积为31立方米的

▼ 炎陵炎帝陵圣火台/周新发 摄/2009年

▲ 炎陵炎帝陵咏丰台/周新发 摄/2009年

整体点火石。点火石南侧为一米见方的朱色隶体“炎”字。登台而望，可远瞧炎帝陵雄伟壮观的全貌和碧水环绕、形似卧龙的山川形势。

咏丰台座落于祭祀大道旁的西面半坡处，与圣火台遥相呼应。诶丰台创建于清代道光七年（1827）。民国初年倒塌。1988年修复炎帝陵殿时，重建于炎帝陵殿的左侧山坡上。2002年修建炎帝陵公祭区时，改建于此。咏丰台石碑是由一整块花岗岩石制作，碑高2米，四边各均为1米，重约5.5吨，碑顶四方雕有龙陛。是为缅怀炎帝丰功伟绩而修建的。

随州炎帝神农故里风景名胜区

随州炎帝神农故里风景名胜区是湖北省每年一次公祭炎帝的场所。位于随州厉山镇烈山。建于2009年。坐北朝南。由三部分组成：圣火广场、谒祖广场和炎帝神农大殿。圣火广场为主入口通道处。主要建筑设施有照壁、列山湖、九拱桥、华夏始祖门、圣火台。华夏始祖门为仿汉代早期门阙合一建筑形制，总高10.9米，主门高6米，两边侧门各高4米，四柱三门上分别书“华祖”和“农宗”四个金色大字。山门为青石材质，顶端龙形雕刻，古朴大气，蔚为壮观。圣火台位于广场中部，正方形，底座边长7.5米，台身高

5.8米。谒祖广场为正方形，长宽均为117米，面积13689万平方米，花岗岩铺设，可容纳2万人同时参加祭祀活动。炎帝神农大殿位于谒祖广场北面。大殿为庑殿顶，三重檐，仿秦汉高台圆柱直檐建筑风格，古朴庄重，气势恢宏。大殿高29.7米，宽45米，进深35米，建筑面积1575米。殿内1.2米高的石座上，巍然屹立着一尊炎帝石雕坐像。像高4.26米，寓炎帝农历四月二十六日的生日之意，质地为花岗岩。炎帝一手执稻穗，一手执灵芝，庄重而慈祥，威严而可亲。距神农大殿200米的东南方，树立一尊高95尺高的炎帝石雕像，高大雄伟，目视远方。

▼ 神农故里风景区神农大殿/霍彦儒 摄/2010年

随州厉山镇神农庙

随州厉山镇神农庙位于随县厉山镇炎帝神农纪念馆东北，烈山半山腰。坐北朝南。神农庙院西为神农洞，民间传说炎帝就曾诞生在此石洞里。[1] 实际上为后人纪念炎帝而开凿的。神农洞外建有三间亭子。亭子西侧为

▼ 烈山神农庙/霍彦儒 摄/2010年

1．据《荆州记》《水经注》所记炎帝诞生的“神农洞”在距今随州市区80千米的殷店。“穴口方一步，容数人”。传说洞内有神农时代遗留下来的石床、石桌、石凳、石碗和金杯、金盏。洞旁旧有神农观，奉祀炎帝。

神农洞祭祀碑。祭祀碑的北面是神农庙正殿。正殿面阔三间，进深二间。殿中央供奉炎帝的粉金塑像。塑像面部丰满圆润，和蔼可亲。殿内左边还有二洞：“安居洞”和“出生洞”。洞口石门半开，洞内幽深，洞壁光滑，洞中有一尊炎帝生母塑像。坐北朝南两间朝房，造型典雅美观。

随州厉山镇神农纪念馆

随州厉山镇神农纪念馆位于神农庙西南，为古典四合院式建筑，重檐飞举，雕梁画栋，黄瓦丹柱，飞金流碧，造型典雅，富丽堂皇。庭院松柏挺拔，草坪如茵；中央有尊炎帝汉白玉塑像，身披麻布，腰缠兽皮，手持谷穗，盘膝而坐。纪念馆共设五个展厅。分别展有炎帝的巨幅油画像、反映炎帝生平和功绩的大型组画和史籍影印件、随州出土的新石器时代的石器和陶器等。神农纪念馆前为神农广场，广场占地面积3300平方米。广场四周有文化长廊和角楼。文化长廊里陈列着神农故里各行各业建设最新成就图片，广场山门“烈山门”坐西向东，为两重古典卷棚式抱厦，雕梁画栋，古色古香。广场中央矗立着9米高的汉白玉炎帝塑像，手执五谷和草药，伟然挺立，气宇轩昂。

▼ 厉山神农纪念馆/樊友刚 摄/2010年

烈山大宗祠

随州烈山大宗祠位于随州厉山镇烈山山顶，距神农庙约有500米。坐北朝南。占地12.5公顷，建筑面积1900多平方米。1995年开工，2010年完全建成。其建筑物有日月门、天门、功德殿、回廊、广场等。回廊镶有雕刻的炎帝功德图，功德殿为历代有关炎帝文献资料摘录和百家姓氏简介。功德殿前广场有一眼水井，名为神农井。《水经注·漻水》云：“……水北有九井，子书所谓神农既诞，九井自穿，谓斯水也。又言汲一井则众水动。井今堙塞，遗迹仿佛存焉。”这里说的“九井”，就包含着这眼井。

▲ 烈山大宗祠/霍彦儒 摄/2010年

神农架神农坛

神农架神农坛位于距神农架林区政府80余千米的木鱼镇。传说炎帝曾在此地搭架采药，由此而得名为“神农架”。据此传说，神农架旅游发展（集团）有限公司于1997年投资修建了这座神农坛。

神农坛坐东朝西，依山而建，气势宏伟。神农坛由两部分组成：第一部分是炎帝塑像和祭坛区。高达29米的炎帝巨型雕像坐落于形似二象抬驼的苍山群峦之中，显得格外庄严肃穆。“华夏始祖”四个大红字在周围苍翠欲滴的松柏映衬下，显得格外醒目。此像为著名雕塑家钱绍武设计。炎帝塑像下设有天坛和地坛，连接天坛和地坛的是按帝王九五之尊之意而设计的墀阶，级数都是九的倍数。墀阶下面是祭坛，置有仿制的九鼎八簋。前面九鼎奉祀牲、鲜、腊，后面八簋奉祀五谷杂粮。分别取意九州方圆和四面八方，象征炎帝恩泽普润天地。鼎、簋的对面是反映炎帝事迹的浮雕。祭坛两侧有两根华表，为图腾柱，柱上有三个牛头，取意于对炎帝的崇拜和炎黄子孙的生生不息。

▲ 神农架神农坛/霍彦儒 摄/2010年

第二部分是祭祀广场，位于地坛的下方。祭祀广场长宽各为13米，外圆内方，取古代天圆地方之说。中央方坛是由红、青、黄、白、黑五色石所铺，以代表五行金、木、水、火、土。正前方置祭祀香炉及民众参拜场所，树祭旗一面；地坛两侧是钟楼和鼓楼。钟楼左侧置放仿制的编钟、编磬、古筝等乐器，鼓楼右侧置有刀、枪、戟、斧、钺、戈等冷兵器。以此象征炎帝的文治武功。广场周围布设炎帝、祝融、共工、蚩尤、夸父、形天、颛顼、帝喾、帝挚等九大部落图腾旗，以表现炎黄族的大融合。在广场的入口处，有一棵千年杉树王，树身3围，高40米，枝叶繁茂，古老苍劲，更增添了神农坛的肃穆庄严。神农架旅游发展（集团）有限公司不定期在此举办民祭炎帝活动。

高平五谷庙

五谷庙亦称“炎帝陵”或“神农冢”“皇坟”。位于高平市区东北17千米处的庄里村。占地5亩。此庙的具体修建年代，因“造基太古，无文考验”。 有学者根据院内留有一棵周长为6.5米的柏树根测算，距今至少已有三千年的历史。据北宋罗泌《路史》记载：“神农氏兴，受炎帝参卢禅，封参卢于潞，守其先茔，以奉神农之祀。”说明高平至迟于北宋以前就有。北宋《太平寰宇记》载：“羊头山东南相传为炎帝陵，石甃尚存。” 说明炎帝陵冢在北宋或其以前已成规模。元大德九年（1305）朝廷曾遣官祭祀，并下诏禁采樵。虽庙宇颓败，但因陵冢尚存，官府仍每年派员祭祀。明成化年间（1465~1487）《山西通志》卷五载：高平炎帝庙在“县北三十五里故关羊头山，元初徙建山下坟侧”。元初又对原庙宇进行了扩修。明嘉靖年间（1522~1566）《续修炎帝后妃像增制暖宫记》载：“炎帝神农氏陵庙，历代相传，载在祀典，其形势嵯峨，林木深阴久矣，吾邑封内之胜迹。”以此可知，当时陵庙规模宏大。明末，朱载堉在《羊头山新记》载：“羊头山之东南八里曰故关村，村之东二里曰换马镇，镇东南一里许有古冢，垣址东西广六十步，南北袤百步，松柘茂密，相传为炎帝陵，有石栏、石柱存焉。”炎帝陵庙经过一百多年的风雨，仅剩“垣址”。清乾隆四年（1739），炎帝陵庙又进行了一次修缮。清道光年间又补修一次。其规模：陵庙东西约100米，南北约170米，占地1.7万平方米。其格局分为上下两院，后为炎帝陵墓，四周有围墙。在中轴线上分列有舞台、献台、山门、甬道、正殿等。上院山门为宫殿式建筑，有三道门洞，两侧有钟鼓二楼。正殿面阔五间，进深六椽，前出廊，悬山式屋顶，琉璃脊饰，为元代所建，明代曾进行过较大规模的维修，屋脊上，正面刻有“炎帝神农殿”，背面刻有“大明嘉靖六年”的题记。屋脊两端为龙头雕塑。殿檐施彩，墙壁为红色。殿内有炎帝坐像、供桌、祭品，还遗留有元代以前的残碑和雕有元以前风格图案的石质建筑构件等。大殿左右各有两间垛殿。殿前有三通碑，上刻《祭炎帝文》。殿对面为戏楼。大殿两侧各有厢房三间。东厢房原为“炎帝陵”的碑亭，现为守陵人居室，其碑镶嵌在后墙上，为明万历三十九年（1611）申道统所立，保存完

▼ 高平神农镇五谷庙/霍彦儒 摄/2006年

整，距今已有390多年的历史。在炎帝陵石碑的后面，是通往墓穴的神道，传说墓内有盏万年灯，常年不熄。庙院后面是炎帝陵墓。陵墓约高3米，周长约30米。陵地青松挺拔，草木盈冢，巍然有势。朱载堉在《羊头山新记》载："今潞城县东北四十里有古潞城，即其国也，至神农冢一百六十里，此为先茔。"这里所说的"神农冢""先茔"，即指庄里村的炎帝陵。此陵庙自古以来为当地民众祭拜炎帝的场所。如今每年的庙会就在这里举行。

高平羊头山神农庙

羊头山神农庙位于距高平市区北8千米处的羊头山南麓。朱载堉在《羊头山新记》一文中记载：羊头山"岭限二郡，麓跨三邑。山高千余丈，磅礴数千里"。羊头山神农庙（亦称炎帝庙）具体创建年代不详。但从有关文献和碑文记载，羊头山神农庙至迟在宋代就已存在（相传为唐贞观六年<632>所建）。宋天禧二年（1019）张仪凤撰《上党县潜龙山宝云寺》记载："斯地也，……西接尝五谷之神祠，凭分水岭为界道，北靠龙山炎帝之庙貌。"虽未说到神农庙的规模、格局，但说到羊头山已有了神农庙。元延祐元年（1314）乃赓《后歌碑》云："神农遗迹在羊山，祠宇重修构此间。"元至正二十一年（1361）宋士常撰《创建神农太子祠并子孙殿志》载："羊头山故有神农氏祠，环山居民岁时奉祀。"从此条记载看，羊头山神农庙由来已久，且有了相当的规模。其后无文再记此处神农庙历史沿革和整修情况（传说最后一次修复为民国十二年，即公元1923年）。2001年至2003年，高平市神农镇人民政府先后投资600多万元，在原六名寺的基础上进行了大规模的整修。增修了祭祀广场，铺设了道路，修葺了炎帝大殿等。

神农庙坐北朝南。一条宽敞的柏油公路直通羊头山神农庙。庙区南端是和谐（泫青）湖，约有500多平方米。湖水清澈，波光粼粼。和谐湖的北面是4500平方米的祭祀广场。广场中轴线北端是祭祀台，台上有尊炎帝站立石雕像。炎帝像高5.5米，花岗岩质地。炎帝左手托谷穗，右手执耒耜，目

▲ 高平羊头山神农庙／梁晋高 摄／2010年

光炯炯，神情庄重，巍然挺立，高大雄伟。炎帝塑像两边是各为6根9米高的石柱。石柱上分别刻有12种生肖图案，代表了12亿炎黄子孙。神农庙坐落在羊头山南麓半山腰，一条约有500米长的石阶道直通庙区。道路两旁是草地花坛。前为500平方米的平台，后为庙院。庙院虽不甚大，但错落有致。分上下两院建筑。下院正中为五间山门，左右为偏门和垛殿。山门高悬“神农庙”三个金字牌匾。上院为高悬于神农洗药池之上的炎帝大殿，三间，于2001年落成。殿内有炎帝金身塑像，肩披树叶，手执谷穗，容颜和蔼，巍然端坐。院中有神农塔，塔下有泉，泉水由上院直流下院神农洗药池内。大殿东西各有12间展厅。东展厅展出的是数十件在羊头山周围地区发掘的新石器时代的石器、陶器，西展厅为历代碑碣。庙院建筑，均为青瓦红墙，雕梁画栋。神农庙三面环山，犹如躺卧于一片绿洲之中，十分幽静。庙院后面是羊头山。在半山腰，有北魏时期留下的石窟、石佛塔。在山顶，有用石板新砌的一个“祭坛”。传说这是当年炎帝祭天的地方。在山梁西面，分别有神农城、神农井、神农泉、五谷畦、炎帝高庙等遗址、遗存。晋城市、高平市自2004年起在此曾多次举行过公祭炎帝典礼。这里不仅为祭祀炎帝圣地，也为游客观光之胜地。

▲ 高平中庙村炎帝中庙正殿/梁晋高 摄/2010年

高平神农镇炎帝中庙

炎帝中庙位于高平市神农镇下台村（现改名为“中庙村”）。据明万历十二年（1584）碑记载：下台村“古有敕封神农炎帝庙”，至于说是哪朝哪位皇帝所封，因“奉敕建立其来远矣，创兴之始杳不可考”。炎帝中庙经历代扩建、改建，至今已成规模。现占地1.2万平方米，分下、中、后三院。炎帝中庙原正门在西南角，门上有“炎帝中庙”刻石，为明天启二年（1622）维修时所立。下院南为戏台，东为文昌楼，西为禅房。中院为元代修建的神农太子祠，为无梁结构殿（亦称无梁殿），此殿建在一块高1.5米高的台基上，庄重稳健，殿面阔三间，进深四椽。此殿为元代遗构。殿内东墙上镶嵌一石碑，为元至正二十年（1361）立。碑名曰“创建神农太子祠并子孙殿志”，内有“羊头山故有神农氏祠，环山居民岁时奉祀”等语。殿的左右两侧分别为药王殿和蚕姑殿。后院为炎帝正殿，面阔三间，进深六椽，前出廓，悬山式屋顶，筒板布瓦盖顶，琉璃脊饰。台基为元代至正四年（1344）遗物，殿身为康熙八年（1664）重修。殿内东墙壁上镶嵌碑碣一块，为清康熙年间所立，记述了炎帝尝五谷造福于民的事迹。正殿东西有配殿，分别供奉关帝和高禖。现为当地民众祭祀炎帝之场所。

高平神农镇炎帝行宫

炎帝行宫位于高平市神农镇故关村（亦称古关村）。炎帝行宫创建年代不可考。该行宫坐北朝南，进深一院，现存正殿三间，东西耳房各三间，舞台三间，东南、西南耳楼阁两间，东大门钟楼三间，圣贤殿三间，正东为出入。院现存青石香台，为清光绪年间所置，碑7通。正殿建在一块高1.5米的台基上，面阔三间，进深六椽，前出廓，悬山式屋顶，筒板布瓦盖顶。殿内塑像不存。此殿为明天顺四年（1406）至成化五年（1469）修，明崇德和清光绪改建。明崇化年间《重修炎帝行宫》碑云："神农炎帝行宫盘基在故关村前，肇基太古，无从考验。"

▲ 高平故关村炎帝行宫正殿/梁晋高 摄/2010年

高平神农镇炎帝寝宫

炎帝寝宫位于高平市神农镇团西村。该庙创建年代不详，从建筑遗迹推测，至迟在金代时已有此寝宫。坐北朝南，进深三院，占地面积1500多平方米。中轴线上建有山门、戏台、正殿、后殿，两侧建有东西配殿、耳殿、厢房、廊房、库房等，左右均衡对称，建筑规模宏大，布局严谨。炎帝大殿建在高0.9米的台基上，面阔三间，进深八椽，前出廓，悬山式屋顶，筒板布瓦盖顶，琉璃脊饰。后殿为炎帝寝宫，面阔三间，进深六椽，前出廓，悬山式屋顶。殿内有保存完好的炎帝夫妇古代壁画像。

郑州炎黄广场

河南郑州炎黄广场位于郑州市区北黄河风景名胜区内，长500米，宽300

米，从邙山前一直延伸至黄河老滩，总面积15万平方米。环广场有40米宽的常青林带，计5.2万平方米，栽植松、柏和银杏等常青树。广场按地形分为三级，一级广场顶边东西长120米，南北宽55米，面积为6600平方米；底边东西长135米，南北宽60米，底面积8100平方米。东、西各有16级台阶与二级广场相连，东、西两侧台阶各宽16米。二级广场东西长220米，南北宽145米，可用面积约2.16万平方米。三级广场总面积6.5万多平方米。

在一级广场的中轴线上，安放有一尊青铜鼎——炎黄鼎，与三级广场祭坛以南坛道两侧分置的其余八鼎合成九鼎之数。“炎黄鼎”为九鼎中的主鼎，高6.6米，直径4.83米，重20吨，鼎内部铸有“炎黄始祖，万代景仰”八个篆字。鼎座四壁铸有“炎黄鼎”三个金文及党和国家领导人的题词：陈云“炎黄子孙不忘始祖”、邓小平“炎黄子孙”、江泽民“炎黄子孙，情满华夏”等。鼎的双耳高耸，外侧饰有20条龙，口沿下3对飞龙在天，面朝火焰四射的太阳，鼎身饰有12座高山与12条河川，12只飞凤翱翔于山川云天之间，显示了祖国山河一派吉庆祥和的景象。鼎的三足，呈兽面蹄形，具有擎托山河之气势。鼎座上的56条夔龙则表示我国56个民族的大团结。其余八鼎四方四圆，方鼎口长3.5米，圆鼎直径3米，鼎高均为4米，重1吨。八鼎分别为司母戊大方鼎、夔纹乳钉鼎、杜岭方鼎、蟠龙纹乳钉鼎、淳化鼎、禽纹圆鼎、盂鼎、兽纹鼎。

在二级广场东西两端，分别置放着青铜钟、鼓各一尊，钟高6米，重约10吨，呈圆肩、直筒形，钟身外壁横向有5组弦纹，上、中、下各一组凸弦纹，中间两组凹弦纹，钟体空白处嵌以祥云；鼓高5米，重约10吨，表面环绕菱状与波浪式花纹，鼓体略向下弯，鼓面椭圆。古代铜鼓是权力的象征，用于作战、庆丰收、祭祀和集会等。为了祭拜的需要，在二级广场的正中位置，还布置有香炉、香案。香炉为祭祀重器，采用大型石雕，长5米，宽1.2米，高1.2米，两端有耳，重10余吨，正面为双龙图，并题有“寻根拜祖，祷天祈运”八个大字，背面为铭文，以表达对炎黄二帝的虔诚之心。香案长

5米，宽1米，高1.1米，为花岗岩质地。

祭坛为三级广场的主要建筑物，坛分三层，自下而上57级台阶，层高3米，为正方形，坐落在基座之上。祭坛由8228块花岗岩砌筑而成。在坛北两侧台阶入口前及广场北大门入口处，设置两对瑞兽：麒麟和貔貅。每头瑞兽长4米，高2.8米，重13吨，威猛古朴，栩栩如生。坛顶中心为圆形汉白玉石壁，直径为1.08米，其中心置放香炉一个，为大型活动和尊贵客人祭拜使用。香炉为圆形，青石质地，高1.5米，直径1.5米，重2.5吨。

位于三级广场祭坛以北坛道两侧，从祭坛到北大门方向，分别立有12块党和国家领导人及名人题词的碑石。碑石分立碑、卧碑两种形式：前者高2.5米、宽1.5米；后者高1.5米、宽2.3米。石材均厚约80厘米，重约10吨，为红色太行石。

广场南端为炎黄二帝巨型塑像，这是炎黄广场的主体。塑像以邙山为体，面北，黄河从广场北面流过。二帝巨型像高106米，其中头胸部分高51米，整个像身重达3万吨。塑像系由钢筋砼框架结构支撑外壳，外壳面采用花岗岩雕砌，最大花岗岩面积达3平方米，重2.5吨，共计4500吨。炎帝面部共用花岗岩481块，黄帝面部共用花岗岩489块。二帝塑像面部面积1300多平方米，眼长3米，鼻高8米，嘴阔7米。塑像身内部8000多平方米。塑像头胸以下以山为体，山人合一，浑然天成，体现了“与山川同在，与日月齐辉”的理念。炎黄二帝：一个凤目龙准，显得威武刚强，气宇轩昂；一个广额厚唇，显得智慧深邃，宽厚仁慈。塑像很好地反映

▼ 郑州炎黄广场炎黄二帝塑像/霍彦儒 摄/2007年

了炎黄二帝所代表的中华民族的本质特征。

炎黄二帝巨型塑像从1987年开始至2007年，历时20年完成第一期工程。总投资3亿多元。2007年4月18日（农历三月初三）举行了3万多人参加的规模空前的落成庆典。于每年的农历三月初三举办祭祀炎黄二帝文化周。

沁阳中华祭祖坛

河南沁阳中华祭祖坛位于距河南沁阳市西北25千米的神农山。始建于2002年。神农山崇山峻岭，巍峨雄奇，为世界地质公园，国家重点风景名胜区。中华祭祖坛就处在这群山环抱、草木葱茏之中。云阳河从祭祖坛左侧湍湍流过。祭祖坛坐北朝南，上下分三层，圆形，上层是尊炎帝坐像，高9.9米，重29吨，青铜铸造。炎帝头生两角（头饰），手捧谷穗，面容慈祥。坛底层周围是12幅反映炎帝生平事迹的浮雕。坛前为神农文化广场。炎帝塑像由曹春生设计，北京希象环境艺术设计公司制作。

▼ 沁阳中华祭祖坛/霍彦儒 摄/2010年

在中华祭祖坛左侧不远，有一三层平台，其上有座雄伟的三皇大殿。大殿面阔七间，进深三间，卷棚飞檐，雕梁画栋。殿内塑有伏羲、炎帝、黄帝金像。

在海拔1028米高的神农山主峰紫金顶，有座神农坛，方形，上有一尊仿制青铜大鼎，高3米，顶天立地，稳如磐石。传说炎帝曾在此祭过天。“神农坛”三个大字由罗哲文题写。公祭炎帝活动一般在每年农历的三月初三进行。

淮阳五谷台（庙）

河南淮阳五谷台（庙）位于距淮阳县城东北5千米处的五谷村。五谷土台高约2米，广约2000平方米，上建有三栋房子，正殿坐西朝东，面宽三间，进深二间，门额上方悬挂“炎帝神农殿”牌匾，内塑炎帝坐像。正殿左侧是炎帝之妻“听訞宫”，内塑听訞像；右侧为炎帝之女“精卫宫”，内塑精卫像。据传此庙建于汉代，重修于1993年。其历史沿革无文字记载。在庙旁有眼“神农井”。《帝王世纪》曰：炎帝“都于陈”。传说此井为当年炎帝在此建都、种五谷而挖掘的。考古发现，这里是一处新石器时代遗址，曾出土过石镰、石斧、石铲等生产工具。每年农历三月初三为民间庙会时间。农历每月的初一、十五也有老百姓自行前来祭祀。

▲ 淮阳五谷台（庙）/霍彦儒 摄/2007年

涿鹿归根苑

河北涿鹿归根苑（亦称“中华三祖堂”）坐落于距涿鹿县城50千米的矾山镇五堡村。传说炎、黄、蚩之战曾发生在这里。依据此传说，由涿鹿县人民政府投资，于1994年8月破土动工，历时四年修建了这座纪念性的建筑物。1998年7月竣工后即向外开放。

归根苑坐北朝南，占地约27000平方米，建筑面积约1000平方米。由山门、祭坛、三祖大殿等组成。进入苑内，一条200米长的水泥神道直通大殿。神道两边是一棵棵苍翠挺拔的柏树。大殿建在三层平台上，面宽七间，进深三间，全采用木质构件。屋盖为四坡顶，青瓦红墙，檐面施彩，气势宏大，雄伟壮观。中门上方悬挂“中华三祖堂”五个金色大字。殿内彩塑“三祖”像，中为黄帝，气宇轩昂；右为炎帝，睿智儒雅；左为蚩尤，勇武彪悍。三像神态各异，栩栩如生。塑像均高6米，质地为泥土。四面墙壁绘有“涿鹿之战”“阪泉之战”“合符釜山”“定都涿鹿”四幅大型壁画。

以中华三祖堂为中心，在“涿鹿之阿”20平方千米的地面内，还有炎帝营、黄帝城、黄帝泉、蚩尤寨、轩辕湖、蚩尤泉、蚩尤坟、蚩尤城、黄帝庙等遗迹和纪念性的建筑物。不定期由当地政府和民间举办公祭、民祭炎帝活动。

天水炎黄庙

天水炎黄庙位于天水市麦积区永庆村的神农山（又称“神留山”）上，距天水市区约有30千米。神农山海拔约1800多米，远眺形如一口大钟覆地，突兀而立，气势恢宏。神农山三面绝壁，一岭为径，直通山顶。山顶为东西坡形，较为平坦，约有300平方米大。

炎黄庙建于神农山顶。传说原为一座古寺。从出土的砖石推测，古寺大概建于唐代。1958年在“大炼钢铁”中，古寺遭到破坏，遂成废墟，树木砍伐，满目疮痍。

根据当地流传的神农采药尝百草的传说，2004年，当地村民张国治、杨四勤首倡重建神农山古庙之议，得到四方善士的大力支持，捐资投劳，于同年农历七月十五开工，2006年农历十月竣工，投资近50万元，建起了这座炎黄庙。

炎黄庙基保持原基尺寸，正方形，边长各为8米，四面坡顶，“明三暗

▲ 天水炎黄庙/霍彦儒 摄/2007年

一”（即明为三间暗为一间）。高8.3米，前檐廊宽2.7米，后檐宽1米。通丹以上米字形斗拱。起脊瓦兽，飞檐翘角，丹青彩绘，金碧辉煌。殿内中梁雕刻“龙凤戏太极”图案，殿门扇依次雕刻“孔雀戏牡丹”“鲤鱼卧莲”“仙女供果”“白兔穿菊”等图案。两月窗雕刻“松鹤延寿”“喜鹊闹梅”图。殿门通丹雕刻“八仙献寿”图，明柱雕刻“二龙戏珠”图。刻工精细，刀法娴熟。殿内正面为炎帝和黄帝像。炎帝像为泥塑，高1.94米，正面端坐，右手拿一根草药作品尝状，左手拿谷穗，肩披树叶，左腿微抬，右脚蹬树根，头上有两角状，双目平视，神情肃默。黄帝像高2.44米，铜质，重约1吨。黄帝头戴九龙珠，身穿九龙袍，正襟危坐，两手搭膝，长须垂胸，双目平视，神态祥和。在炎帝和黄帝像前，分别置仿制的古铜质乡炉一尊。庙会时间为每年农历四月二十六。传说这一天为炎帝的诞辰日。

二、组织

祭炎帝组织分为公祭组织和民祭组织。在公祭炎帝组织中，由主办单位、承办单位和协办单位成立筹委会，根据活动项目需要下设办公室、祭祀处、宣传处、学术处、联络处、接待处、保卫处等，分别具体负责各项目的筹备工作。如果有学术研讨会或论坛，还要提前做好邀请专家学者、落实论文等工作。这些组织均为临时性的，祭祀活动结束后，也就随之解散，临时抽调的工作人员又回到各自单位上班。筹委会主要负责人为主管这方面工作的政府领导。民间祭祀组织一般由陵、庙管委会或庙会会首和若干名成员组成，负责本次祭祀活动各项筹备工作。新中国成立之前，会首多为村中有名望、家庭殷实、热心公益的人通过推荐或选举担任。新中国成立之后，一段时期因把祭炎帝视为迷信活动，陆续在1958年破除迷信和“文化大革命”“破四旧”中，陵庙被拆除，祭祀也被迫停止，庙会组织也随之不复存在。20世纪80年代后，各地陆续恢复祭祀，庙会组织也相继建立，但多为政府下属的一个单位，其领导为上一级任命，也就不存在传承。属于本村自管的陵庙，会首一般由村委会主任兼任。这些组织、组织者主要职责是在庙会期间准备祭品、落实戏班、清扫庙院、联络香客、采办食品、布置环境等。参与者有礼官、打旗者、引导员、礼宾、吹奏者、主持人、打鼓者、击鼓者、表演者等。

筹委会

公祭炎帝均为政府行为，首先由主办的一级政府成立××年公祭炎帝典礼筹备委员会或是筹备领导小组。组成人员为主办、承办和协办单位的主要领导。筹委会主任由主管副省长或副市长、县长担任，副主任由政府秘书长和承办单位主要领导担任，其余协办单位为筹委会成员单位。筹委会主要职责是制订祭祀活动方案，指导、协调祭祀节期间的各项筹备工作。筹委会下设办公室、联络处、宣传处、祭祀处、安保处、接待处等，若有学术研讨或论坛，还要成立学术处。各处各自负责各处承担的方案制订、嘉宾邀请、食宿安排、场地布置、宣传报道、编印材料等。比如，2009年湖北省举办的首届公祭炎帝大典，因是以省政府名义主办，首先以省委办公厅、省政府办公厅联合发文，成立“首届世界华人炎帝神农故里寻根节”筹备领导小组。组长由省委常委、常务副省长担任，副组长为其他两名副省长担任，成员由中共湖北省委办公厅、省政府办公厅、省文化厅、省财政厅、省交通厅、省公安厅、省旅游局等23个单位负责人组成。负责制订节会整体活动方案，筹集活动经费，指导下设各处筹备工作。

管委会

民祭组织因其活动规模较小，所以，组织也相对简单。由政府管理的陵、祠，其祭祀活动由本单位管委会负责祭祀活动的一切筹备工作。例如，宝鸡炎帝陵，其每年农历七月初七的祭祀活动则由炎帝陵管委会负责筹备。其组织成立于1993年，先后经过了六任领导。因此陵殿是由神农镇政府与宝鸡桥梁厂合作兴建，所以管理人员由两个单位任命和选派，设两名主任，一正一副，全面负责炎帝陵的工作。在祭祀期间，根据活动规模，在管委会下设三或四个工作小组，具体负责某一方面的筹备工作。炎陵炎帝陵在民祭时，亦是由管委会（一度为管理局）负责组织。其管委会正副主任由县政府任命，成员则为国家正式工作人员。为民间管理的庙会，如神农镇峪泉村神农庙和高平五谷庙，20世纪90年代以前，是通过信徒选出德高望重、热心公益的年纪较大的男性组成庙会管委会，一般为5～7人，其中由一人担任会首（会长）。因有的管委会是临时性的，随着庙会活动的结束，则管委会也随之解散；有的则是长期的，庙会活动结束后，还继续管理庙院日常事务。现在为了便于筹集经费（由群众捐赠），一般由庙会所在村委会主任或村民小组组长担任会首，负责庙会期间的一切事务。

宝鸡炎帝研究会

宝鸡炎帝研究会是学术性民间社会组织。成立于1993年。现有会员100多人。分别由来自市内热爱炎黄文化研究的专家学者组成。登记机关为宝鸡市民政局，业务主管为宝鸡市社会科学界联合会。它除了组织炎黄文化方面的学术研究和学术研讨、交流外，还担负着宝鸡市人民政府每年一次的清明节公祭炎帝典礼的筹备工作。主要筹备工作有制订祭祀典礼方案、布置场地、彩排各项仪式、组织各界民众参加祭祀活动及文艺演出等。从1996年开始，至今已筹办了20多年。另外，宝鸡炎帝研究会还参与了三次全球华人省亲祭祖大典的筹备。并在此期间分别举办了三次国际、国内炎帝文化学术研讨会（论坛）。

▲ 总指挥/霍彦儒 摄/2013年

总指挥

公祭由于是由多家单位组织的筹委会，一般只有领导、指导作用，而实际操作运行的是由设立的总指挥（一人）和副总指挥（若干人）来做。总指挥是由一级政府的秘书长或局长担任，副总指挥是由负责某项工作的副秘书长或副局长担任。通过政府办公室发文任命。他们都是临时性的，节期结束其担任的职务也就随之消失。总指挥主要工作是协调各处工作、审批经费、审定各处工作方案等。副总指挥的职责主要是负责制订、审定本处工作方案，细化落实本处工作项目，安排本处工作人员任务以及衔接、协调与其他各处的工作。在祭祀活动时，现场进行指挥。2009年宝鸡全球省亲祭祖大典的现场总指挥由渭滨区人民政府文化旅游局局长杨安立担任。他原为神农镇副镇长，分工主管炎帝陵。人民在多年的工作实践中，积累了有关祭祀方面的知识和经验。他曾连续三次负责、指挥了全球华人省亲祭祖大典的筹备和举行。2009年被评为宝鸡市祭炎帝非物质文化遗产传承人。

会长（会首、社首）

民间群众组织称会长或会首、社首，具体负责祭祀活动的各项筹备工作。宝鸡炎帝研究会承办宝鸡清明节公祭炎帝祭祀典礼，会长霍彦儒为主要组织者，主要职责是策划、起草祭祀典礼方案，筹集、落实经费，主持筹备工作会议，研究部署各项工作，检查、督促各项工作的落实和进展，协调与政府有关部门和单位的关系等。秘书长王宏波负责采办节日期间用品，联系礼仪人员，负责组织布置场地，指挥彩排和典礼活动等。峪泉村神农庙庙委会成立于1983年，有七名成员，第一任会长为朱登云。会首和成员由村民选举产生。2000年，朱登云去世，选举朱映科为第二任会长。朱映科，现为本村村民小组组长，出身农民，为人和善，厚道淳朴，热心公益事业。年纪虽已五十多岁，又担任村民小组组长，但对庙院工作很经心，也无什么补贴，但他又是给庙会活动每年捐赠钱物最多的人。其职责主要是协调庙会和村委会关系，从本村村民中筹集资金，组织村民打扫村落和庙院环境卫生，延请僧、道、经师和外地香客，安排会友在庙会期间的活动及生活，组织人员登记供品、布施（钱物），会后结算账目、分配供品等。庙会结束后，还负责庙院、大殿的安全和维修等工作。1993年首届宝鸡渭滨区神农镇炎帝陵祭祀活动，成立了由5人组成的民祭大典理事会。会长：陈生泰，渭滨区神农镇蒙峪沟村人，退休教师。三名副会长：茹仪，渭滨区神农镇姜城堡村人，退休教师，曾任小学校长；杨茂林，渭滨区神农镇陈家村人，曾任生产大队会计；张海峰，渭滨区神农镇益门堡人，退休教师。本组织的产生是由其中的茹仪串联各村庙会会首成立的。其主要职责是制定祭祀仪程，落实礼仪人员并负责演练，制作服装和供品等。随州神农庙民祭活动有文字可查的可追

▲ 会首/梁晋高 摄/2010年

溯至清同治八年（1869），祭典最早传承人为清同治年间的胡兴普（号锦庭）。民间祭祀活动在传承过程中，主要是靠非家族性的师徒口授，绵延至今已有140余年。高平五谷庙在1959年前，由7个村子共同举办庙会，各村推举出一名会首，组成“庙管会”，以轮流坐庄的方式决定谁为本届会首。至1990年恢复庙会后，因五谷庙在庄里村，就由庄里村主办，其他6个村子不再参与，会首自然就由庄里村村民担任。其主要职责：收缴群众的献米献面、安排庙会期间各村的故事耍乐、联系戏班子、搭建祭棚等。旧时高平五谷庙农历四月初八起会，初四就撞钟了。钟一响，社首、账房、伙计等就到庙里集合，开始筹备庙会。社首是个有权有势、令人羡慕的职位，一般是由村中德高望重的老人担任。所以在高平一带流传一句话：“上苏州，下汉口，不如五谷庙里当社首。”

礼官

礼官，也称“供奉官”，这是祭祀活动中的重要角色。一般设一人，视其规模大小也有设7～9人的。大型公祭活动聘请著名人物担任（多为影视演员）。一般祭祀活动在当地选一名熟知礼仪的人充当礼官。宝鸡清明节公祭活动的礼官为一普通群众担任。他进场时，身着大红（或金黄色）汉服，头戴汉吏高帽，脚穿高筒靴子，走在仪仗队最前面，随后是打红、黄彩旗和旌、幡及抬祭品的仪仗队、祭拜队伍。礼官迈着方步，行至祭祀区，先向炎帝塑像（牌位）行三鞠躬礼，然后和随从人员按指定位置站定。例如，2010年随州的公祭活动，邀请鲍国安担任礼官。手执用黄布书写的拜祖颂文，带领仪仗队伍进场。礼官为首位，紧随其后的是身着汉服的9人奉祀队，接着为身着汉服、由162人组成的五谷方阵队和幡旗方阵，其后是国家、省、市领导方阵和烈山五姓宗亲代表方阵、世界华人代表方阵。鼓点静场后，奉祀官朗读《颂祖文》。民祭中，礼官又兼任司仪。

▲ 礼官/何菊侠 摄/2012年

礼宾

公祭礼宾一般是由驻地中国人民武装警察部队的礼宾人员担任。人数6～10名。主要作用是抬送花篮，还安排两名或四名站立祭祀台（牌位）两侧，以示庄严。民祭按照传统讲究，礼宾全是由年龄较大、有一定文化、乡间德高望重的老者组成。1993年，宝鸡神农镇炎帝陵礼宾是由茹仪从周围几个乡镇聘请来的，他们分别是长寿乡原任省文史馆馆员、年逾88岁的杨参政，益门堡村的退休教师张海峰，宝鸡县蟠龙乡的退休教师、书法家容克家，宝鸡市第八届人大代表、退休教师赵治军，马营镇退休教师段志恭，清姜中学退休教师史德明，姜城堡农民刘少瀛，贾村原乡退休干部白文杰以及农民连枝、教师彭谦等。共由15人组成，平均年龄为73岁。另聘

▼ 礼宾/霍彦儒 摄/2012年

▲ 吹奏者/霍彦儒 摄/2011年

执事、打杂和服务人员若干名。由杨参政担任主祭人，赵治军、容克家担任陪祭人。白文杰担任“正统”，连枝任“明引”。

吹奏者

吹奏者也称“吹鼓手”“乐人”。一般民祭中人数较少，为3～5人；大型公祭活动有时多达三四十人。宝鸡清明节公祭活动一般为10～12人。其中10人为吹奏者，一人打鼓，一人打镲。他们主要在进场和敬献花篮时吹奏，制造音响气氛。打鼓和打镲是为吹奏者掌握音乐节奏。这些人员大多来自于周围农村，年龄大多为四五十岁的男性。他们平时在农村被聘请参与丧葬和结婚的演奏。湖南炎陵和湖北随州的公、民祭均没有吹奏者。

打旗（幡）者

公、民祭都有由若干人组成的仪仗队，即打旗（幡）者。公祭由某一中学或民办高校学生担任，年龄18～20岁，一般为男性。规模较大的祭祀活动（包括民祭）打旗者多达百人以上。宝鸡清明公祭活动一般为56人，打56面

▲ 打旗者/霍彦儒 摄/2012年

彩旗，象征56个民族。另外有一面幡、八面旌。民祭仪仗队人数较少，一般为10人左右。从本村青年人中选拔。其作用主要是制造气氛，烘托场面，表示庄严。

打鼓者

公、民祭都有若干人组成的锣鼓队参与祭祀。一般祭祀活动由60～80人组成，大型祭祀活动有时百人以上。十几年前均为男性，近年来，农村男劳力外出打工，就多由女性担任。指挥者为锣鼓队主要人物，掌握着整个场面和锣鼓表演的节奏。2011年宝鸡清明节公祭活动锣鼓演奏由金台区桥镇塔寺头村锣鼓队担任。这支锣鼓队在区里春节组织的锣鼓竞赛中曾多次获得冠军。为了保证锣鼓队阵容和气势，他们将在外打工的男性队员全部召回，参加公祭炎帝锣鼓演奏。指挥者刘敏，55岁，中等身材，自幼喜欢打鼓，熟悉各种套路，在全区是有名的鼓手。他已担任锣鼓队队长12年，年年指挥锣鼓队参加区上比赛。锣鼓是一种传统的民间娱乐项目，群体性强，场面宏大，灵活方便，对场地、环境要求不高，也便于操作，群众喜闻乐见，所以，现

▲ 打鼓者/霍彦儒 摄/2010年

▲ 主持人/樊友刚 摄/2009年

在开业、庆典等节日活动一般都有锣鼓参与。活动方式多以群体出现，视其人数和场地或围拢在一起或列队，或挎在腰间或放在鼓架上进行表演。祭祀活动中，其作用一是参加“鼓乐告祭”仪式，二是在祭祀仪式前和祭祀仪式结束后，在广场进行表演，以制造热烈而隆重的节日气氛。湖南炎陵公祭组织腰鼓队，由数十名妇女组成，边敲边舞，欢迎省、市领导和各地嘉宾参加公祭活动。

主持人

大型公祭活动有中央或地方台转播，聘请电视台或广播电台主持人主持全场活动。如湖北省随州市2009年的首届祭祀炎帝公祭活动，聘请了中央电视台著名主持人水均益和敬一丹主持祭祀活动。宝鸡每年清明公祭活动，由宝鸡市人民广播电台一男一女两个播音员主持。他们的作用，一是祭祀前播送颂扬炎帝丰功伟绩的稿件；二是介绍参加祭祀典礼的主要领导和重要嘉宾；三是引出祭祀仪式主持人（司仪）；四是宣读活动项目等。

司仪

仪式是整个祭祀活动中的一项主要内容，所以，无论是公祭还是民祭，司仪（祭祀仪式主持人）是位重要角色。公祭的仪式主持人均由一级（他们往往也兼任筹委会的主任）政府的常务副省长或常务副市长担任。但有的地方也有由政协或人大领导出任主持人的。民祭司仪一般是由熟悉礼仪的有地位有影响的社会贤达担任。宝鸡1993年首届炎帝陵祭祀活动的司仪由白文杰担任。白文杰是原宝鸡县贾村原乡（今划归金台区管辖）干部，退休后，热心社会公益事业，多参与主持农村红白喜事，在祭祀典礼方面比较熟悉。其该年的礼仪就是他与其他几位会首根据有关文献记载，结合今天实际情况制定出来的。

表演者

这里主要是指公祭礼仪中的“乐舞祭”。往往有两种类型：一种是古典舞蹈，一种是合唱。在大型公祭中，这两类表演者的人数少则百余人，多则上千人。他们都是来自当地学校的学生和艺术团体的演员。合唱方式是队员站立在祭祀台前，有合唱，有分唱，有领唱。歌曲有《炎帝颂》《神农

▼ 舞蹈表演者／周新发 摄／2012年

吟》《同根歌》等。湖北随州2009年至2011年，分别邀请著名男高音歌唱家杨洪基和女著名歌唱家祖海等担任领唱。乐舞祭是中国传统祭祀活动中不可或缺的重要内容。一般是在礼仪仪程的最后。《周礼·乐记》记载：“欣喜欢爱，乐之官也。”其作用，既娱神，又娱人。民祭的表演者是演戏或踩高跷、舞龙等。宝鸡神农镇峪泉村神农庙2011年庙会，邀请陕西省乾县秦腔剧团演出秦腔戏三天四晚，剧目有《奠酒》《回荆州》《杨门女将》等。该剧团有60余人，演员40多人。常年活动于陕西关中农村和城镇。以演古装秦腔戏为主。

▲ 击鼓者/霍彦儒 摄/2012年

击鼓者

击鼓是传统祭祀仪式中的一种形式，今天被继承下来，它往往被设置在礼仪的第一项，表示祭祀礼仪正式开始。击鼓者一般由会打鼓的男性担任。年龄一般为50岁左右，每年因参加的锣鼓队不同，担任击鼓的人也不相同。因击鼓人要在祭祀队伍前活动，所以要求必须是由身材魁梧、相貌堂堂，且打鼓技艺高超的人担任。2011年，宝鸡清明节祭祀炎帝典礼担任击鼓的是金台区桥镇塔寺头村锣鼓队的罗辉、刘志忠，年龄均为45岁，农民。宝鸡清明公祭活动击鼓为34响，象征34个省市自治区。其他地方如湖北随州、湖南炎陵此仪程则是鸣放21响礼炮。

三、节日缘起

炎帝是中华民族的伟大始祖。陕西宝鸡、湖南炎陵、湖北随州、山西高平等地历朝历代祭祀炎帝，皆缘起于当地民众对这位中华民族伟大始祖的崇敬。这里重点对炎帝予以介绍。

炎帝

炎帝，又称赤帝(又说名“轨”“石年”)。号神农氏。姜姓（又说姓“伊耆”）。传说中的三皇之一。姜姓部落首领。约生活于新石器时代的中晚期（距今7000～5000年），出生地为今陕西宝鸡渭水流域的古姜水(今“清姜河”，又说“沣河”)。传说死于误尝毒草——断肠草(俗名“火焰子”)，葬于今宝鸡市区南天台山。在位120年。炎帝部落原居宝鸡渭水流域，后可能因人口繁衍或自然变化等，陆续迁往东南、东北、西北、西南等地，因而，传说在湖北随州、湖南炎陵、山西高平及甘肃、四川、西藏等地也留有炎帝遗迹或炎帝文化。在四处迁徙的部落中，其中有一支发展到中原，经阪泉(今河北涿鹿东南)之战，炎帝姜姓部落与黄帝姬姓部落和蚩尤部落联合。从此，炎、黄二帝被认同是中华民族的共同初祖。

炎帝生于姜水之畔，因而以姜为姓（又说以图腾“羊”为姓）。姜水是宝鸡渭河流域的一条支流。从宝鸡西端至渭河流入黄河处的关中及甘青一带，原是古羌人活动的地方，所以，炎帝可能是古羌人氏族部落的宗神。羌人主要以游牧为主，以养羊为生。当时正是母系氏族社会末期，即由母系氏族社会向父系氏族社会的过渡时期，“姜”字的象形字好像有女性管理羊群之意，“羌”字的象形字好像是一个人跪着一条腿在挤羊乳。故“姜”“羌”实为一字，都指牧羊。后来有一支羌人由牧羊转入农业生产，称为姜族或姜姓羌族。因此，其首领炎帝也被称为神农氏。

黄帝氏族亦是羌人之一支。这个氏族生于姬水之滨，因此，以姬为姓。

姬水即今流经麟游、武功县境内的漆水河（又说为流经今岐山、扶风“沣河”的一段）。所以，古籍中称黄帝和炎帝是“兄弟”，即“双胞族”。因为姬、姜二水相邻，所以，二族居地亦相近。由于炎帝族首先发明了农业，早就开始了半定居或定居的农业生活，而当时的黄帝族仍过着草原游牧生活，所以，炎帝族的强盛时期要比黄帝族早500年或1000年。

传说，炎帝父亲(父族)是少典氏，母亲叫任姒，为有蟜氏的女儿，又名女登、安登，是少典氏的妃子。传说有一天，女登在“华阳”游玩，忽然看见天上出现一条巨龙的头，女登深受震动，感而有孕(可能是与一魁梧的男子“野合”致孕)，生下炎帝，“牛头人身”“人面龙颜”，且生三天便能说话，五日就能行走，七天就长出满口牙齿，三岁就能耕种务农，成人后是“身长八尺七寸，弘身而牛颐”。炎帝部落因为崇拜火，善于利用火(可能是因为“刀耕火种”的缘故)，所以，炎帝以“火纪而火名”，以“火德”称于天下，被推举为黄河流域的部落联盟首领。

炎帝娶奔(莽)水氏的女儿听訞（谈、诙）为妻，娶尊卢氏女为妃。其后裔为八代十三子。八代：炎帝—炎帝临·炎帝柱(又称烈山氏)—炎帝承·帝庆甲—炎帝魁—炎帝明—炎帝直—炎帝厘(来)—炎帝居(又名“帝哀”)·炎帝克·炎帝戏·炎帝榆罔·炎帝器。他们皆承袭炎帝称号，担任姜炎族部落首领，传七世(有说十七世或七十世)500余年。十三子传说有名字的为炎居、堇、权、不浩、耑、邛、柱、起我，其余五子名字失传。此外，炎帝还生有四个女儿：帝女桑、瑶姬、女娃(精卫)、炎帝少女。其中“精卫填海”的故事可以说家喻户晓、人人皆知。

炎帝传至第八代炎帝榆罔，势力衰弱，九黎族首领蚩尤趁机作乱，驱逐炎帝榆罔，夺取炎帝族的部落领导权，自称炎帝，建都涿鹿。于是炎帝榆罔求救于“兄弟”族黄帝，二族联合，与蚩尤大战于涿鹿之野(今河北省涿鹿县一带)。传说战争很激烈，流血百里，血流漂杵，最后炎黄联军打败并擒杀蚩尤于中冀(即“冀州中土”，今涿鹿县矾山镇一带)。随后，黄帝与炎帝榆罔因领导权的问题，又大战于阪泉之野(今河北省涿鹿县一带)，经过三次大战，黄帝族终于打败了炎帝族，从此，华夏部落联盟的领导权落入黄帝之手。黄帝成了华夏联盟集团的首领，而炎帝(榆罔)势力则退居到南方。这也就是今湖南株洲、茶陵地区也有炎帝传说，有炎帝(榆罔)陵的原因。炎、黄、蚩之战，标志着华夏族的正式形成。

阪泉之战后，炎帝族虽然失势，但其子孙仍活动于黄河中下游地区。其中的共工部落长期在河南西部的伊水和洛水流域活动。共工善治水，其子后土能平“九土”，后人祀以为社神。在炎帝后裔中还有一支得到发展的是四岳，即伯夷，传说是共工的从孙，封为姜姓，以绍炎帝之祀，后分支为齐、吕、申、许等。西周开国元勋姜太公就是四岳之后代。炎帝后裔中，还有一支活动于汾河流域，后来残存的部落有沈、姒、蓐、黄等，后被兴起的晋国所灭。

相传炎帝为中华民族的始兴和发展做出了杰出的贡献，有许多伟大的发明和创造。他发明了“刀耕火种”之农耕技术，推动了农耕生产，使原始先民开始过上定居的农业生活；他培育粟谷，解决了原始先民的吃饭问题；他“斫木为耜，揉木为耒”，制作出农耕工具，提高了社会生产力；他“遍尝百草”，发明了医药，据说至今中药里用的“三黄”“甘草”“生姜”等就是炎帝发明的，保障了先民的身体健康，延长了先民的寿命；他“耕而作陶”，“埏埴以为器”，发明了陶器，满足了原始先民生产、生活的多方面需要；他创立“日中为市”，发明了原始市场，以物易物，调剂余缺，方便了先民的生产和生活；他发明了五弦琴和蜡祭、傩舞，一方面丰富了先民的精神生活，一方面以“蜡祭”“傩舞”祭祀神灵，驱逐鬼神，求得族人平安无事，开原始宗教之先河；他“相去停居，令人知所避趋”，创建了原始村落，改变了原始先民的居住条件，提高了原始先民的生活质量；他还创造了刻画符号，将伏羲创造的“结绳记事”推进到“符号记事”。“刻画符号”具有文字的性质，可能为汉字之前身。为此，炎帝被民间誉为“农业之神”“医药之神”“太阳之神”。

总之，炎帝的发明创造是多方面的，具有开创性的意义。尤其是他创立的农耕文化，奠定了中华民族以农立国的基础，以他为首的姜炎族所创造的“姜炎文化”已成为中国传统文化的源头之一。他所表现出的敢为人先的实践精神，百折不挠的创造精神，造福于民的务实精神，自强不息的进取精神，无私无畏的奉献精神，已升华为中华民族的民族精神，民族之魂。正是这一切使炎帝至今受到人们的崇敬和祭拜。

四、仪式活动

在古代礼乐制度中，“祭祀”是“礼乐”的重要内容，而“仪式”则是祭祀的核心环节。无“仪”则无“祭”。炎帝因其特殊的地位，其仪式自古以来特别讲究和隆重。在古代官方祭祀礼仪中，有“四时之祭”[1]的始祖祭祀、天帝祭祀、帝王祭祀等。在天帝祭祀中，又包括圜丘配祭、五方帝祭、明堂祭、蜡祭、先农坛祭等。而且这些不同类型的祭祀活动，除了《周礼》《仪礼》《礼记》等历朝历代所编史书有详细记载外，在《大唐开元礼》《大明会要》《大清通礼》等专门记载祭祀的文献中，也有着极为详细地记载。自20世纪90年代重新恢复祭祀以来，各地炎帝公祭仪式在继承传统礼仪的一些因素外，结合时代，经过多年的不断改进和完善，已经基本形成了较为完备的新的礼仪形式。虽则各地在一些细节方面还存在差别，但基本的几项如敬献祭品、敬献花篮、恭读祭文、乐舞告祭等是基本相同的。民祭在各地中也是大同小异，但相对于公祭来说就要简单一些。在举行仪式活动外，在祭炎帝节日期间，有时还举办采集圣火、圣水、圣土等活动。20世纪50年代以前，山西古上党地区民间祭祀有不准怀孕小媳妇和刚进门的新媳妇进庙门的禁忌等。现在，随着破除迷信和对炎帝的认识是人而不是神，这类避讳和禁忌也陆续被取消了。

1. 是指春祠、夏礿、秋尝、冬蒸。

迎牌位

▲ 迎牌位/霍彦儒 摄/2012年

宝鸡公祭为清明节这一天。上午9时至9时20分，由宝鸡清明祭炎办公室组织，由唢呐队、仪仗队、礼官、礼宾参加，到炎帝祠大殿内迎取炎帝牌位。迎取人员上到大殿，先由礼官带领迎牌位人员绕炎帝塑像一周，再由礼官行三鞠躬礼，上香，叩首，然后由礼宾抬起炎帝牌位，前行为礼官、牌位，后为唢呐和仪仗队，缓步行至祭祀区，将炎帝牌位安放在供桌上。

进场

宝鸡公祭从9点开始，参加的各代表团（队）陆续到达指定场地集中，在引导员的引导下，按顺序列队站定。至9点35分，在礼官、唢呐队、仪仗队带领下，缓步进入祭祀场地，按事先划定的区域站定。在此期间，锣鼓分布通道两边敲打，喇叭里播送祭曲。湖南炎陵因参加祭祀人员驻地距祭祀场地较远，一般要早晨七八点钟乘车，行车30分钟到达。主、陪祭人员下车后，由礼仪小姐引领前往圣德广场，按照预定位置列队。此时，41人组成的管弦乐队奏《迎宾曲》，100人的腰鼓队就地跳起腰鼓舞，56位身着民族服装、手持花环的少女在鼓乐声中翩翩起舞。接着在仪仗队引导下，祭祀队伍合着锣鼓、唢呐的节奏，向祭祀广场缓步行进。仪仗队依次是大幡旗、大直幅龙旗、刀形幡旗、九节龙、狮、长号、大锣、唢呐、神农钺、神农鼓。随后是由24位男青年组成的供品队、24位女青年组成的花篮队。仪仗队之后是主祭人、陪祭人、参祭人队伍。祭祀队伍行至朝觐广场，广场上2只“狮子”，10条“三节龙”在锣鼓声威中，表演“龙狮朝觐”。2009年随州入场由9人奉祀队引导，后为81人五谷方阵队，81人幡旗方阵队，国家、省市领

▲ 进场方阵/樊友刚 摄/2012年

导方阵，烈山五姓宗亲方阵和世界华人方阵。

采集圣水

这是宝鸡一种特有的仪式活动。当然，这种仪式只在大型祭祀活动中才有。在2009年宝鸡举办的全球华人省亲祭祖大典举行前的9月6日（农历七月十八）上午9时50分，一列由120人组成的采集圣水队伍，身着兽皮，在唢呐、锣鼓、幡仗队的引导下，步行到达九龙泉遗址。传说九龙泉曾是炎帝“洗三”的地方，称为炎帝的“父亲泉”，象征“龙”。至今还是泉水涌流。队伍排列整齐后，采水仪式开始。先是点燃鞭炮、奏乐，接着由年长者杨茂林净手上香、敬献祭品、恭读拜水祭文。这几项仪式结束后，采集圣水开始，先由一位长者杨生桂将一特制陶罐放入九龙泉，取出一罐泉水，封口，装入背篓内。然后乘车前往姜水河畔。文献传说，“炎帝以姜水成”，所以后代人将姜水视为炎帝的生地，为炎帝族的“母亲河”，象征“凤”。采水队伍在河畔焚香奠酒、拜水祭山后，由一位长者李生财登上事前用花团装点的小舟，唢呐队登上另一只用花团装点的小舟。两舟在唢呐声中缓缓向河中心划去。小舟行到河中心后，由李生财将一特制陶罐潜入河中，取出圣水，再乘舟返回。然后又将从九龙泉采集的“父亲水”和在姜水采集的“母亲水”合二为一，以象征龙凤呈祥。在两位护水礼宾的陪同下，由杨茂林将圣水交给主祭人上官吉庆副市长。在行九叩礼后，开始锣鼓表演。采集圣水结束后，再乘车将圣水供奉于峪泉村神农大殿炎帝塑像前，待炎帝大典时参加祭祀的人员以此圣水净手沐浴。

采集圣火

宝鸡、炎陵、随州正式祭祀前皆有此项仪式活动。宝鸡在2009年全球华人省亲祭祖大会之前，即9月6日下午，天气阴沉，一个由60人组成的圣火采集队伍从峪泉村神农大殿出发，到天台山举行隆重的圣火采集仪式。队伍前为唢呐、锣鼓队、幡仗旗，取火长者杨茂林身着礼服跟随其后，接着为傩舞队，最后为手捧祭品的祭祀群众。经过一个多小时的行进，于下午6点钟到达采火地点。等采火队伍排列整齐后，采集圣火仪式开始。首先是鸣放鞭炮、奏乐，接着是长者净手上香，敬献祭品，恭读拜火祭文。恭读完祭文后，采集圣火开始。由杨茂林手拿一根钻木取火用的木棒，在一根枯木上钻，直到有一缕青烟冒出、火星出现，然后用棉絮引燃，再将引燃的火种保存在灯笼里。这时，大家一起面向天台山方向行九拜叩礼，遥祭炎帝，给人类带来了火种。到了晚上7点钟，夜幕降临，将事前准备好的柴火点燃，身着兽皮，头戴或牛或羊面具，在杨茂林等长者的带领下，围着熊熊燃烧的篝火，跳起古老的傩舞。约有半个时辰，天下起雨

▼ 取圣水/杨安立 摄/2009年

▲ 钻木取火/杨安立 摄/2009年

来。采火队伍捧着圣火，返回峪泉村，将圣火供奉于炎帝大殿，至祭祀炎帝大典时再用于点燃圣火台的圣火。湖南于2004年的重阳节，祭祀炎帝典礼分为“火祭－文祭－乐祭” 三重礼仪。其中的“火祭”仪式：先采集五岳火种。火种是通过击石和聚光两种方式采集的。再由68人组成传递队伍，历时10天，经过华东、华北、华中、华西、华南17座城市，行程1万多千米，最后汇集到炎帝陵圣火台。

彩排

这是宝鸡、炎陵、随州及高平等地正式举行公祭前的一项重要活动。因为公祭活动一般规模大层次高（有时中央或地方电视台转播），再加上活动的项目多，时间都是按分秒计算，一环扣一环，稍有疏忽，就会影响整个仪程的进行。所以，每次举行祭祀典礼前的一二天都要进行彩排。彩排由祭祀处组织，参加人员为参与祭祀活动项目的所有成员。彩排一般分两步进行。第一步先是各项目组分别进行彩排，第二步等到正式祭祀的前一天，各项目组集中一起，在现场模拟祭祀仪式，进行逐项演练和全程过场；现场的音响设备和广播电视现场转播设备，配合彩排也同步进行调试；现场交通指挥、安全保卫，也在这一天进行逐段逐点、逐人逐事的检查落实。经过两三遍实际演练，才能保证第二天的活动不出纰漏。

布置场面

公祭对祭祀场面的布置要求很严格。主要是为了营造一种肃穆、庄严的气氛。因此，宝鸡、炎陵、随州、高平等地举办公祭大典，都要布置场面。一般是从正式祭祀前一天晚12时以前由陵庙管理单位负责全部布置完毕。布置项目：一是在祭祀广场悬挂会标，陈设香案、祭器、祭品以及场地装饰。在神农大殿前护栏上缠绕黄色布条和花结，祭祀广场、祭祀步行大道等处铺设红色地毯。二是在入场通道处摆放百米鲜花，通道两旁安插大小彩旗和幡旗，以及划定参祭人员站定位置、悬挂气球标语等。

搭戏台

这为宝鸡峪泉村神农庙、高平五谷庙、随州厉山镇神农庙民祭祭祀中的一项活动内容。逢到好年景或有赞助单位，就请来大剧团唱戏，这就要搭戏台。搭戏台的人是来自本村本社的人员，自愿参加。搭戏台在庙会前一天开始，于第二天下午搭完，晚上挂灯开始演出。戏台一般宽15米，高10米，进深10米，分为台前台后。台前为演出场面，台后为化妆、换衣处。过去搭戏台用的是木头做支架，现在用钢管，上顶、四周用帆布覆盖、围拢。戏台高1米左右。因这是为祭祀炎帝唱戏，以娱神，所以，搭建戏台的地方一般在炎帝大殿前，台口面向大殿。如果哪一年未筹集到唱大戏的钱，就搭个“地台”，请来当地“自闹班”清唱一天（不穿戏衣、不化妆）。

诵经

诵经主要流行在宝鸡峪泉村神农庙庙会中。在庙会的第二天，即正会的时间，神农庙内供桌上要摆上真猪头和真羊头，有时还要摆上真牛头。社首恭读祭文完后，经师开始诵经，一直要诵到晚上午夜。经师一般为7～9人，他们头戴庄子冠，身着青布道袍，手持柄磬、碰铃、吊铃、柄鼓、钹、铙、铛铛、木鱼、竹笛等乐器。在仙乐伴奏下，经师踏罡步斗，

▲ 诵经/霍彦儒 摄/2011年

舞笏旋转，口诵经文。其形式或围坐在炎帝塑像前，其中一人领唱，其他人跟唱；或坐唱一会儿，又起来站成一圈，每个人手中拿着乐器，边转圈边唱。在此期间，不断有善男信女进到庙里，向炎帝塑像烧香、磕头。诵经的内容多为赞颂炎帝功绩的故事，其中也掺杂一些佛教、道教的内容。

祈雨

这主要流行于陕西宝鸡、山西高平一带。旧时主要是“靠天吃饭”，往往干旱是农业生产和老百姓的一大灾害。每逢严重旱情，村民即组织起来到天台山神农庙或九龙泉神农庙祈雨，谓之“取湫”。届时村民头扎黄表花，身穿白孝服，足蹬麻鞋或赤脚，背上水葫芦，牵着供神骑乘的“神马”，沐浴斋戒，“步祷虔谒”至于神所。在神泉“湫池”之处，诵经、焚香、祭告之后，在泉中或“湫池”灌水。灌满葫芦则表示神赐给了充足雨水，葫芦不满则表示雨量不足，谓之“旱湫”，对此只能顺从，因为这是天意。取湫回程路上一般不同外人讲话，怕别人把湫接走，若路途中某村人特别热情，虔诚地设香案接“神马”歇脚，则取湫人可用柳枝蘸葫芦内之“湫”洒些许给该村，让他们同沐神雨。取湫队伍回村前早有村民敲锣打鼓设香案在村外迎接，然后将湫用柳枝徐徐洒在本村土地上，以等待甘霖普降。但特别切记的是不可将湫倾倒在一个地方，因为那样会引发暴雨和水灾。这是宝鸡祈雨的习俗。在山西高平、长治则有另外的祈雨习俗。如高平市庄里村神农庙，在中华人民共和国成立前，若遇天旱无雨，长畛村（传说为炎帝的“岳丈家”）的人就到五谷庙里把炎帝塑像抬回来，先放在屋子里用祭祀的香火供三天，如再没有雨，“岳丈家”就不客气了，就要把供桌撤换，把炎帝神像抬到后山坡地边曝晒，直到降雨为止。[1] 罗琨在其撰写的《羊头山与炎帝史影》一文中认为：“曝晒炎帝来求雨不是荒诞的编造，是一种很古老的习俗。”[2] 这与甲骨文中所说的“交雨”、《礼记》中所说的“曝巫”、《吕氏春秋·顺民》记载成汤以身祷于桑林求雨等是一样的，都是远古以王为祭品习俗的遗俗。中华人民共和国成立后，此活动渐次消失。

止雨、止火

在宝鸡一带也曾流行过止雨的活动。如遇阴雨连绵危及庄稼或暴雨倾盆房倒屋塌，或河水陡涨泛滥成灾时，则村民自行到神农庙、太阳庙、火神庙等庙宇献祭、祈祷，请求“爷爷”（对神农的亲昵称呼）止雨。电闪雷鸣、雨雹交加时，村民还要剪一个叫“扫天婆”的纸人烧成灰撒向空中，且口中念念有词，请“爷爷”息怒，扫除阴云，停止下雨，帮助农人五谷丰收。同时还将笤帚、刀杖之类什物抛向院落以助神威。

旧时，在宝鸡一带还流行一种叫止火的活动。若逢火灾频发，村民认为可能是村人行事不点检，惹得神农爷、太阳神、火神不高兴所致。于是村民去神农庙、圣母庙献祭、焚香、告祭，或请经师念“忏经”，历数村民中常见的过错，向“爷爷”忏悔，以求谅解，消灾消难。至今此类活动已经消失。

淘泉

中华人民共和国成立前，在宝鸡峪泉村神农庙，淘泉也是庙会期间的一项活动。有年天气大旱，村民或认为是因为对九龙泉龙王、神农爷管待不周

1. 刘毓庆．上党神农氏传说与华夏文明起源[M]．北京：人民出版社，2008：155．
2. 罗琨．羊头山与炎帝史影[A]．王树新，孟世凯．炎帝文化[C]．北京：中华书局，2005：232．

所致，于是在虔心致祭后，派行善的人架木梯下到九龙泉中清除淤泥，谓之“淘泉”。认为是这些杂物污泥蒙住了龙眼。淘泉时先用软而干净的布堵上龙眼（泉眼），碰上水中有鱼，则小心翼翼地捧入器皿，待淘完泉后再行放入，因为它们可能是“鱼龙”。淘完泉待泉水完全清澈，“蒙”（堵）在龙眼上的布自然会撤去。至今因九龙泉被公路所压，已没有了这项活动。

许愿、还愿

许愿、还愿这种仪式活动，在宝鸡、炎陵、随州、高平等神农庙民祭中至今存在。村民视神农为祖先，又是保护神。所以请他“老人家”（村人对神的泛称）扶危济困、指点迷津，并答应如愿之后，报答“老人家”，谓之许愿。人生愿望各异，坎坷多有，但许愿大多不离“趋利避害”四字。具体而言主要有事业有成，前途光明；婚姻美满，优生优育；家庭和睦，后人孝敬；出入平安，灾病不侵；健康长寿，幸福一生，等等。许愿往往涉及切身利益，个人隐私，

▼ 还愿／霍彦儒 摄／2011年

不便于向他人明言，所以一般是向神农爷跪拜，“献祭”默祷。也有的人为了表示郑重，请经师念经，代为表达心愿，自己跪在经师后面膜拜以表虔诚。许愿“有灵”则郑重“还愿”，兑现“许愿”时对神农的种种承诺，或“上布施”（捐款），或捐献衣物，或捐赠香、果、米、面、油之类的生活品。旧时，还有“领牲”还愿者，即牵着羊到神农庙祷祝，然后将杯内凉水浇在羊身上，羊受刺激突突抖动，甩掉水珠，则表示神灵已领受该羊，抑或抱只大公鸡去神堂前，掐破鸡冠，公鸡负痛，血流满面，大摇其头，表示神已“领牲”。近年来还有人或因孩子考上大学，或因建房顺利，或因疾病痊愈向神农还愿的。

开午门

这是炎陵炎帝陵独有的一项仪式活动。午门是指明、清两朝帝王宫城的正门，是皇帝出入和举行重大活动的地方。炎陵县炎帝陵午门设在陵殿区。按旧制只在大祭日开启午门，平日只开左右掖门。2007年是湖南省人民政府

▼ 开午门/周新发 摄/2012年

主办，所以有开午门仪式。10月8日上午10时30分，开午门仪式开始。组织者是炎帝陵管理处，参加人员为参祭人，约有1000人。先在午门前广场（也称谒陵广场）置特大鼓、大锣各2面，大鼓4面，神农鼓20面，神农锣10面、神农钹10副，唢呐20支。9时45分，主祭人、参祭人来到谒陵广场。在气势磅礴的鼓乐声中，3条9节彩龙威风起舞。随着鼓乐和龙舞，两扇朱漆大门徐徐开启，参祭队伍紧随主祭人、陪祭人之后，缓缓从午门进入。随着午门开启，在大殿前廊列坐的古乐队演奏古乐曲。祭祀队伍首先来到行礼亭，主祭人、陪祭人依次在行礼亭向陵殿正中的炎帝神农氏坐像三鞠躬并敬香，然后进入炎帝陵殿，瞻仰炎帝坐像。瞻仰炎帝塑像完后，从殿后登上台阶，来到炎帝墓前的墓碑亭。亭后为炎帝墓冢。祭祀人面向墓冢行三鞠躬礼。至此，开午门便算结束，前后大约20分钟。

迎太子

这是山西高平五谷庙庙会的一项民祭仪式活动。迎太子是在五谷庙庙会的第一天进行。上午8点左右村中社首组织庞大的群众队伍，将炎帝诸神请到搭建的祭棚内。传说炎帝有三位太子住在故关村，到农历四月初八炎帝生日这一天，这三位太子要到五谷庙给其父炎帝拜寿，故关村也要来五六十人给炎帝拜寿、烧香。所以，这就成为很隆重而热闹的一件事。迎太子队伍浩浩荡荡，由三眼铳和鞭炮开道，继之以八音会音乐吹打，其后为社火队伍，有故事、扛桩、高跷等，仪仗队有飞虎旗、大鼓、进香锣、供桌、唢呐等各种乐器，有扮演的红、黑二将军和黄锣伞。抬着三个太子塑像的迎神队伍一路吹吹打打来到五谷庙。三位太子由年轻小伙子扛着，分别给炎帝拜三拜。拜完后，戏才能开演，其他各村才能陆续献上猪头等供品，同时烧香、磕头、放鞭炮。搭建在神农庙前的戏台，于当天下午开戏，主要有梆子、落子或豫剧等，剧目多为历史剧，如《八仙过海》《杨门女将》《群英会》等。

迎神、送神

迎神和送神为民祭中的一项重要活动。迎神，即“游神赛社”，邀请村民赶庙会。就是将神（炎帝像）从庙宇里迎出来，在仪仗队的带领下到参会各村社去游走。在中华人民共和国成立前，宝鸡峪泉村神农庙庙会有此仪式活动。其队列：走在游走队伍最前边的是两个人抬着的一面大铜锣，叫作“道锣”或者“开道锣”，一边走一边“咣，咣”地敲；接下来是两个人各扛着一把大刀，刀上挂绺红缨；紧接着是庙上的龙旗，后边紧跟的是各村社的三角旗；旗后边是锣鼓队，一个村社的锣鼓自成一队，各打各的鼓点；锣鼓后边是供果队，由一队衣着整洁的年轻人端着盘，盘里放着各色供品，计有素饭（油炸食品）两盘，献祭（大蒸馍）两盘，时令水果两盘，献饭两盘，酒一盘，茶一盘。炎帝塑像（坐在轿子里）紧随在供品队之后。最后是收供品的大车。各个村社的住户在听到开道锣的“咣咣”声后，要赶快把香盘摆在门前，准备接神。香盘里要点上香和蜡烛，摆上一封礼呈、一瓶酒。还要赶快把自家的家宅六神敬上。看见迎神队伍进村，要燃放一串鞭炮，把酒壶打开向香盘前奠上一点，然后递给为神抬轿子的人。迎神一般在大会开始的先一天下午进行，如果哪一年参会的村社比较多，一晌转不完，就从上午开始，直到在各村社都转一遍为止。而长治市郊区老山顶镇关村炎帝庙庙会的迎神与宝鸡峪泉村神农庙庙会的迎神，在仪式上有所不同。长治市郊区老山顶镇关村炎帝庙庙会时间为每年的农历三月初三天。第一天（初一）迎神，抬炎帝銮驾周游全村，请众人赴会。迎神队伍序列：三五个放铳（三眼枪）者开道；三角彩旗，迎风飘舞；前行乐队；乐队后是社首、主礼（阴阳先生）；最后是村里的故事、扛桩、高跷、旱船以及擺杠等社火队伍。每个社火队伍前面有一支乐队。擺杠是一种很古老的社火游戏，一根长约数米的长杆，中间立一支点，一头由演员化妆去演滑稽和危险动作，一头由两人起伏升降，据说这是社火队伍里的最亮点。迎神队伍沿村中街道逆时针游动。庙会的第三天（初三）送神，将各路请到的神仙送走，礼仪如迎神，但过程简化了许多。[1] 宝鸡峪泉村神农庙送神是先由经师以诗文形式简略地诵念一段炎帝、圣母诸神功德，然后由德高望重之长者毕恭毕敬双手托盘，端着供品，绕村行走一周，寓意是神农诸神把福泽传给每家每户，在新的一年里继续造福人间。最后经师念道："众位圣神回宫去，合堂弟子齐欢送。"

搭祭棚

搭建祭棚是民祭的一项活动。如高平五谷庙庙会，在庙会的前一天由社首负责，组织5～7名本村村民，选择村落中一块平地，开始搭建祭棚。祭棚一般长20米，宽15米，高4米，用帆布上覆、四周围拢。棚内摆放供桌，其上又摆上祭品、烛台、爵、帛等。供桌约2米长，1米宽。在上祭前，首先将炎帝、后妃、三嵕神及后羿神像从庙里迎出，端端正正地安置在祭棚内，然后上祭点燃香烛。同时，还请来其他神祇陪祭。庙会期间，整个活动就在临时搭建的祭祀棚内进行。

献祭

献祭也称"上供"。这是一切庙会中的一项仪式活动，也是传统祭祀活动中必不可少的一项仪式活动。它是祭拜者虔诚心理的一种反映。献祭从献祭者来说分为两种：一是集体献祭。民祭是由庙管会组织供品，公祭是由组委会组织供品。一是个人献祭。祭拜者许愿或还愿时，从家里带来供品献给炎帝。这个没有讲究，根据自家条件可肉可菜，可荤可素。家庭条件好的还有献真猪头、真羊头的。供品一般分为食品类和水果类。食品有油炸的或蒸的各类面食、五谷、水酒等。大型祭祀活动还有"太牢"。水果为时令鲜果如苹果、桃等。2007年炎陵县重阳节祭祀炎帝陵典礼，供品有三牲（猪头、牛头、羊头，古代称之"太牢"），九谷（稻、粟、粱、菽、黍、小麦、荞

1．刘毓庆．上党神农氏传说与华夏文明起源[M]．北京：人民出版社，2008：153．

▲ 敬献供品/杨安立 摄/2009年

麦、䅟子、芝麻）和九果（栗、橘、柚、梨、枣、银杏、荸荠、核桃、猕猴桃）。祭品用长条形红漆木盘盛放，盘底垫以黄色绸布。三牲置前，九谷、九果分两列置三牲之后。置祭品的供桌长3米，宽1.5米，桌面覆以黄绸布，正面下垂，绘以二龙戏珠图案。高平五谷庙、炎帝行宫、炎帝寝宫等庙会或平时的献祭多为根据不同时令制作不同的供品。如在大年三十夜用小米做成捞饭和菜焖起来后摆在供桌上敬奉炎帝。在秋收完即农历十月初十，家家户户要用刚收获的软米、黍蒸成糕，捏成元宝、羊、灯盏等形状，以敬献给五谷老爷。[1] 高平、长治有些庙里，上祭品只有馓子和掏环（方音），都是用油炸的面食，其他祭品则不准供放。有时公祭的馓子由三斤面粉做成，像拉面被油炸的样子，叠放在盘里堆起来像塔。[2] 掏环制作如炸油条，但比

1．参见刘毓庆．上党神农氏传说与华夏文明起源[M]．北京：人民出版社，2008：158—159．
2．参见刘毓庆．上党神农氏传说与华夏文明起源[M]．北京：人民出版社，2008：154．

油条面薄，在中间有一个面掏环。数量多少没有规定。

在宝鸡峪泉村神农庙庙会中，供品中除了苹果、梨、枣、核桃、柿饼、花生等干鲜果之外，还有糕点、糖果、面食等。酥脆喷香的馓子麻花和纽纽麻花因为敬献的人多，在供桌上堆放成山，故称“麻花山”，以此表达对始祖炎帝的虔诚之心。在各类供品中，最具特色的莫过于“献祭”——宝鸡民间自古以来流行一种面花艺术，这是祭祖时的主要供品。面花制作须选用上等麦子，用最洁净的水淘洗干净，晾干，磨成精粉，和面，经发酵、造型、制“花”、上色、蒸熟而成。其造型底部是重达一斤左右的“面如意”，既象征“法器”，又内含吉祥如意的美好愿望。其上部着意染色，有形象逼真的各类动植物面塑小品，如莲花和胖娃抱鱼，寓意神农教民耕稼，风调雨顺“连年有余”；花草寓意神农尝百草，和药济人；“二龙戏珠”象征炎黄子孙是龙的传人；“百鸟朝凤”寓意团结和谐，等等。村民将这些献给神农的珍贵礼物、祭品，专称为“献祭”。

搭红

搭红又称供衣。这主要流行于宝鸡的民祭活动中。是指将精心制作的丝绸或锦缎衣服披在圣像上，或将一方被面大小的绸缎折叠成长条形斜披在神农塑像肩上，谓之“搭红”。经济条件有限者则用彩色纸制成衣服献给神农等神像。既表信仰，又心仪求福。接待人员则按供品价值、布施多少分别给香客以“圣物”。如上布施一至五元钱的给红花一朵或红绒线一段，上布施十元钱的给宽一尺、长七尺的红布或红绸缎一块，斜挂其身上；二十元以上的“搭”两条。以此回报上布施者。而得到“圣物”的上布施者，则将其扎在头上（如绒线），或剪一小段缝在衣服上，或系在腰间、拴在房梁、车把、方向盘上，等等，以此希望在新的一年里避灾免难，求财求福，保佑安康。

奠酒

这是民祭中的一项仪式活动。奠酒有多种形式，有三揖九叩、二十四拜等。宝鸡峪泉村神农庙祭炎帝仪式中的奠酒与丧葬中的奠酒过程无多大差别，只是奠酒人不同。祭炎帝仪式中的奠酒人是会首或年长者。奠酒过程：司仪招呼奠酒人上前，距供桌有两米处，奠酒人双手抱拳，面向炎帝像作一个揖，接着双膝下跪，在外拜垫上叩三个头，然后起身迈三个半步，向供桌走去，在里拜垫上又跪下，站在供桌边的助奠人，分别送上香、糕、筷子等。奠酒人双手托住所送物品，然后缓慢地上举，举至与眉齐平，再缓慢向下，连续重复三次。然后助奠人接过奠酒人手中的物品，再递上一样东西，依照第一次所做，再重复三次。最后助奠人递过酒杯，奠酒人接到后，双手举酒杯与胸口相平，从左向右，点三点，再举杯双手平胸，一连三次后，助奠者接下奠酒人手里的酒杯，奠酒者再磕三个头，然后站起再作一个揖。接着往后退三步半，到原先开始的外垫处，再跪下叩一个头，站起来作一个揖。这一系列动作完成后，奠酒仪式就算结束。公祭中也有奠酒，但比较简单，只是奠酒人举杯往地上洒几滴酒而已。

民祭礼仪

宝鸡峪泉村神农庙庙会中，举行祭祀炎帝仪式是其中的重要活动内容，而其他一切活动都为此而展开。中华人民共和国成立前，就已形成了一套完备的礼仪程序。在举行祭祀仪式之前准备鼓乐、仪仗，前一日迎神，然后组织参与祭祀的人员演习礼仪。祭祀当日天微明，即开始陈设祭器、祭品及三牲礼（猪头、羊头、鸡或猪头、鸡、鱼各一）。唢呐班于天明时即开始吹奏。早饭后，各参祭人员穿上干净衣服，进入大殿等候吉时。上午9点钟钟楼上和鼓楼上开始敲钟击鼓，敲过三遍，参加祭祀的人员就位。先放一阵子鞭炮，然后由主持仪式的人唱礼，所有参加祭祀的人行三跪九叩首大礼，然后各执其事。接下来是各社依次序呈献供品，一社一献。轮到献祭的村社，献祭者将供品交给参祭人员，然后向前跪在供桌前。主持人唱出社名和各种供品的名称数量，供品由站立在上首的参祭人员一样一样传上来，摆在供桌上。主持人唱："初献，叩首。"献祭者行一跪三叩首礼。在献祭者叩首时，有人向供桌前奠酒一杯。主持人唱："受胙、撤馔。"供品再由站在下首的参祭人员传下去。主持人唱："亚献。"供品再由站在上首的参祭人员传上来摆在供桌上。主持人唱："叩首。"献祭者再行一跪三叩首礼，参祭人员再奠酒一杯。主持人唱："受胙、撤馔。"直到供品三献，献祭者三跪九叩首，一个村社呈献供品才算结束，接着再进行下一个村社。在呈献供品时，各村社来的锣鼓停止敲打，只有钟楼上和鼓楼上徐徐地敲打着钟鼓，唢呐班吹着慢曲子。各社供品献毕，开始恭读祭文。由于当时农村中识字人很少，所以，祭文要请先生写，还要请先生恭读。如果请不到先生，就由主持仪式的人或者会首说几句吉祥话代替。读完祭文，仪式也就结束了。

规约

公祭活动因其规模大，参加人员多，为了保证祭祀典礼顺利进行，要制订参祭须知。其主要内容：参祭人员必须按指定位置列队站定，勿随意来回走动；祭祀典礼进行过程中，不许说话、吸烟、随地吐痰。关闭手机或设置成静音状态。保持祭祀场面的庄严和肃穆；周围观瞻群众在祭祀典礼进行过程中要保持安静，不许随意插入祭祀队伍；在场民众必须听从公安民警、工作人员指挥，保证祭祀典礼活动顺利进行等。由广播员在祭祀活动开始前进行现场宣读。

禁忌

禁忌主要反映在民祭中，其主要表现在插祭、祭拜等活动中。所谓祭，就是献给炎帝的一种油炸供品。插祭，就是先按一定的要求用圪获棍绑好架子，然后用油炸的面片插在架子上。在插祭时不准孕妇、毛头闺女、寡妇、穿白戴孝的人接近和见到，意为不洁、不吉利。这主要流行于高平一带。随着近年来已经无人做祭了，这种禁忌也就不存在了。在炎陵民间谒祭致祭活动中，在炎帝陵周围一带还有一些官员、民众共同遵守的规矩，如朝廷祭祀途中不说不吉利的话，不得与人争吵，衣着整洁，祭祀前要沐浴净手，等等，直至延续至今。在长治县北一带，旧时在民祭炎帝庙会期间，不准戴孝的人、怀孕的小媳妇和刚结婚的新媳妇进入庙门，也不准参加炎帝的祭拜活动。此禁忌近年来已不复存在，完全放开，让男女老少都可以参加祭祀。在宝鸡一带，不管是大人小孩，进了神农庙和炎帝陵大殿，都不能高声喧哗，说不恭谨的话，用手指直指炎帝塑像，而且也不能直接对准炎帝塑像拍照。

五、表演艺术与口头传统

在各地的祭祀炎帝节日期间，其表演艺术和口头传说是比较丰富的。但这多反映在民祭活动中，而公祭因时间较短，这方面相对较少，只有祭祀仪式中的歌舞等。这些表演艺术既有反映传统文化的剧目，也有自编自演反映现代生活的歌舞。表演艺术分为两类，一是舞台表演艺术，如秦腔、豫剧、梆子、眉户等各类戏曲，二是地面表演艺术，如秧歌舞、板凳龙、鼓乐等。这些表演艺术多在民祭活动中演出。因为一是有些地方的民祭活动即庙会多在春节期间，正是各类表演艺术活跃时期，而庙会正好提供了一个平台；二是春节也是群众较为清闲时期，有比较多的闲暇时间从事艺术活动，在外打工者也多返乡，这方面的人才也较多。虽则有些地方的祭祀炎帝活动时间不在春节期间，但大都在夏收、秋收的或前或后，相对来说此时农村的农活也是比较少的。再加上近年来各级政府对非物质文化遗产的重视，民间表演艺术也得到了较大支持，所以，借助祭祀炎帝的人气，当地政府和有关社会组织安排一些民间文艺活动，或是进行民间艺术会演，以发展繁荣民间文化和活跃乡村群众文化生活。如随州市随县借助湖北省人民政府每年举办炎帝神农故里寻根节和拜祖大典，在此期间，既举办神农庙庙会祭祀活动，又举办民间戏曲、舞蹈等展演活动。宝鸡、高平在庙会期间也多有民间各类艺术的演出。除了传统剧目、曲牌、鼓词等演出外，陕西宝鸡、湖南炎陵、湖北随州、山西长治等地还创作了以炎帝为题材的歌曲和古装剧。传说、故事、歌谣等口头传说，丰富多彩，据不完全统计，有百十来篇（首）。这些传说、故事、歌谣虽则是讲同一人或同一件事，但因地理环境和文化背景的不同，也表现出差异性和多样性。如“炎帝降世”的传说，宝鸡、炎陵和随州就各有不同版本。这正是中华民族多元文化的反映。

▲ 秦腔/霍彦儒 摄/2011年

秦腔

戏曲剧种。俗称“陕西梆子”“梆子腔”“桄桄子”“乱弹”等。主要流行于陕西、甘肃、青海、宁夏、新疆等省区。源于古代陕西、甘肃一带的民间歌舞，形成、发展于今陕西关中和甘肃天水一带。因古代关中西部和陇东为秦人之地而得名。经上千年的发展变化，秦腔这一古老剧种发展成为今天我国优秀的剧种之一。唱腔分为欢音、苦音两种。主奏乐器为板胡。角色行当分为“四生”“六旦”“二净”“一丑”。其表演技艺质朴、粗犷、细腻、深刻、优美。身段和特技有趟马、拉架子、吐火等二十多种。脸谱颜色以三原色为主，人物性格粗犷、豪放、鲜明。伴奏分文场和武场。文场有板胡、二弦子、二胡、笛等多种乐器；武场有暴鼓、干鼓、堂鼓等近十种。板式有二六板、慢板、箭板、二倒板、带板、滚板等六类。唱腔分慢板腔、二倒板腔、代板腔和垫板腔等四类。因其流行地区的不同，秦腔衍变为东路、西府、汉调、中路（称“西安乱弹”） 等不同秦腔流派。现在主要为中路秦腔。秦腔所演剧目超过1万本，现仅存4700多个。其中保留剧目有《三回头》《三滴血》《夺锦楼》等。新创作代表剧目有《血泪仇》《一家人》及《祝福》《西安事变》等。经整理、改编的代表剧目有《三滴血》《赵氏孤儿》《铡美案》《法门寺》《烈火扬州》等。

陕西道情

陕西道情又名“拉波戏”。 为陕西地方戏曲剧种之一。主要流行于陕西关中、安康和商洛等地区。因由古代道士念经唱词、诵说道教情理而得名。陕西道情有陕北、关中、商洛和陕南四大流派，亦称四路道情。传统道情有围桌坐唱、广场踏席、皮影演出等三种形式。到20世纪50年代后发展为舞台戏曲剧种。声腔源于关中道教的说唱音乐，由道教的诵经唱词发展而来[1]。舞台表演多学习秦腔、汉剧。伴奏乐器有二胡、大锣、手锣、大钹、牙子等。行当生、旦、净、丑齐全，表演秧歌风味浓厚，动作以扭、摆为主，无严格程式，生活化动作较多。曲目内容有神话、历史、民间生活等故事。流行曲目主要有《醉写吓蛮》(陕西曲子)、《乐逍遥》(陕西曲子)、《张连卖布》等四五十个之多。民间自编自演的道情剧目以现代戏为主，主要有《家庭图》《二流子转变》《王三小求妻》《禁洋烟》等。

陕西眉户

眉户又作“迷糊”，为陕西地方主要戏曲剧种之一。主要流传于陕西、山西、甘肃、宁夏等一些地区，盛行于关中。之所以称眉户戏，一说源出眉县、户县，因地名而得；一说源出华阴、华县，因曲调悦耳动听，称为迷人

1. 陕西省文化局关中道情调查材料[Z]（内部出版）. 1963.

的戏，简为迷戏。陕西方言中“眉”和“迷”、“户”和“戏”谐音，故被写作“眉户”。其演唱形式：一种是仍保留地摊子演唱的曲艺形式，一种是舞台演出形式，有白、有唱、有表演，曲牌选用自由。其唱本多系折子戏，常常是一唱到底，很少说白。曲调有七十二挚蟮蝠，三十六摞蝠，合计约一百有余。眉户的伴奏乐器以三弦为主，板胡、海笛辅之。主要剧目有《梁秋燕》《火焰驹》《迟开的玫瑰》《皇姑出家》等。

西府（宝鸡）皮影剧

西府皮影戏，宝鸡民间俗称“灯影戏”“小戏”。为地方性剧种。它是由光源、影人、亮子三大要素构成，是由艺人操纵彩雕皮人表演，经灯光照射，使其在亮子（屏幕）上映出形象，让观众欣赏的一种视角艺术。皮影戏的起源与形成，历史上有两种不同的记载和说法。一种是说西汉文帝时，嫔妃为了争宠，用桐树叶剪成宫女形，以亮光映于窗纸上，并做各种动作，说着逗笑的话，以取悦皇上。另一种是说汉武帝的宠妃李夫人死后，武帝非常思念，有人就“设帐弄影”，召唤已故的李夫人。宝鸡地区的皮影戏始源，为清初顺治年间，岐山县马江何家村王庆皮影戏班。[1] 宝鸡皮影戏有三种类型：“秦腔皮影”“灯盏碗碗腔皮影”“道情皮影”。灯盏碗碗腔皮影主要流行于宝鸡地区的扶风、千阳、麟游、

▼ 皮影/何菊侠 摄/2011年

1．宝鸡市文化艺术志办公室．宝鸡文化艺术志[M]．（陕出批）字[1994]第16号，109–111．

凤翔等地。道情皮影主要流行于宝鸡的眉县和甘肃的陇东一带。影响力和生命力最强的还要数秦腔皮影，它遍及宝鸡各县。皮影戏班子演职人员少则三四人，多则七八人。演出道具简单，剧场要求不严，露天室内均可演出。主要道具是皮影，多由艺人自己刻制。所用材料，一种是生牛皮，一种是厚纸板。皮影戏要求演员必须会乐器、会挑线（即操纵皮人表演），且能唱，一人兼几个角色。其主要人员为挑线者。俗语说“一班人吃饭，全凭一挑线”。说明挑线者在皮影戏中的重要地位。

西府（宝鸡）木偶剧

▲ 木偶/何菊侠 摄/2011年

西府木偶剧是一种由演员操纵木偶以表演故事的戏剧。木偶剧，又称“傀儡戏”。宝鸡民间称“肘户子”“肘娃娃”“泥头戏”等。据传中国木偶戏源于汉代发展于唐宋。[1] 木偶戏在宝鸡流传大约为三国时，传说扶风人马钧受魏明帝之诏作木人。[2] 明清时期，木偶戏在宝鸡已经很盛行了，且有今麟游县崔木的汤家皮影班木偶戏演出。根据木偶形体和操纵技术不同，木偶剧分为布袋木偶、提线木偶、杖头木偶和铁线木偶四种。[3] 流行宝鸡的木偶头有两种，一种是用柳木或杨木雕刻的木头，另一种是用黄胶泥捏塑的泥头，所以有人叫

1．辞海[Z]．上海：上海辞书出版社，1999：3532．
2．宝鸡市文化艺术志办公室．宝鸡文化艺术志[M]．(陕出批)字[1994]第16号，110-112．
3．辞海[Z]．上海：上海辞书出版社，1979：2848．

“泥头戏”。木偶造型分为三部分，即木偶头、杆子和服装。其脸谱、服装、道具等都是模仿秦腔大戏制作而成。宝鸡的杖头木偶表演是一种托举艺术。演出的剧目、唱腔、表演程式跟大戏相同，只是用木偶人代替了演员。木偶戏和皮影戏的相同地方都是轻便简洁，一人多用，便于流动演出。不同处是皮影适合夜间演出，而木偶适合白天演出。木偶戏的主要代表剧目有《车吴大报仇》《火烧玄武楼》《白蛇传》《白玉楼》等。

湖南花鼓戏

又称湘剧，源自于湖南益阳，后发展到湖北、湖南、江西、安徽等地，是湖南各地地方小戏花鼓、灯戏的总称。由于流行地区不同而分为“长沙花鼓戏”“衡阳花鼓戏”“邵阳花鼓戏”等。其风格各不相同。湖南花鼓戏源出于民歌，形成于清嘉庆年间（清嘉庆二十三年〈1818〉刊行的《浏阳县志》），逐渐发展成为一旦一丑演唱初级形式。随着“打锣腔”与“川调”的传入，才逐渐形成为艺术上比较完整的地方剧种。各地花鼓戏的传统剧目约有400多个，音乐曲调300余支。按其不同的结构和音乐风格可分为川调、打锣腔、牌子、小调四类。表演特点朴实、明快、活泼，行当以小丑、小旦、小生的表演最具特色。其传统剧目有《刘海砍樵》《芦林会》《阴阳扇》《刘海戏金蟾》等50多个剧本。

采茶戏

采茶戏是流行于江西、湖北、湖南、安徽、福建、广东、广西等省区的一种戏曲类别。在各省以流行地区的不同，而冠以各地的地名来加以区别。如“赣南客家采茶戏”。虽然这种剧种名目繁多，但它形成的时间，大致在明代中期至清代末年。因此剧是由民间采茶歌和采茶灯演唱发展而来，所以人物和故事情节都比较简单，一般只有二旦一丑，或生、旦、丑三人的表演，故又名“三角班”。采茶戏总的特点是：表演欢快，诙谐风趣，载歌载舞，喜剧性强，富有浓郁的乡土气息，颇受群众喜爱。采茶戏的音乐以茶歌、小调为主，男女同曲异腔，演唱用当地“土官话”。曲调有几十种，每个剧目用一二个曲调，如“才郎搭店”“才郎别店”“牡丹对药”等。由节奏的快慢而又分成紧板、缓板、导板等许多不同板式。伴奏乐器有胡琴、二胡、三弦、笛子、唢呐等；打击乐器有鼓、板、大锣、小锣、大钹、小钹等。其传统剧目有100多种，本戏有《青龙山》《赵玉林》《割肉记》《卖花记》等。

随州花鼓戏

随州花鼓戏又称随县花鼓戏，1984年撤县建市后，因专业剧团改称随州花鼓剧团而更名。该剧形成于清朝道光年间。民国二十四年（1935）前后，是随州花鼓戏发展的鼎盛时期，当时在随州境内有20多个职业和半职业花鼓戏班。由于这一剧种有浓郁的地方色彩和独特的艺术风格，是各路花鼓戏中一个较为别致的流派。现收入《中国戏曲曲艺辞典》，并列入湖北省第一批非物质文化遗产名录。随州花鼓戏的声腔由蛮调、呔调、梁山调、彩调四种腔系组成。锣鼓点子和打头有114个。多数锣鼓点子来源于民间的车水锣鼓、栽秧锣鼓、薅草锣鼓及灯歌、船调等击乐打法。庙会表演的节目主要是《刘海砍樵》选段，由两人对唱。乐队以伴奏带为主。

豫剧

戏曲剧种。旧称“河南梆子”“河南高调”。豫剧是在河南梆子的基础上，继承、改革和创新发展起来的。因河南简称“豫”，所以称豫剧。主要流行于河南及邻近各省的部分地区。是我国最大的地方剧种之一。在声腔上，豫剧属梆子腔系，主要声腔板式有二八板、慢板、流水板、散板。乐队分文场和武场。文场主奏乐器有三弦、板胡、二胡、琵琶、竹笛、笙等十六七件，伴奏曲牌300多个；武场主要乐器有板鼓、堂鼓、大锣、梆子等。角色行当由“生旦净丑”组成。据1956年统计，传统剧目有647个。其中很大一部分取材于历史小说和演义，还有很大一部分是描写婚姻、爱情、伦理道德的戏。比较有代表性的剧目有《花木兰》《对花枪》《三上轿》《铡美案》《十二寡妇征西》《春秋配》等。创作改编的现代戏有《朝阳沟》《刘胡兰》等，移植演出的有《小二黑结婚》《祥林嫂》《红色娘子军》等。

河北梆子

戏曲剧种。亦称“京梆子”“直隶梆子”。流行于北京、天津、河北广大农村和辽宁、吉林、黑龙江、内蒙古自治区等一些地方。河北梆子于道光年间由传入河北的山西、陕西梆子演变而成。[1] 河北梆子从形成到兴起，曾出现过三大艺术流派：直隶老派、山陕派，这两派统称为京梆子。之后，又产生了一个直隶新派。其唱腔属板腔体。唱腔高亢激越，擅长表现慷慨悲愤的感情。主要板式有慢板、二六板、流水板、尖板、哭板及各种引板和收板等。唱腔有生、旦、丑三行。男女声唱腔，采用同宫同腔，唱词以“三三四”十字和“二二三”七字句居多，偶亦有五字、六字及多字句。伴奏乐器：文场乐器有板胡、梆子、笛子等；武场乐器有板鼓、大锣、唢呐等。常用曲牌有150余首。传统剧目多取材于商周、列国、两汉、三国、隋唐、宋元明清至民初的历史故事。流传至今的代表性剧目有《蝴蝶杯》《秦香莲》《辕门斩子》《江东计》等。

上党梆子

戏曲剧种。亦称“上党宫调”。主要流行于山西省的东南地区，即今长治、晋城两市范围内。因古代此地为上党郡而得名。也有认为形成于泽

1. 辞海[Z]. 上海：上海辞书出版社，1999：2553.

州（今山西晋城），故也叫“泽州调”。上党梆子同蒲州梆子、中路梆子及北路梆子并称为山西“四大梆子”。它产生于17世纪的上党地区，是在吸收当地民间音乐和歌舞表演如“八音会”等的基础上，逐渐形成为一种独立的剧种。其行当有生、旦等9个。基本板式有中四六、霸王鞭、四六、大板、一马三箭、散板、花腔等。乐器：武场有大鼓、小鼓、大锣、二锣、镲、梆等；文场为巨琴；辅助乐器有二把、高胡、月琴；曲牌有时用唢呐。表演程式原为“三把”，今改为京剧的表演程式。舞台装置讲究大幔、二幔、三桌六披。脸谱为红、黑、白三色，以三块瓦为主。传统剧目有700多个。主要剧目杨家戏有《雁门关》《忠孝节》《天门阵》等；岳家戏有《夺秋魁》《渡康王》等。现代新编历史剧有《斩化堂》《两地家书》《杀妻》等；现代戏有《十里店》《山村供销员》等；整理改编的《三关排宴》有一定影响。

上党落子

上党落子原名“黎城落子”，俗称“闹戏”“落子腔”，源于河北武安落子。它主要流行于晋东南各县。上党落子在吸收了上党梆子、蒲剧、晋剧、河北梆子等多种剧种艺术的基础上，逐步形成了粗犷豪放、炽热火爆、“三根梁”（即生角、大净、旦角）挑戏的独特艺术风格。随着不断改进和创新，上党落子在继承原来炽热奔放等传统风格的基础上，又增添了委婉柔和、悠扬圆润、表演细腻等新的特色。上党落子的音乐属于宫调式，其唱腔由板式和曲牌两大体系构成。其剧目有400多个。主要有《棘阳关》《高平关》《辕门斩子》《穆桂英挂帅》等。

回荆州

又名《美人计》《龙凤呈祥》《锦绣图》《甘露寺》等。秦腔传统剧目。东吴欲讨荆州，都督周瑜与吴侯孙权商定美人计，以孙权之妹孙尚香为诱饵，诓骗刘备过江招亲。刘备惧怕，诸葛亮命赵云保驾，并赐锦囊妙计，与刘同行。刘备过江，依计先拜会乔国老，乔极力成全。国太怒责孙权、周瑜。在甘露寺招刘备为婿。周瑜一见弄假成真，便与孙权商议又以声色美食使刘备丧志。刘备招亲后，果然不思回荆州，赵云着急，依诸葛亮之计，闯府诈称曹操袭取荆州。刘备求得孙尚香同意，辞母共同逃归。周瑜遣将追截，被孙尚香斥退。周瑜亲自领兵赶来，刘备已被诸葛亮接走，又于芦花荡遭到伏击，受张飞羞辱，气愤而死。

玉堂春

又名《审苏三》。秦腔传统剧目。明代礼部尚书之三公子王景龙，与京城烟花名妓苏三有情，为苏三取名“玉堂春”，约定终身。王公子在妓院耗尽银两，被鸨儿逐出，落难关王庙，得苏三赠银上京应试。苏三被鸨儿卖给山西富商沈彦林为妾。沈妻与赵监生私通，杀夫嫁祸苏三。县官受贿，苏三蒙冤被定死罪。王景龙应试高中八府巡按，钦命山西调玉堂春一案复审。苏三被起解太原，三堂会审，苏三跪诉原委，冤案始明，苏三与王景龙遂得团圆。

窦娥冤

秦腔传统剧目。由马健翎1958年整理。剧本描写窦娥因家贫卖给蔡家做童养媳。婚后丈夫因病而亡，与婆婆相依为命。蔡婆出外讨债，被卢赛医骗至郊外，欲灭口赖账，被张驴儿母子所救。蔡婆婆为感救命之恩，收留无依无靠的张驴儿母子。张驴儿欲霸占窦娥为妻，窦娥不依，便从卢赛医处弄来毒药，想将蔡婆婆毒死，再强占窦娥。不料却毒死了自己的母亲，张驴儿反诬告蔡婆婆毒死他母。赃官桃杌收受贿赂对蔡婆婆严刑逼供。窦娥不忍婆婆受酷刑，自己违心认罪，被判斩刑。窦娥刑前发下三桩誓愿：血溅白练、六月飞雪、三年大旱，以白己冤。窦娥死后一一应验。三年后，窦娥父亲窦天章做官返里，查明窦娥冤案，处决了贪官污吏和张驴儿、卢赛医等一批真凶。正义终得伸张。

斩秦英

又名《乾坤带》《女绑子》《金水桥》《秦英钓鱼》等。秦腔传统剧目。唐太宗时，驸马秦怀玉领兵出征。其子秦英在金水桥钓鱼，詹妃之父詹太师率众过桥，鸣锣开道之声惊散了水中鲤鱼。秦英钓鱼不得，迁怒于过桥詹太师，一气之下，竟将太师打死。詹妃见父命丧，哭诉于太宗。秦英之母银屏公主绑子上殿请罪，太宗欲斩秦英，公主又大表秦家功劳，詹妃则执意为父报仇，互不相让，长孙皇后出面说情，太宗赐御酒让公主向詹妃赔礼。公主跪求詹妃，口称“姨娘”，晓之以理，动之以情，终获詹妃宽宥。太宗赦免秦英，命其边关援救父帅，戴罪立功。

赵氏孤儿

秦腔传统剧目。写的是战国晋景公年间，奸臣屠岸贾欲除忠烈名门赵氏，率兵屠杀了赵朔等全家老小。唯一留下的是赵朔妻子晋成公的姐姐。她身孕在身，躲藏起来。赵朔有个门客叫公孙杵臼，其好友叫程婴。他们要以死报答赵氏知遇之恩。赵妻生下个男孩。屠岸贾闻之，带人到宫中搜索，没有找到。程婴知道屠岸贾不会善罢甘休，就以调包之计将自己家中的襁褓婴儿献给了屠岸贾。不明真相的人以为是赵氏孤儿。从此程婴身负忘恩负义、出卖朋友、残害忠良的“骂名”，与赵氏孤儿在深山隐居十五年。在程婴的抚养下，赵氏孤儿终于长大成人。在赵武、韩厥等人的帮助下，里应外合，灭掉了权臣屠岸贾。赵氏冤情、程婴忠义、公孙杵臼忠烈终于大白于天下。最后程婴因十数年积聚的丧子之痛、丧君之痛、丧友之痛，自刎而死。

大登殿

又名《算粮登殿》。秦腔传统剧目。传说王宝钏是唐朝宰相王允的三女儿，她天生丽质，聪明贤惠。到了婚嫁年龄，她看不上诸多王公贵族的公子，却偏偏对在家里做粗工的薛平贵产生了爱意。经过彩楼抛绣球，她选中了薛平贵。不料其父嫌贫爱富坚决不允。无奈之下，她与父亲三击掌后断绝了父女关系，嫁给薛平贵住进了寒窑。后来，薛平贵从军征战，远赴西凉，王宝钏苦守寒窑18年。18年来，王宝钏贫病困顿，挖光了周围的野菜，苦度日月。薛平贵历尽风险，屡遭垂涎王宝钏美色的魏虎暗算，同时也屡闯难关，战功赫赫。后来，薛平贵娶了西凉国公主玳瓒，当上了西凉国的国主。18年后归来，与王宝钏寒窑相会，封王宝钏为正宫皇后，结局圆满。

黄飞虎出五关

又称《黄飞虎过五关》《黄飞虎反五关》。秦腔传统剧目。写的是商汤年间，纣王宠妲己，沉迷酒色于摘星楼，并在鹿台下施建“蛋盆”酷刑。把原姜皇后之旧部——七十二宫女，推入坑中喂食毒蛇，惨不忍睹。武成王黄飞虎直谏被责，妲己因黄飞虎曾火烧狐狸洞而埋下深仇，趁机唆使纣王，命黄飞虎之妻贾氏夫人元宵入宫朝贺，骗至摘星楼，君戏臣妻。贾氏坠楼尽节，黄贵妃（黄飞虎之妹）上楼问罪，被纣王踢下楼台。噩耗传来，黄门诸将义愤填膺欲反朝歌，黄飞虎为保全“七代忠良”名节，拒绝造反，逆来顺受，冒死直谏，以致遭受午门斩首之祸。四将义劫法场营救，却被黄飞虎指责。妲己亲临法场下旨赐剑，威逼黄飞虎亲手杀子以代忠心。黄飞虎由此豁然觉醒，与愚忠决裂，突破重围，反出朝歌。过临潼关、穿云关。界牌关守将黄滚是黄飞虎之父，因不明是非，愚忠纣王，阻止西行，欲绑黄飞虎回京请罪。子、孙及诸将协力苦劝。此刻，朝廷急速传旨到来，调黄滚进京加封官爵，妄图一网打尽。黄飞虎识破诡计，老将激发正义，毅然弃关同子西行。汜水关受阻被擒，周武王派遣先行官哪吒，越关拦袭囚车，营救黄家满门，合力攻打汜水关。哪吒施展乾坤圈砸开关隘，黄飞虎放出神鹰，啄擒蜘蛛精余化，歼灭汜水关守将韩荣。黄飞虎统率大军投奔西岐。

黄河阵

秦腔传统剧目。剧情故事来自于封神演义。商朝末年签押封神榜，遂有原始天尊门人姜子牙下昆仑到西岐立封神台。纣王命闻太师领兵西征周文王，被玉虚众门人战败。申公豹请来了黑虎赵公明下山助阵，赵公明定海珠打败众玉虚门人，金蛟剪战胜了玉虚十二大仙，缠海鞭打跑了姜子牙。后来，野人陆亚定草头七箭射死了赵公明。三霄娘娘为了给其兄赵公明报仇，在西岐摆下九曲黄河大阵，将玉虚门人一个一个拿在阵中，十二大仙削了顶上三花，失了胸中五气。由于三霄此举阻挡了封神，所以道教圣人太清太上老君和上清原始天尊驾临西岐，破黄河阵，灭三霄，助西岐战胜了闻太师。选段《黑虎坐台》又叫《显魂》，故事讲的是赵公明身死，在封神台上要求姜子牙放他的灵魂去见一见三霄，而三霄已经在前往西岐的路上。赵公明遂显魂给三个妹妹诉说了他在西岐的经过。

奠酒

秦腔传统剧目。在地方庙会中，是第一天第一场必演的一出神戏，没有具体的故事情节，只有几个人物先后登场道白。《奠酒》有大、中、小之分。演出小《奠酒》时，只有天官随带二童子出场，最多再加一位所赶会庙宇中的正神，利用上场时念的对子和下场时念的诗以及简单道白完成整个内容。大《奠酒》上场人物多，上的神仙有三位天官（天皇、地皇、人皇），财神赵公明，王灵官，八仙（汉钟离、吕洞宾、张果老、曹国舅、李铁拐、韩湘子、蓝采和、何仙姑），五圣（马王、牛王、虫王、山神、土地），观音大士，城隍，药王，魁星，戏楼所在地庙中的神、佛，福、禄、寿三星，刘海等。最后以刘海撒钱告终。因出场神位多，仪式复杂，故称为大《奠

▲ 奠酒/霍彦儒 摄/2011年

酒》。一般庙会中的奠酒戏多为中《奠酒》。中奠酒出场之神有赵公明、王灵官、天官、观音大士、当方土地、刘海，六位主神，随带两个童儿，共上八位演员。没有唱腔，每位神仙上场都有几句上场诗，如黑虎道白："生吾时天昏地暗，降吾时星斗未全，话黑虎西岐鏖战，将吾祭祀在岐山。吾黑虎赵公明。"接着是天官登场，在作一番行进表演后道白："吾在九霄成天官，常在玉皇宝座前，世人若积荫功满，吾当赐福降凡间。吾上方一品赐福天官中央紫微大帝。"然后依据该神的职事说一些平安吉祥的话，以求得人神共喜，风调雨顺，五谷丰登，国泰民安。《奠酒》戏在台上唱的同时，台下则在炎帝像前举行奠酒礼仪。

梁秋燕

原名《婚姻要自主》。是一出农村青年男女反对封建买卖婚姻，为争取婚姻自由而斗争的现代眉户戏。故事梗概：中华人民共和国成立后不久，陕西华县农村姑娘梁秋燕与同村青年刘春生相爱，遭到父亲梁老大的反对。梁老大托媒人侯下山把秋燕许给董家湾16岁的董学民，并向董家索取彩礼，准备为儿子梁小成成家。秋燕争取到母亲、哥哥和区长的支持，与刘春生结成佳偶。梁小成与青年寡妇张菊莲互相爱慕，也自主成婚。梁老大在事实的教育下，终于明白了买卖婚姻的害处。全剧由"情投意合""说理""送钱""斗理""起程""双喜"等六场组成。

屠夫状元

为新编古装戏。故事梗概：已故吏部尚书党寇忠之子党金龙，化名朱文进，为报父仇进京赶考，途中由于盘缠用尽饥寒交迫，昏倒在破庙里，被幸遇的好心人杀猪汉胡山所救。党金龙为感胡山之恩，与胡山结为异姓兄弟。不料，党金龙金榜题名之后贪图富贵，认贼作父，拜杀父仇人当朝太师杨猎为父，胡山闻听义兄高中状元前去相认，反被党金龙鞭打。党金龙之母朱氏与其妹党凤英一路被杨猎爪牙追杀，赶到京城寻找党金龙下落，党金龙却逼其母投河自尽，又被胡山所救。胡山拜朱氏为母，认党凤英为妹。党凤英被胡山的勤劳、善良所感动，对胡山产生了爱慕之情，不料胡山错揭皇上寻访玉珠的皇榜，招来杀身之祸。朱氏深明大义将传位宝珠赠予胡山，胡山献宝立下奇功，被皇上册封为献宝状元。奸臣杨猎为得到皇上的传位宝珠，命党金龙查访宝珠下落。胡山在夸官亮宝的路上，党金龙欲夺宝珠，却被胡山及众兄弟将党金龙、杨猎绳之以法，打入死牢，正义终于得到伸张。胡山与党凤英喜结良缘。

刘海砍樵

此剧先后有多个版本，其中一个版本的故事梗概：传说古时候，常德城武陵区丝瓜井旁，住着刘海母子俩。刘母因思念亡夫，哭瞎了眼睛。刘海勤劳孝顺，天天上山砍柴，奉养老母。在刘海砍柴的大高山、小高山一带，住着一只多年修炼的狐狸精，她炼成宝珠一颗，含在口中可化身人形。此时她已成半仙，若再修炼几百年，便可成仙上天。她非常敬佩刘海的为人，就起了思凡之心，取名胡秀英，执意要嫁给刘海。但是憨厚朴实的刘海，怕连累胡秀英受苦，几番推辞，后见胡秀英一片真心，才答应与胡秀英成亲。回到家后，刘海告诉母亲，母亲也很喜欢，同意了他们的婚事。刘海于是去位于城中心的鸡鹅巷置办东西结婚。鸡鹅巷旁边有个小庙，庙里有十八个罗汉。其中十罗汉带着一群弟子（金蟾）也在暗中修炼。他炼得一串金钱，也已成半仙，如能得到胡秀英的宝珠，就能即刻成仙升天。十罗汉见胡秀英和刘海成婚，遂起了歹心，他带领弟子抢走了胡秀英的宝珠。胡秀英失去宝珠就会现出原形，无奈之下只好把实情告诉了刘海。刘海知道后，没有责怪胡秀英，他拿起家中砍柴的石斧去斗十罗汉，最终在斧头神和胡秀英众姐妹的帮助下，刘海打败了罗汉，拿到了宝珠。从此，二人过起男耕女织的幸福生活。

神农炎帝

由长治市上党梆子剧团新编的一部古装神话剧。故事梗概：在远古时代，神农炎帝（又名石年）于老顶山带领族人尝百草、植五谷、造耒耜，恩泽黎民。蚩尤族黩武好战，欲称霸天下。神农氏与轩辕黄帝面对生存困难与战火交织，识大体，顺民意，结盟抗击蚩尤，经过激烈的涿鹿之战，打败蚩尤，为华夏族的形成奠定了基础。

炎帝归潞

由潞城市红旗剧团新编的一部古装神话剧。传说5000多年前，由于劳动工具的改善，生产力得到较大的发展，私有制和贫富分化出现，部落之间相互攻伐，部落内部互相倾诈。炎帝参卢为了福佑黎民百姓，决定打破帝位只禅让姜姓部落首领的千年旧制，彻底改变由少数人选举首领的习俗，实行各

▲ 古装舞蹈/杨安立 摄/2009年

部落众推广选，择贤禅位。没想到，一石激起千重浪，天下陷入一片混乱。蚩尤引兵强夺，共工用钱贿赂，围绕帝位禅让上演了一幕幕惊心动魄的恩怨情仇。最终炎帝参卢联合轩辕氏打败蚩尤，并将帝位禅让于轩辕氏。炎帝参卢禅位后，回到潞水（浊漳河）之畔，傍潞水而筑城，是为潞城（今山西长治潞城一带）。[1]

新编古装舞

此舞蹈是在2009年宝鸡举办的全球华人省亲祭祖大典上演出。内容分为“钻木取火”“教民稼耕”“发明医药”“日中为市”“华夏统一”等五个乐章，以舞蹈语言表现炎帝对中华民族的伟大贡献。演员装扮成原始先民，

1．据宋代罗泌的《路史》记载：“神农氏七十世有天下。轩辕氏兴，受炎帝参卢禅，封参卢于潞，守其先茔，以奉神农之祀。”秦置潞县，隋唐后置潞州、潞安府、潞城县皆出此典。

裸露半体，披发跣足，服饰为葛麻、兽皮等；道具有石斧、石刀、石铲、石镞、木耒、骨耜、谷穗、陶器、草药等。场面是男女列队、载歌载舞，有多人出场，也有一人独舞；舞姿有打猎、耕种等动作，也有制作、抢救的行为。主要乐器是古筝、二胡、琵琶等。

秧歌舞

秧歌舞又称“扭秧歌”。是在宝鸡、炎陵公祭典礼上演出。秧歌是中国最具代表性的一种民间舞蹈形式，也是一种民间广场中独具一格的集体歌舞艺术。现在的秧歌舞，女服饰为彩服或带云角装的秧歌服，红色，腰间系黑色围裙，男为现代装，用毛巾包头，女的手持彩扇、汉巾，腰系红绸带。参加人员20～40人。秧歌表演动作有扭、摆、走、跳、转，以“扭”为主，所以叫“扭秧歌”。就是在锣鼓乐器伴奏下以腰部为中心点，头和上体随双臂大幅度扭动，脚下以“十字步”作前进、后退、左腾、右跃的走动。上下谐调，步调整齐，彩绸飞舞，彩扇翻腾，同时还可以伴随着歌唱。

▼ 扭秧歌/霍彦儒 摄/2013年

▲ 扇子舞/霍彦儒 摄/2012年

扇子舞

扇子舞是在宝鸡、炎陵、随州公祭典礼上演出。扇子舞是朝鲜族代表性的舞蹈，最早源于朝鲜族传统巫俗，后来发展成为表演性的一种舞蹈形式，已有3000多年的历史。如今，扇子舞已成为城乡中老年喜闻乐见的一种锻炼方式。在节日、庙会、庆典活动中，也常常邀请演出。舞者双手持彩扇，身穿白衣，动作多模仿白鹇飞翔姿态，优美、柔和，其内容与傣族之孔雀舞相似，系表现宁静、自由的农林生活。人数多少不限，男女均可参加。扇舞乃上古之舞蹈形式，而仿白鹇则为原始的拟兽舞遗迹。说明此舞渊源颇为古老。

板凳龙

板凳龙是宝鸡、随州民祭中常演出的一个民间舞蹈。它是与龙灯相配合的一种小型文艺表演形式。一般是在龙灯前面开路、打场。表演者均为男性，人数一般为四人、八人或十二人不等，均需成双成对，方可翻舞跳耍。

▼ 赶犟驴/霍彦儒 摄/2013年

其制作方法：在一条双人板凳上，扎成一条小彩龙，有头、有身、有尾，小而玲珑。一条板凳龙由三人表演：一人在前，两人在后，龙口里点燃蜡烛，表演时左右翻滚，热烈欢快，颇见功夫。若在夜间表演时，艺人将板凳的四条腿，用油棉包住，再用火点燃，便可舞出“火龙翻滚”“烟火腾空”的壮观景象，令人惊绝。如今庙会表演的板凳龙已独立成为一套节目。

赶犟驴

赶犟驴是一出表演性较强的游艺节目。主要流行于宝鸡地区，在庙会祭祀活动期间多有演出。先用篾扎，再用一块黑布制作一头“驴”。表演时，新媳妇骑“驴”，新郎官执鞭，“驴”走走停停，不肯前行，新娘子提缰扭头，还是不听使唤，急得新娘子生怒噘嘴，无可奈何，只好求助于新郎官。新郎官开始佯装不知，见媳妇求他，立刻做男子汉大丈夫状，跨步过去，对准驴臀狠狠甩去两鞭。驴受了鞭打，也似发怒，竟跷起后蹄踢来。新郎官得意忘形，不料被驴踢倒，新郎官一个鹞子翻身跃起，将驴甩了数鞭，驴禁不住鞭打，狂奔猛跑，吓得新娘子俯身勒缰，惊慌万状。正慌急间，跑累了的驴扑嗒一下瘫卧在地，任新娘子如何踢打，就是不起。新郎官赶到，左抽一鞭，驴向右挪动一下；右抽一鞭，又向左挪动一下。新娘子捂面痛哭，新郎官只好变得温和，揪揪驴耳，亲亲驴脸，在手心吐上两口唾沫，弯腰提着驴尾，帮扶着将驴赶起，重新上路。

跑竹马

跑竹马又名“竹马子”“竹马灯”“骑竹马”。主要流行于宝鸡、随州、高平的庙会和节日活动期间。其扎法：用竹子扎成半截马头，半截马尾，用白或黄、红、黑、棕等颜色剪成纸絮黏糊，形似马的鬃毛，再由少年儿童系在腰上，两只脚从马身下露出来，像人骑在马身上一般。外表画成马形。有的在马身前后，内燃蜡烛，名为“竹马灯”；马颈下系铃铛一串，跑起来“丁零”作响，十分悦耳。马腹周围围上绸布，遮住表演者腿脚。有的表演者脚系响板，跑跳时发出马蹄响声。在马上做出各种形态，时而奔驰飞舞，时而漫步慢行，时而失前蹄人马卧倒在地，然后又奋力挣扎而起，重新奔腾。并伴以锣鼓响器。竹马灯的表演角色，多为戏剧人物，如武生骑马，为关云长《千里走单骑》；花旦骑马，为《昭君出塞》《千里送京娘》等。这种形式多与其他舞蹈一起演出，以庄重、热烈、活泼、健康取胜。

▼ 跑竹马/李争光 摄/2013年

八大棍

▲ 八大棍/霍彦儒 摄/2013年

八大棍属于地台社火的一个民间舞蹈节目。主要流行于宝鸡一带的庙会和节日活动中。由于舞者八人，每人手中各持一根五尺长的木棍，边舞边相互对打，故称“八大棍”。因将棍涂以红、黄、黑三种颜色，所以又称“打花棍”。其中以陇县龙槐塬村的表演最有代表性，已有近300年的历史。起初为两人对打的“双头棍”，逐步演变为“四人棍”，到清末又发展到“八人打”。是融舞蹈和武术于一体的民间舞蹈。表演时八人组成四对，各持木棍，围成里外两个圈子，里四人外四人，相对而立，里圈人按顺时针方向对打，外圈人按逆时针方向对打。鼓乐烘托气氛，表演者的动作随鼓乐的节奏进行。两棍相击对打发出的碰击声又为锣鼓伴奏增加了音韵变化。基本动作有护顶、护膀、护腿、掠棍、磕棍等。真棍实打，表演生动。对打时，表演者时而两棍相击，时而提棍跳跃，时而挥棍蹁扫，英姿飒爽，棍棒飞舞，动作粗犷有力，威武雄健，充满阳刚之美。其早期的服饰一般为随身便服，扎白毛巾，系红布腰带，以后发展为黑色中式对襟服，戴武士帽，穿灯笼裤，扮作传统戏曲中的武生形象。现成为当地庙会活动时一个不可缺少的节目。

扑蛾即兴舞

扑蛾即兴舞又称“拉蛾”。主要流行于宝鸡一带的庙会和节日活动中。“拉”为当地方言，意即“逮”。拉蛾就是逮蝴蝶。舞蹈由三位少女与一位老翁组成。表演时一少女手执长竹竿，竿头用绳悬吊几只彩绸制的蝴蝶，另二人身着彩衣彩裙，双手提着裙子的两角随舞步摆动，脚走碎步（俗称“蹭蹭步”），如同彩蝶在春风中飞舞。老翁扮丑相，反穿羊皮袄，手拿一顶礼帽，采用各种滑稽动作，不停地追扑着蝴蝶。表演无固定队形，以女逗男追扑为主，多是即兴表演舞蹈，要求彼此配合默契，和谐统一。

腰鼓舞

腰鼓舞是一种将腰鼓的演奏与舞蹈动作紧密结合起来的舞蹈。主要流行于宝鸡、炎陵庙会和节日活动中。表演时有两种形式，即“路鼓”（腰鼓队在行进中边走边舞的一种表演形式）和“场地鼓”（是指腰鼓队到达表演地点，打开场子后的表演形式）。在宝鸡、炎陵的公祭活动中都有腰鼓舞的表演。表演形式主要为“场地鼓”。炎陵是在圣德广场，以腰鼓舞欢迎嘉宾。表演人数一般为30～40人，列为方阵，均为女性，身穿彩衣，腰挎腰鼓，手执鼓槌，随着指挥彩旗的上下左右摆动，走出各种复杂多变的队形。边敲边舞，边舞边敲。

▼ 腰鼓舞/周新发 摄/2009年

社火

社火是民间庆祝节日的一种传统的民间游艺活动。它涉及音乐、舞蹈、曲艺、杂技、武术、戏曲、工艺美术等众多艺术门类。主要分布于我国北方的汉族地区，即陕西、山西、甘肃、青海、辽宁、河北等省。社火一词始见于宋代。《东京梦华录》卷八记载：六月二十四日，欢口二郎神生日，二郎庙前露台上设乐棚，有“社火呈于露台之上”。从“社火”一词的词义来看，“社”从示从土，社土同义。其本义是指土地神。其扩展义，还有祭社单位之义，即史书上所讲的“土社”“番社”，而每社有户八九至数百不等。“火”，即火祖，是传说中的火神。其本义是指物体燃烧所发出的光、焰和热。其引申义具有红火、热闹之义。社火有广、狭义之分。从广义来说，凡是民众在年节庆典、庙会活动中自娱自乐、表演性较强的民间歌舞技艺均可纳入其中。[1]据说宋朝的汉族民间社火已是包罗万象，气象万千。当时的社火由祭祀、巫术、傩仪、百戏、乐舞、参军戏、民间杂耍等组成。每逢农历正月初一至十五，村社便组织举办节庆、迎神赛会，有上竿、跃弄、跳索、相扑、鼓板、小唱、斗鸡、说浑话、杂耍、商谜、合笙、乔筋骨、乔相扑、浪子、杂剧、学像生、倬刀、装鬼、砑鼓、牌棒、道术之类的杂戏表演。宋人范成大曾描述：“民间鼓乐谓之社火，不可悉记，大抵以滑稽取笑。”其指广义社火的基本特征。狭义是指以民间传说和戏剧故事为题材，通过一个或一组人物表现一个故事，一个故事为一转社火，并伴以锣鼓秧歌表演的游艺活动。当然，由于地域和文化背景的不同，各地社火表演内容和形式是有较大差别的。

关于社火的起源，一般认为起源于古老的土地与火的崇拜。在以农业文明著称的中国，土地是人们立足之本，它为人类的生存发展奠定了物质基础。于是产生了祭土地神的观念。如《礼记·礼运》有“祀社与国，所以列地利也”“礼行于社，而百货可极也”的记载。火，是人们熟食和取暖之源，也是人类生存发展必不可少的条件，远古人们凭着原始思维认为火也有“灵”，并视之为具有特殊含义的神物，认为土生万物，烟火通天，故祭祖祭天祭社都要点火，于是形成了尚火观念。如《礼记·郊特牲》：“季春出火，为焚也。”《论衡》：“炎帝作火，死而后社神。”对土地与火的崇

1. 赵德利．关陇社火艺术研究[M]．北京：中国社会科学出版社，2012：21—22.

拜，便产生了祭祀社与火的风俗。随着社会的发展，人们认识能力的提高，在祭神的社火仪式中逐渐增加了娱人的成分，成为规模盛大、内容繁复的汉族民俗娱乐活动。另外，在陕西西府地区民间还流行一种说法，传说社火起源于五六千年前炎帝发明的蜡祭傩舞。《路史》卷十二载：炎帝于“每岁阳月，盍百种率，万民蜡戏于国中，已报其岁之成”。宝鸡是炎帝的最早原生地[1]，故蜡祭傩舞也有可能最早产生于宝鸡渭水流域。傩是一种远古时代的宗教仪式，傩本是一种传说中的神鸟，后被人格化，成为一种祭祀表演。傩舞是周代在傩祭基础上所形成的一种驱鬼逐疫的宗教舞蹈，而傩的明显特征，便是戴假面具歌舞。传说炎帝族以羊为图腾就是因戴羊头面具而舞。其实，这种傩舞“是原始先民在腊月里庆贺农业丰收的报酬之礼，是农耕文化的重要节庆”[2]，是几千年来人们对以炎帝为代表的土地神、农神和火神以及诸方神灵敬仰的一种表现，体现了民间百姓借社火以表达祈盼五谷丰登、六畜兴旺、生活小康的愿望。同时具有祈吉祝福、观赏游玩、饮食娱乐、慰藉精神的审美价值。经过几千年的发展，至今已成为一种内容丰富、喜闻乐见的大众化的民间艺术。

社火表演时，脸谱面具，必不可少。社火脸谱起源，据陕西的民间艺人介绍，西周时，周武王率兵伐纣，大军行至麒麟山下，被驻守山下的闻太师挡住去路。姜子牙计上心头，让士兵戴上神兵天将的面具上阵叫骂，个个威武凶煞，好似天兵下凡。闻太师不知真假，以为天意，拔寨而逃。此事传入民间后便产生了画脸谱逐鬼神的汉族民间习俗，并逐渐融入到了社火中。而学术界则普遍认为，脸谱起源于周秦时的傩舞。下面介绍宝鸡地区的几种主要社火类型：

1．邹衡．炎帝的原生地究竟在哪里？[A]．霍彦儒．炎帝与汉民族[C]．西安：三秦出版社，2002：1．

2．何星亮．炎帝与中华民族的创新精神[A]．霍彦儒．炎帝与民族复兴[C]．西安：陕西人民出版社，2007：170．

▲ 车社火/霍彦儒 摄/2011年

▲ 马社火/霍彦儒 摄/2011年

车社火　车社火也叫“芯子社火”“高芯社火”“高杆社火”。表演时在车上载有装扮成所表演内容的小演员造型，一车一个场景或一组故事，有文臣武将、生旦净丑，或英姿威武，或妩媚秀丽，其造型生动、惊险、离奇。扮演者皆为5～6岁的儿童，将他（她）们置于钢筋支架上（以故事内容而定），或坐或卧或骑或跪，多姿多彩。近年来装扮形式更加多样、离奇，有脚踩凤头、虎尾、刀尖、棍头、蛋壳、树枝梢、莲花心、花瓶口、碟子边、花篮边的，也有手指站人、公鸡骑人、半空吊娃，等等。其代表剧目有《穆柯寨》《出五关斩六将》《后羿射九阳》等。这种社火多流行于宝鸡市区和陇县、太白一带。

马社火　马社火以展示古战场的惨烈、勇武场面和情景而著称。数十匹烈马或双列而行，或三匹一组形成一场战队，化装成身穿铠甲手执武器的人物作追杀搏击状。马社火在旧时宝鸡地区分布很广，山、川、塬地区皆有。其代表剧目有《神农氏拿野苗》《太乙真人收四季》《黄帝战蚩尤》等。现在大规模的马社火在川、塬已很少见到。因农村耕种、运输已被拖拉机、农用车代替，无人再养骡马。只在某些山区，少量的马社火还可见到，只是数量和规模都要少和小得多了。

山社火　山社火是造型社火中最具规模又逼真奇巧的大型社火，长为10～20米，高10米左右，山水石林，亭台楼榭，人物猛兽，俨然像一座大山一样。山灶火的制作，难度较大，游演前一到两月即要准备。制作时，先要找一大车轮为核心，平放于用木杆扎成井字形的框架中心，轴为一根5米高的结实木柱，竖直向上，在木轴上方凿铆，横斜接出若干长短不等的分枝。在分枝上钳好铁芯，做好踏脚，是为脚子，即社火角色的立足之处。再采来许多粗细不一的构树枝，按照需要，造出山形。再用构纸裱糊三层，阴干后染上黑、红、黄、白、蓝等色，造成各种山势。最后给化好装的故事人物一一送上芯子，将其腿脚固定结实，展示出山的巍峨和逼真。故事装扮人物均是8～13岁的儿童。山社火主要流行于宝鸡陈仓区磻溪、天王一带。在多种大型庙会期间演出。

▲ 芯子社火/霍彦儒 摄/2011年

说唱社火　因演出在夜间，故又叫“黑社火”。它主要流行于宝鸡西部山区。在村落找一块平场地，生起一堆柴火，男女二人或数人稍作化妆，从两角对舞着上场。男的甩着衣袖，女的提着裙角，随着鼓和锣的节奏声碎步走着“8”字。锣鼓声一停，男女演员就开始说唱。观众围着柴火边烤火边听唱。唱词有《相思歌》《拐豆腐》《遭年馑》等。

高跷社火　高跷俗称“缚柴脚”，亦称“高跷”“踏高跷”“扎高脚”“走高腿”，在山西高平俗称为“拐子”。是由舞者踩在木跷上进行表演，是民间盛行的一种群众性技艺表演形式，多在一些民间节日、庙会期间以社火形式在城乡演出。高跷是用很硬的木料制作，上部凿孔，安有横桩，把人的脚和小腿捆绑固定在横桩和上截部分。高跷又分为二跷和高跷。二跷约高0.2～0.3

▲ 高跷/霍彦儒 摄/2013年

米，高跷高达1米以上。其表演形式有踩高跷跑竹马、高跷秧歌舞等。踩高跷要求参与人员胆大心细，掌握特定的舞步、身姿和表情，在技巧娴熟的同时，还需具有较好的身体平衡能力。此外，高跷在山西高平等地也有流行。高平流行的高跷，高度不一，有的低至一尺多，有的高达一丈五尺，一般为四五尺。高跷分为文高跷、武高跷。文高跷用弦乐伴奏，边走边舞，变换各种队形，在街道上表演，舞者有的化装为戏剧人物，既表现历史故事，也表现现代生活，内容丰富多彩。武高跷以打击乐伴奏，以表演特技为主，有“过天桥”“朝天蹬”“跌八叉”“跳桌子”“跳双凳”等，颇有武术色彩。另外，还有抬二节、抬三节、坐抬、上抬、组合抬等高难抬法，把惊险的表演与优美的造型艺术融合为一体。引人入胜，很受民众喜爱。

单人狮子

舞狮源于北方，随着中原汉人南迁，将这种游艺也带到江南。它在民间祭祀、喜庆活动中往往与布龙联袂演出，俗称“龙灯带狮子”。这种游戏在炎陵县客家人中比较流行，常在春节民间祭祀炎帝陵期间在陵殿或街道演出。演出形式是双手掌狮头，狮尾部的布头在双腿胯下穿过，束扎在腰间。狮头一般分为两种，一种为青面狮，面相青色，狰狞威武；一种为红面狮，面相红润，慈善温顺。它与舞龙共用一个乐队，在锣鼓唢呐伴奏下，龙、狮踏着鼓点舞动各自的动作。时而对舞，时而独舞，做出闪、展、腾、挪、跳等各种姿态。在炎陵县目前有代表性的是沔渡镇和十都镇，两镇先后被湖南省文化厅授予“龙狮艺术之乡”。

▲ 单人狮子/樊友刚 摄/2012年

花灯舞

花灯舞又称“摆灯”。它主要流行于炎陵地区，在春节民祭炎帝时演出。花灯舞就是将手工扎制、表现民间生活的“灯”摆出来，让大家观赏。有排灯（又称扁角灯）、风车灯、太平灯、走马灯、故事灯。题材取自日常生活，有人物、动物、花卉，以及劳动和生活场景、民间故事等。有的用肩扛，如扁角灯，是在一块三四米长的薄木板上（盖瓦用的檩子，俗称“扁角”）固定几盏或十几盏五颜六色的花卉、动物灯，由一人扛在肩上一闪一闪地行走，十几组就是七八十米长的队伍；有的用手持，像“猴子上树”，将猴子置于竹竿上，以暗藏机关操作（类似皮影戏），猴子可作上下和翻筋斗等动作，模样滑稽可笑；像“薪臼（儿媳妇）推磨”，表现的是一个俊俏媳妇在屋子里没完没了地推磨，因为花灯体量大，就需要二人抬。水口木湾

▲ 三节龙舞/周新发 摄/2005年

村的竹马灯，前扎马头，后扎马尾，中间用竹子连接，由打扮靓丽的男童女童骑着竹马随音乐节奏起舞。

三节龙舞

三节龙舞是舞龙的一种形式，多在炎陵县公祭活动中演出。这是炎陵县客家人的传统娱乐形式。龙总长约4米，由3人舞耍。由于龙身短，舞龙人员少，因而可以表演许多高难动作，就是在数张垒起来的八仙桌上也可以舞耍。龙头、龙尾的制作方法和其他龙一样，就是体形小些。龙身骨架只有一个长30厘米，直径30厘米，用竹篾编制的笼子。将头、身、尾分别固定在手持的木棒之上，然后覆以画好鳞片的布料（一般为红色），再经过固定，头、身、尾便连成了一体。因为三节之间没有骨架支撑，要求表演者配合默契，动作到位，连贯流畅，才会舞出圆满的龙形和灵巧的龙韵。此外，还有5节、7节、9节及九节以上的龙，每节长约2米。其扎法与三节龙的扎法基本一样。只不过表演时对场地要求高，表演难度大。

采莲船

采莲船又称“旱船”。 它主要流行于随州、宝鸡一带。采莲船外形是用篾扎纸糊的小船，中间是四根彩柱支撑的彩亭，四角挂彩帘、绣球，配上松柏翠枝、五色花卉。船身两旁绘画青波碧浪；船的两端扎上龙头、龙尾。也有的将船扎成鱼形，绘成鲤鱼形状，寓意“鲤鱼跳龙门”。庙会继承了传统玩法：由一男子化装成长者持篙撑船，女子坐船。在坐船、划船舞蹈动作中，皆有锣鼓伴奏，其套路有“拦四门”“超四门”“跳水”“摄十字”“半边月”；跑花船的套路有“五子飞”“九子满天飞”“天下太平”“十三把椅子”“七把凳子”“摆斗筐”“钓金龟”“陷沙窝”等。以表演者的婀娜舞姿、高超演技而取悦于观众。“钓金龟”和“陷沙窝”等表演形式，则寓有劳动人民不畏艰险、勇于战胜困难之意。近年来，随着农村现代化交通工具的出现，将摩托车装饰成“旱船”，也有的将自行车装饰成“旱船”，由人驾车，结队前进，在前进中表演出各种动作，形成多种多样的套路，也十分吸引观众。

▼ 采莲船/樊友刚 摄/ 2012年

▲ 旱车/樊友刚 摄/2011年

旱车

旱车主要流行于随州民间。其做法多用彩布围遮一个竹篾扎的“独轮车”。坐车的是一位年轻妇女，身着彩衣、彩裙，手执花伞，做一双假脚露在裙子外边，像是坐车的姿势。推车的是一位年轻小伙子，肩背彩带，前后左右行走。常以“夫妻观灯”“回娘家”等为内容，表现夫妻二人在路上观景、过桥、过沟、上坡、下坡的舞蹈动作，反映他们真挚的爱情和欢快的情绪。另有一彩旦，手摆蒲扇，在一对男女间打闹取笑，增加活泼、幽默的趣味。

玩狮子

玩狮子本名“狮舞”或“舞狮”。随州称为“玩狮子”。主要流行于随州地区。传说狮子是吉祥之物，玩狮子可以避邪。狮子头多用纸盔彩绘而成。一般由两人扮演，前者双手握狮子头盔舞动，后者俯身，两手扶前者腰间，身披用兽皮及白麻等装饰的狮子皮，扮演狮身，二人合成一个大狮子，称“太狮”。由一人头戴狮头面具，身披假狮皮，扮成小狮子的称“少狮”。逗引狮子的叫“狮子郎”。庙会多用大头面具，扮成大头和尚充“狮

▲ 舞狮/樊友刚 摄/2012年

子郎”，演有《大头和尚戏柳翠》等节目。传统狮舞玩法，名目众多，技巧惊险。除一般的“摆头搔痒”“跳四门”“踩八卦”“白鹤探水”“金鸡独立”“凤凰展翅”等动作外，还有最考本事的“滚跳卧”“滚口钉”“滚绳子”“滚绣球”“过险滩”“上梯子”“百凳跳马”“玩桌子”等。

蚌壳精

蚌壳精本名“蚌鹤精”，由“鹬蚌相争，渔人得利”的典故演变而来。主要流行于随州地区。人物有老渔翁、蚌壳、白鹤。渔翁，由一男子扮成白胡子老头，头戴翻草帽，身穿翻皮袄，腰系板带，身背笆篓，手拿一条无脚子的烂渔网。蚌壳由年轻姑娘扮演。其粉面朱唇，服饰妖艳，身背蚌壳，一张一合，翩翩起舞。蚌壳系用软篾彩纸扎糊，长约1.3米，宽约0.7米。白鹤由年轻小伙儿扮演，全身穿白，篾扎纸糊的白鹤长颈、长嘴绑于脑后，行走时不时点头。渔翁、白鹤在欢快的锣鼓声中走圆场。继而渔翁打鱼，白鹤探水。渔翁捉白鹤，白鹤飞去。渔翁用网网白鹤，一网下去，网住蚌壳。待渔翁下水捉住蚌壳时，白鹤又吃笆篓里的鱼，渔翁抓住白鹤一只腿。白鹤慌乱挣扎扑入水中，头被蚌壳夹住。渔翁乘势捉住白鹤和蚌壳，胜利而归。

▲ 玩龙灯/周新发 摄/2005年

玩龙灯

玩龙灯又名“龙舞”。“龙”在我国神话传说中，是吉祥雄伟的象征。“龙舞”流传历史悠久。随州、炎陵民间龙灯，有“火龙”和“彩龙”两种。用竹篾分别扎成龙头、龙身和龙尾，表面糊皮纸，用彩色绘成龙的形象；连头、尾在内，约十数节，多为单数。节与节之间，用彩布缝成筒形相连。“火龙”在夜间表演时，每节中点燃蜡烛（现用电池灯泡取代）。每节各有一人将木杠举起，在手举“宝珠”(火球)领头人的逗引下，龙头口吐黄烟，伴随着洪亮的吼声和锣鼓声，各节随之翻卷起舞，场面威武壮观。彩龙形象和火龙大体相同，每节用彩布相连，只不过彩龙节中不点蜡烛，多在白天玩耍，舞姿更欢腾。

独龙杠

相传独龙杠在清康熙年间由江南传入随州。说是江苏镇江府有一个名叫安三太的恶棍，无理欺压百姓，被出来私访的八府巡按抓获惩治，以平民愤。人们为庆贺此事，编演了这出节目，流传民间。其表演方法：两人抬着一根杉木杆子，上面骑着一位赃官，滑稽可笑。在赃官前面用竹篾片系着一个便壶，随着杉杆上赃官乌纱帽翅上下摆动，便壶也时而摆动到他的面前。反映劳动人民对封建统治者的憎恨和嘲弄。具有较强的喜剧性。

独人轿

独人轿是随州一种独特的民间文艺表演形式，是从传统舞蹈“坐独龙杠”“抬狗老爷”演变而来。由一人扮演“轿夫”，另一人扮坐轿者。轿夫在背上插一根弯曲的长竹片，竹片顶端扎一顶轿盖，坐轿人在轿顶下做乘轿表演，如过独木桥、过河沟、上山、下山等。该舞的基本动作是“晃”，如“浪轿步”“晃轿步”“坐轿步”“双推磨”等，配以锣鼓家什和音乐节奏，热闹欢快，滑稽幽默。

▼ 独人轿/樊友刚 摄/2012年

独角兽

独角兽是随州古代流传下来的一种祭祀舞蹈。男性表演者两手合并上举，形成“独角”，然后在肚皮上画出人或兽的脸谱，以双乳为眼，肚脐为口，中间部分画上鼻，腰部围上黑裙子（代表胡须），整个造型似一人（兽）头。随锣鼓伴奏而舞蹈。传说，楚庄王到“云土”（今随州大洪山）狩猎，射中一头随兕，独角，形如犀牛，死后仍双目圆睁，蓝光四射。听当地百姓说，杀死随兕，人不出三月必死。楚庄王惊恐万分。为免灾避祸，令大臣们厚葬随兕，并设坛祭祀，且由人扮演独角兽（随兕），求其保佑。从此，人们视随兕为神灵，家家户户请画师画随兕的形象来供奉，民间祭祀活动也将独角兽的表演继承下来。

二鬼摔跤

二鬼摔跤是流传于晋城、高平一带的一种民间舞蹈艺术形式。表演时，表演者背驮二鬼摔跤道具。道具有两个鬼头，互相对视，有两对搭肩假手，还有两条假腿，其“身子”上盖着掩饰性的服饰。在表演时，双手各握一个假腿作为“一鬼”的腿，表演者的双腿作为“二鬼”的腿，通过表演者腿、背、臂的活动和综合利用戏剧、杂技、武术的推、踢、翻、滚、旋等动作的表现，给观众以两鬼打斗摔跤的喜剧效果。最后，表演者掀开二鬼道具给观众亮相，谜底揭开，观众惊讶不已，从而显示出这种民间舞蹈的艺术效果和表演者的高超技艺。

扛桩

扛桩亦称“上桩故事”，俗称“顶桩”或“扮故事”。为高平五谷庙庙会期间常演的一种游艺。其主要器具由背架(由上桩和下桩组成)及叉杆、手锤、三脚等附件和戏剧行头组成。由老艺人过头约一米左右桩顶四五岁至十二三岁的儿童，穿行头、装饰化妆，并分组搭帮，组成一组故事。表演的内容主要是《杨家将》《岳飞传》和《西游记》《孙悟空三打白骨精》等剧目，特别是《战幽州》和《杨门女将》，扮相雄姿多彩，甚是好看，表现出艺人们非凡的功力和技巧。流行区域以晋城西乡为盛，最有代表性的则数阳城县城南关村和寺头乡的张庄村，是阳城民间舞蹈的一种特殊形式，也是群众喜闻乐见的民间传统文化之一。

捞鱼鹳

捞鱼鹳是流传于山西沁水县城以东王必、龙渠一带的一种民间传统舞蹈。多在高平、长治炎帝庙会期间演出。在山庄窝铺人口稀少的情况下，有两人就可戏耍，而且参加的演员多少不受限制，演员愈多场面愈热烈。音乐伴奏通常用民间的锣、钹等乐器，音乐简单流畅，随故事情节而起伏变化。所用道具均为纸扎自制而成，具有民间工艺品制作特点，形象逼真，栩栩如生。主要有鱼、鹳两大类。主要作品有《十鱼五鹳》《鱼鹳相嬉》《追鱼》等。这是高平五谷庙会期间常演的民间舞蹈。

鼓乐

鼓乐表演在中国有四五千年的历史，经过漫长的发展，至今流传地域很广，可以说在全国的各个城乡都有锣鼓表演，因而也形成了多种风格和打法。陕西关中的鼓点有《什样锦》《风搅雪》和《朗朗天》等。近年流行的一种现代鼓乐《迎新春》，由《什样锦》演变而来，由《迎新春》《春雷》《下韵》《秋赋》《冬景》等五章十小节构成。其特点是粗犷豪放、激情动人。队形排列为两路鼓，中间为小锣，鼓的边侧为两路钹，列为五路纵队。锣鼓队中，以鼓为主，钹配之，锣辅助。击打中，鼓手看指挥，钹、锣听鼓声，指挥旗高高举起，哨音一响，是为准备。指挥旗重重挥下，鼓声即起，钹随之；鼓弹沿子，钹声住，小锣击响。鼓声咚咚，钹声锵锵，鼓沿咣咣，锣声琅琅，鼓钹响如震雷，撼天震地；小锣音似铜铃，清妙入云。锣鼓队中的三种击打乐器，亦如文武之道，张弛有节。近年来，宝鸡公祭、民祭活动都有锣鼓参与，组织者为祭祀办公室或管委会，参与者有岐山县索王锣鼓队、凤翔县槐原锣鼓队和金台区塔寺头锣鼓队等。宝鸡地区各县区锣鼓曲点名目繁多，除了上面提到的三种外，还有陈仓区的《德行鼓》，凤翔县的《吊鼓》《老伯沙》，岐山县的《跑战鼓》，陇县的《干骨梅套什样锦》，麟游县的《丫丫拌嘴》《老汉过桥》《兔儿刨窝》，眉县的《慢香楼》《狮子滚绣球》《凤凰三点头》等。

唢呐曲牌

唢呐是一种传统乐器，多运用在祭祀、庆典场合。陕西关中唢呐多活跃在乡村的红白喜事中。曲子为口耳相传。在宝鸡每年组织的公祭、民祭炎帝典礼中，唢呐是不可或缺的，多时有五六十杆，少时也有一二十杆。组织和参与者多为渭滨区石坝河镇唢呐队。所用乐器除唢呐外，还配有鼓、钹等。根据人数多少列为两队或四队，在进场时边走边吹，站定后，置于祭祀区两边吹奏。演奏的曲目为民间传统祭奠乐曲。吹奏乐曲的长短，根据需要而定，有二三分钟为一曲的，也有十几分钟为一曲的。演奏形式以唢呐为主，伴之以大鼓、中钹、云锣、叮叮等，或海笛一只，伴之以弦索（板胡、二胡）、暴鼓等。有时根据乐曲的情绪需要还要加上喇叭。平时一个吹手班一般由4～6人组成。山区演奏多用民歌、小连缀或变奏的曲牌，形成轻巧、质朴、明快的风格，川塬的吹手班侧重演奏古典乐曲和戏曲曲牌，其风格委婉、典雅、凝重。如《柳生芽》《大开门》《小开门》《燕窝沙滩》等。有时也演奏一些带有“摹吹”特点的乐曲，如模拟自然声调的《雁落沙》和模拟声乐特点的“咔戏”（当地也叫“扎迷迷”），即用唢呐哨子模仿演唱秦腔。在祭奠、送丧等仪式中，唢呐所吹的哀乐曲牌主要有《绣荷包》《闹山河》《哭皇天》《祭陵曲》等。

古筝曲牌

古筝是一种传统乐器。在公祭和民祭中也不可缺少。宝鸡古筝组织者为渭滨区文化旅游局，参与者是宝鸡市青少年宫古筝班学员。共置百架古筝，排成两行，分坐大殿前“神道”两侧。演奏的古筝曲目有《渔舟唱晚》《高山流水》等。《渔舟唱晚》是根据《渔翁乐》曲调发展变化改编而成，引用唐代诗人王勃《滕王阁序》中“渔舟唱晚，响穷彭蠡之滨”的“渔舟唱晚”为标题。曲式简练严谨。分为六个弹奏乐段。《高山流水》是一首流传在浙江地区的筝曲，乐曲分为两段，第一段弹奏用模仿古琴音色，意在表现高山的气魄和雄伟的气势，弹奏声音有浑厚、深重之感；第二段音乐相比第一段音乐提速了，旋律上有很多不同情绪和音量、力度上的对比，意在鲜明地表现高山和流水。

察回音乐

察回音乐是曾经流行于宝鸡市区的一种带有祭祀色彩的民俗音乐。发源于何时已不可考。有资料显示，察回音乐在清乾隆年间已经十分流行，它主要在迎神、祈雨、庙会等活动中演奏，担任迎神或祈雨仪仗队中乐队的任务。迎神队伍抬着神像走街串巷，表示神仙下界巡回四方，镇妖压邪，察回之名由此而来。察回音乐分“行乐”和“坐乐”两种演奏形式，行乐即在行进中演奏，坐乐在人们膜拜神像时演奏。察回音乐的乐队以民族管乐器和打击乐器组成。在它的全盛时期，乐队编制是：管乐为海笛一只，管子一只，箫一至两只，笙、曲笛数量不限。打击乐为把儿鼓两面（鼓把长一米，行乐用），堂鼓一面（坐乐用），暴鼓一面（坐乐用），乳锣一面（亦称疙瘩鼓），云锣一面或一组（六面），中钹一副，夹板一副，碰铃一至两副。察回音乐曲牌有六七十首，绝大部分已散失，现在保存的曲牌有《罗江怨》《十八腔》《风搅雪》《钉缸》《花套将》等。其风格清雅、古朴。

西府曲子

西府曲子是陕西曲子的一个分支，主要流传于关中西部的宝鸡地区。多在庙会和节日活动期间演出。西府曲子亦称小曲、西府清曲。传说源于凤翔，故又称“雍城秦曲”。它发源于秦穆公宫廷中的“宫曲词”。其词分为“小宫调”和“正宫调”两种。这两种词曲牌分别因宫中部分歌童舞女的还乡而流入雍地民间，于是形成了民间曲子坐唱。经唐、宋、明、清等历代不断发展，表演形式更加多样。今流行的西府曲子有西府曲子坐唱、社火曲子演唱、西府曲子戏三种表演形式。其曲调分为平弦、月弦和曲牌，也叫平调、月调。前者主要曲调有十对花、十盏灯、十二花、小放牛、画纱灯等四十多种和一百多首曲子；后者主要曲调有五更、吹调、反簧、月调、道情等八十多种。曲牌主要有声声怨、两头慢、大开门、永寿庵、寄生草等五十多首，供过门、起板用。使用的乐器主要有三弦（古称弦鼗）、笛子、板胡、瓦子（竹板瓦）、甩子（碰铃）、小铜磬等。和其他曲艺品种一样，西府曲子也没有专职演唱人员，一人兼演多个角色，演奏者同时也是念唱者，因而演出队伍人数不多，一般为8～12人。在中华人民共和国成立之前，多有一家一社为一个班子的。近年来，经过专家学者和民间曲子艺人共同努力，收集整理出西府平弦、月弦曲目400多首。[1] 尚有二十多个班社继续在演出。

炎帝颂

同名而内容不同的《炎帝颂》歌曲有四首，分别为宝鸡和炎陵、随州三个地方创作演唱。这里仅录宝鸡创作、演唱的《炎帝颂》一首。由白麟作词，崔炳元、高德里作曲。2009年宝鸡公祭炎帝活动中，由宝鸡市歌舞剧院组织并参与创作了《炎帝颂》。从市内高校和中学抽调1000名女生，组成合

1．赵德利．西府曲子资料汇编校注[Z]．北京：文化艺术出版社，2010：3．

唱队，身着白色长裙、胸戴黄花，装扮为“圣女”，以九列分别站立祭祀台两侧台阶，在民族乐器的伴奏下，一人领唱，千人合唱，又引起全场合唱，汇成响彻云霄的声音，将整个祭祀大典推向高潮。歌词内容：

三皇五帝中华源，炎帝是咱们的老祖先。尝遍百草身先死，悬壶济世从此代代传。啊炎帝炎帝！啊炎帝炎帝！是你刀耕火种开农桑，才有了泱泱华夏五千年；莫道那人间疾苦有多少，神农为大众筑家园！炎帝神农兴我中华，你的光辉万里飘洒。神农炎帝恩泽天下，你让全球华人血脉一家，血脉是一家//神州自古出圣人，炎帝是咱们的老祖先。披荆斩棘拓八方，换来五谷丰登艳阳天。啊炎帝炎帝！啊炎帝炎帝！是你开天辟地创伟业，哺育了炎黄子孙千千万。有道是谁知百姓冷和暖，谁就是神农谁就是仙！炎帝神农兴我中华，你的光辉万里飘洒。神农炎帝恩泽天下，你让全球华人血脉一家，血脉是一家。

祭炎帝

《祭炎帝》为湖南省人民政府公祭炎帝陵活动中演唱的一首自创歌曲。在2007年重阳节公祭炎帝陵祭典中演唱。由孔介夫作词，肖雅瑜作曲。由800名大中学校男女学生组成的合唱队演唱。女生身着白色长裙服饰，男生身着白色正装，排列十行横队，站立祭祀台两侧，随着音乐，在一名男演员领唱下，集体随声和唱。歌词内容：

巍巍罗霄兮涛涛洣水，楚尾吴末兮眠吾始祖。炎帝神农兮以开农耕，耒耜之利兮以教天下，冶陶之功兮以利万众，交易之衍兮以墟惠民//尝百草兮创先医，作五弦兮祭傩舞，鼻祖齐天兮奠吾华基。泱泱炎帝陵兮香馨四季，吾祖明德兮黎元心系，千秋万载兮代代公祭。

神农吟

《神农吟》为湖北省人民政府2009年5月20日（农历四月二十六）举办的寻根拜祖大典中演唱的一首歌曲。由李顺忠作词，王永谦作曲。由祖海在拜祖大典中演唱。歌词内容：

长江是您的腰带，大地是您的母亲；朝霞是您的披风，日月是您的眼睛；您是中华的始祖，我们是您的子孙；您是中华的魂魄，我们是您的传人。神农碑昭示天下，弘扬您的创业精神；神农洞开启石门，追寻您理想的梦境，追寻您理想的梦境。

同根歌

《同根歌》为湖北省人民政府2009年5月20日举办的寻根拜祖大典中演唱的一首歌曲。由李明享、李顺忠作词，王永谦作曲。由童安国在拜祖大典中演唱。歌词内容：

同根，同根，同根，同根，我们本是同根生。根在哪里？根在哪里？远古传来神农的回声，远古传来神农的回声。悠悠上下几千年，滚滚江水流不尽，那是游子的相思泪。心中有个民族魂，心中有个民族魂//同根，同根，同根，同根，我们本是同根生。根在哪里？根在哪里？远古传来神农的回声，远古传来神农的回声。华夏繁衍数百代，一枝一叶总关情，那是母亲的深沉爱。炎黄子孙一家亲，炎黄子孙一家亲。

打硪号

打硪号子的起源可上溯至原始社会末期，是一种民间小调，有“平硪号”“高硪号”之分，在随县洪山、殷店、万和等乡镇尤为盛行。演唱内容

▲ 打硪号/樊友刚 摄/ 2012年

十分广泛，有见人唱人、见物唱物和为指挥打硪而即兴编唱的歌词，也可唱山歌或长篇故事、戏文等。主要曲牌有快板、慢板、对板、悠板、唢呐子、唷火花、两朵莲花、麻将调、海波扬花调等。硪是用一块石碑制作的用来夯实地基的劳动工具，使用时，“四人”或“八人”不等，号子由一人领唱众人合唱，既能协调动作，鼓舞干劲，又能娱乐身心，缓解疲劳。

随州大鼓

随州大鼓最初叫“犁铧音儿”，后叫“鼓儿词”，俗谓“打鼓说书”。传说“犁铧音儿”起源于明代以前，系农民劳动之余，取两块断犁铧尖，边敲边唱。内容是唱歌谣、戏文或说小段故事，大多为现编现唱，名曰“随口来”。演唱时，为了想词造句，多用哼腔拖板，而犁铧音丁零不断，故名。大约明代中叶，义阳大鼓和河南的“鼓儿哼”传入随州，“犁铧音儿”在演唱时，去掉犁铧尖，改用扁鼓和云板；又受评词的影响，加入“惊堂木”为道具，定型为“随州大鼓”。随州大鼓的演唱特点有三：一是“一道腔”，在曲调上没有多样的曲牌。演唱时，可根据故事情节的需要，用音调和口技来表达喜、怒、哀、乐的感情；二是用随州方言口语演唱，声腔起伏不太大，较外

▲ 随州大鼓/樊友刚 摄/2012年

地鼓书低沉；三是多为七字或三、三、四字句法的唱词，在节奏上是一字一板，紧打慢唱，很少变化。庙会继承了这一形式来演唱炎帝神农的功德。

神农大帝五谷真经

此歌谣流传于台湾台南一带。其内容为：

五谷经来五谷经，五谷原来有根生；天地本是我父母，日月星光好有成；五谷苦楚言不尽，五谷原来养命根；君王重我五谷经，万里江山乐太平；官员重我五谷经，子孙世代赠乾坤；读书重我五谷经，龙虎榜上中头名；生意重我五谷经，朝朝每日得金银；个个神灵有人敬，那个敬我五谷经；五谷八月初一生，家家念佛点明灯；为人在世要敬神，不敬神灵枉为人；留与天下九州地，无有五谷活不成；家有一卷五谷经，一生衣禄不受贫；五谷原是圣经宝，胜如天下宝和珍；朝中无我无界世，世间无我无乾坤；五谷根生叙不尽，劝人敬神保安宁；五谷天尊大于尊，神农圣帝五谷经；流传万世感应天，虔诚志心皈命礼，四跪十二叩头拜。

神农出世[1]

此歌谣流传于随州一带。其内容为：

古佛西天为神君，殿堂后面九口井。突然一天九井穿，产一牛头人身人。这是神农来出世，歌到此处落下文。神农皇上本姓姜，他是天堂草德王。十万万年修炼苦，修成不朽玉金刚。只因凡间人多病，古佛差他下凡尘。叫他去尝百种草，采集草药治万民。神农皇帝下天堂，无心去把皇帝当。座位不在金銮殿，走遍四面和八方。那日他到中原地，病魔缠得百姓泣。皇上当时支铜锅，熬药为民把病医。天神感他仁德君，传来五游八方神。又把当方土地请，平地长出一座城。神农皇帝修炼人，天神地意他知情。就在城中来住下，坐位一百二十春。都因国正天星顺，天降五谷济万民。此城就在神州地，中原大国陈州城。如今又称河南省，地缘连着陈州县。仁兄不信请去看，那里至今还有城。

人皇至上[2]

此歌谣流传于随州大洪山一带。其内容为：

鸿蒙古佛发下令，专派人皇兴人伦。厉山古洞早出世，三磨九难把位登。教人耕地种五谷，口尝百草治万民。人间第一真君子，就是人皇神农君。日后为君坐天下，才施仁政治百川。

1．樊友刚．炎帝神农典籍与传说[Z]．武汉：武汉出版社，2009：187—188．

2．樊友刚．炎帝神农典籍与传说[Z]．武汉：武汉出版社，2009：188—189．

神农活

此歌谣流传于山西高平一带。其内容为：

四月天，神农活，炎黄子孙都记着，祖先种地全靠他。

八音会

这是一种民间吹打乐，在山西省东南部的长治、晋城一带广为流传。它起始于夏商，形成于春秋，汉唐时成为一个完整的音乐形式，流传至今已有2000多年的历史。八音会是民间组织的音乐班子，主要使用鼓、锣、钹、笙、箫、笛、管等八种乐器，故名“八音会”。最初，八音会的主要活动是参加迎神赛社，乐手们身着长袍（夏穿大褂），乐队前面打有四面三角大旗，旗中心写有“令”字或绣龙，旗的白裤跟前有一溜白布飘带，上写着县、村和会名，随后还有几支“马号”，足有一米多长，碗小杆细无号嘴，不奏曲子只造气氛。只要开路马号“呜呜”的长音吹响，乐手们心神激荡，手执各种乐器边走边演奏。八音会的另一种活动是：村里有结婚、迁居、寿辰、周年也要吹打一番，称之为“闹房”“暖房”和“庆寿”。有些地方死了人也请八音会去“闹丧”。在这些场合都要唱几出“围鼓戏”，也称“坐场戏”，手持乐器边演奏边唱剧中人的台词，有的能手一人能扮演几个角色，真是“精打细吹显高艺，喜怒哀乐动人心”。上党八音会主要演出时间和场地是古庙会、节日庆典等。八音会的吹打乐器主要为吹奏类的唢呐、笙、口噙子、哑腔；拉弹类的高音呼胡、中音呼胡、老呼胡、板胡、二胡、扬琴、二弦等；打击类的老鼓、同鼓、扁鼓、手板、锣、梆子等。器乐套曲有《大十番》《小十番》《十样锦》等30多首。

高平鼓书

高平鼓书约有200多年的历史，主要流行于山西高平、沁水一带。新中国成立之前，多为男性盲人说唱，乐器有书鼓、挎板、简板和醒木，一般是单人或师徒结伴演唱。中华人民共和国成立后，弦乐增加了二胡、京胡、老胡胡，打击乐增加了钢板，弹拨乐有三弦。后来又把老胡胡去掉加入了低胡，吸收了女演员，变成了坐唱、站唱结合，有时还登台表演，形成群体说唱。唱腔由上下句组成，使用加变宫的六声音阶微调式，旋律的发展以重复和变化为主要句法。演唱时随嗓定调，使用方言。唱腔以真嗓为主，偶用假嗓或后闷嗓。乐队采取唱而不奏、奏而不唱的接腔送韵手法。传统书目有《包公案》《刘公案》《破孟州》《白玉楼讨饭》等。新剧目有《两情愿》《雷锋颂》《焦裕禄》等。

炎帝降世

关于《炎帝降世》的传说目前流传于世的有三种版本：

宝鸡版本　主要流传于宝鸡的渭滨区、金台区、陈仓区等地。故事梗概是说，有一天，少典妻子安登上天台山玩耍，忽然看到天空金光闪闪，一条巨龙腾空而下，直扑她的身子，感应而受孕。第二年农历正月十一，生下一子。其龙的容颜，头上长角，浑身又长满疥疮。安登以为是不祥之物，抱到荒野丢弃一石窟中。谁知，忽然从石窟中涌出九眼泉水，形成一个池子，孩子在池中游来游去。安登不忍心，又好生奇异，便将孩子抱回家。按照当地风俗，又抱孩子到九眼泉去“洗三”。三天后，孩子能说话，五天后能走路，七天后嘴里长满了牙，三岁后便能上山打猎，下地种田。因他智力超群，人们便尊称他为“神农”。又因他发明了刀耕火种，人们又称他为“炎帝”。在宋罗泌的《路史》中有记载，却没有安登生下炎帝后抱到野外丢弃、“洗三”的细节。西晋黄甫谧《帝王世纪》记载只有安登在“华阳”感神农首而怀孕的情节，而其他内容没有。

湖南版本　主要流传于湖南炎陵县一带。故事梗概是说，一天晚上，女登梦见天上的太阳落在自己的怀中。惊醒后发现自己怀孕了。怀胎一年零八个月后的五月二十五日，生下一个红色的肉球。红球在地上打了个滚，裂成两半，中间坐着一个胖乎乎的男孩，头上长着一对牛角。女登高兴极了，取名石年（就是后来的炎帝）。不久，外出打仗多年的丈夫少典回来了，一见孩子，认为女登有了外遇，就将妻子赶出家门。从此女登就带着孩子在外过着流浪的生活。一天，女登外出找食物，石年一人在洞里，一只母狼叼着石年往洞外走，孩子哭声惊动了九天玄女，就命令羿将狼射死，吩咐仙鹿给石年喂奶，神鹰为他遮阳。从此，石年有了三个母亲，一个是生母女登，一个是仙鹿，一个是神鹰。后来人们为了不忘仙鹿和神鹰养育炎帝的恩德，就在炎帝陵殿内雕了一只仙鹿和一只神鹰以作纪念。

随州版本　主要流传于随州厉山一带。故事梗概是说，一天安登赶着羊群，提着篮子上到烈山，来到一个石洞前，这里百花盛开，草茂莺飞，清爽宜人。安登就靠着洞壁休息。不一会儿，她感到困乏，便睡着了。这时，住在洞里的七龙子从王母娘娘那里赴宴归来，看见洞外睡着一个美丽动人的姑娘，就把她抱起，走进石洞里，放在龙床上……安登怀孕了。第二年，她生下一块肉球。丈夫少典看了，气得发抖，举起石刀欲把肉球劈开。不料肉球滚动起来，砰的一声，自动裂开，从里面跳出一个胖小子，迎风而长。少典和安登都乐了。安登为他起名叫“石年”。这个石年就是后来的炎帝。

炎帝与天台山

主要流传于宝鸡渭滨区神农镇峪泉村、蒙峪沟、茹家庄、姜城堡等一带。故事梗概是说，炎帝在他104岁时，不顾年迈，上天台山采药，误尝了一种名叫“火焰子”的毒草，肝肠寸断，死在天台山老君顶下。炎帝的妻子赤水氏听訞及其子女、族民们为了悼念他，便把停放炎帝尸体的石板叫“神农骨台”。以后，人们又在此修了座庙，缅怀这位“华宗汉祖”。

烧香台的来历

主要流行于渭滨区神农镇、石坝河镇等一带。故事梗概是说，炎帝晚年隐居天台山，与伏羲一起练习气功，与九天玄女采药、炼制金丹。此时，黄帝正与蚩尤在涿鹿交战。因蚩尤铜头铁额、彪悍勇猛，黄帝抵抗不过，便来到天台山烧香台，请炎帝出山调解。蚩尤是炎帝的孙子。但炎帝劝说蚩尤多次，蚩尤不听，还要一意孤行。于是，炎帝就对弟子九天玄女授意，让她下山去给黄帝面授兵法。黄帝得到了炎帝的兵法，便打败了蚩尤。从此，天下太平多了。炎帝在天台山不幸去世后，黄帝闻讯又来到天台山烧香台祷告炎帝。故这个地方以后就叫“烧香台”。

山鹰遮阴鹿喂奶

主要流传于湖南炎陵县一带。故事梗概是说，炎帝被生下后，母亲常常带着孩子上山找东西吃。一天，孩子在山上睡着了，醒来后不见了母亲，肚子又饿，便大哭起来。哇哇的哭声，有时像小鹿叫，有时又像小鹰啼。山里的白鹿和山鹰，以为是自己的孩子在呼叫，便急急忙忙地赶来。母鹿一看是个婴儿，肚子饿了，便躺下来，像喂小鹿一样，用自己的奶水喂他。山鹰见母鹿这样疼爱这个婴儿，每当太阳照射的时候，它也张开翅膀为它遮阳。此后，每当炎帝在山上啼哭时，山鹰和白鹿都要来到他的身边，喂奶的喂奶，遮阳的遮阳。从此以后，不管母亲在不在身边，炎帝都能得到很好的照顾。由于炎帝得到了很好的照顾，他一天天长大，三天就学会了说话，五天就学会了走路，九天就长齐了牙齿，聪明伶俐，学什么会什么，三岁后就学会了种庄稼，被称为“神农”。后人为了纪念白鹿和山鹰对始祖炎帝的养育之恩，就用大石头雕成一只白鹿和一只山鹰，立在炎帝陵大殿前。

神农架的来历

主要流传于湖北随州、襄樊、神农架一带。故事梗概是说，一天，炎帝率领族人来到一座大山下，看这座山半截插在云雾里，四面是陡崖，人很难攀登上去。炎帝站在一座小山峰上，察看山势。他看到有几只金丝猴顺着高悬的古藤和横倒在崖腰的朽木上爬过来。炎帝受此启发，立即召集大家斫木割藤，靠着山崖搭座架子。一天搭一层，天天如此，一年后，搭成三百六十层。于是，炎帝率领大家通过架子登上了山顶。炎帝在山上种树以作墙，防止野兽侵害，用茅草盖房以居住。炎帝又在山上采药，为大家治病。此后，人们为了纪念这位华夏始祖，将他站过的地方起名叫“望农亭”，把他住的地方叫“木城”，将他采过药的地方起名为“神农架”。

太阳市

主要流传于宝鸡、随州一带。故事梗概是说，炎帝在此创立了“日中为市”。炎帝当了首领后，发明农业，制造耒耜，为民治病，族民们的生活一天天好起来，人口增加，丰衣足食。但是，也为大家带来了新的烦恼。有粮食的缺少盛食物的陶器，有陶器的缺少衣裳……所以，有人就提出来想个什么法子让大家互相调剂余缺。于是，炎帝就想了个办法，把大家聚集到天台山的一块平地，让各自带上自家多余的东西到这里物物交换。但是搞了一段时间，发现来的人很少，你早他迟，很难聚集在一起。于是，炎帝又想了个办法，就是在上午太阳正端的时候，需要交换物品的人，统一到这个地方来。这样一来，大家都能聚集到一起，交易便很快兴旺起来。后世人为了纪念炎帝发明了交易，便把这种集市起名为“日中为市”，把这块交易的地方叫作“太阳市”。

六、游艺娱乐

祭炎帝的游戏竞技主要表现在民间的祭祀活动中。因为民间庙会往往是一个地区一次重要的文化和商贸活动。在传统的农业社会中，“日出而作，日落而息”的农民只有在庙会活动中得到暂时的喘息，寻找到精神的寄托和快乐。所以，一些自编自演的游戏竞技活动也就纷纷出现在庙会期间，如“吹（捏）糖人”“赛鼓”等。尽管峪泉村神农庙处在城市边缘，但还保留有许多反映农业社会传统文化的一些游艺竞技。但随着农村愈来愈融入城市，此类游戏已不多见了。社交在公祭活动中主要是以祭祀和宴会等形式进行。民祭主要是以走亲串门形式开展。礼品在公祭中是由主办方向被邀请人赠送具有当地特色的工艺品、炎帝塑像或是土特产等；民祭旧时多为“礼馍”或“挂面”“鸡蛋”及鸡鸭鱼肉等，现在多为时新礼品，如糕点、糖果、酒之类。

吹（捏）糖人

吹（捏）糖人是一种传统的手工技艺。在庙会和乡村集市经常看到。吹糖人的担子一头是加热用的炉具，另一头备有糖料和其他工具，以及一个画着花鸟、鱼虫的圆盘和指针的装置，还有一个稻草球，上面插着大公鸡、小花猫、猴子舞大刀、老鼠偷油喝等预先吹好的五颜六色引人注目的糖人儿。当大小顾客交过钱或物后，吹糖人者就转动圆盘摇奖，圆盘上的指针指着哪个格子，就得到这个格子上的奖品。如果草球上有现成的，给你一个就算成交；如果没有，就用预先备好的材料吹出你所要的。吹糖人者一小勺糖料，经过吹、捏、刻、剪，瞬间便成了形态逼真、栩栩如生的人物或动物。吹糖人用的材料有：糖料（精选大麦熬制而成），精选白糖，食用色素

▼ 捏糖人/霍彦儒 摄/2012年

等。用具有：熬糖料用的火炉、小锅、铲子等，还有铜盆、火盆、剪刀、柴棒、小吹筒、小刻刀、镊子及上面所说的有关摇奖装置等。

▲ 赛鼓/霍彦儒 摄/2013年

赛鼓

赛鼓是宝鸡峪泉村神农庙庙会期间每年组织的一项竞赛活动。这项赛事活动多为神农镇镇政府或渭滨区政府组织。场地在神农庙广场或炎帝祠广场、人民公园广场。时间为正月初十至十二每天的上午9时到11时，连续比赛三天。2011年神农庙会期间的赛鼓，由神农镇政府组织，参加者是来自6个村和3个社区的锣鼓队，分别为峪泉村、瓦峪村、姜城堡、茹家庄、陈家村、高家村、宝桥社区、长岭社区和四零九社区。经过三天的角逐，采取分组淘汰赛，最后决出冠亚军。冠军为姜城堡锣鼓队，亚军为长岭社区。冠亚军分别发给锦旗和奖金。参加鼓赛人数每队60～80人。规模宏大，气势磅礴。

念经

念经是宝鸡民祭中的一种社交活动形式。庙会会首请来邻近各地庙宇的善男信女，少则数十人，多则成百人，在庙会期间吃住在庙里或村民家中。这些善男信女，从上午9时到下午7时，在庙堂轮番念经。一会儿由一人领念，其他人和声；一会儿由一人念，大家静听。在正会这一天，一直要念到晚上的十一二点。念经的内容很庞杂，有道教的，有佛教的，还有自编的，其内容多为要人做善事、敬鬼神。2011年峪泉村神农庙会，因有秦腔戏演

▲ 念经/霍彦儒 摄/2011年

出，四邻县区来此念经的善男信女多达百人，其中百分之八十为六七十岁的老太太。他们吃住在由庙里安排的村民家里。白天在庙里面向炎帝像念经。领头的是一位从陕西十二棉纺厂退休的老太太，年纪62岁，名叫郭转爱，是本村人。她已在神农庙念经十年了。通过念经，她结识了许多老姐妹。除了庙会期间来往外，她们平时也相互走动。

串亲戚

民祭社交活动除在庙会念经外，主要以家庭为单位的亲戚往来。炎帝庙庙会期间，对农村来说，这是一年里最重要的一次祭祀文化活动，一般要唱大戏，还有各种游戏、杂耍、小吃、百货，等等。所以，在庙会临近的一两天内，所在村民通过多种形式，接来亲戚过（逛）庙会。接来的亲戚除了看戏和到庙里烧香祭拜外，吃饭住宿都在家里。若有一家来的客人多住不下，就到邻居家借住一两天。如宝鸡峪泉村神农庙庙会期间，正值春节之际。庙会开始前一天，所在村民在20世纪五六十年代以他人传话或用大车将自己的亲戚接来过会看戏，现在多通过电话告诉亲戚。春节农村比较闲，一般至亲亲戚如儿女舅姑要住三五天，等庙会结束才回去。一般亲戚住一两天，过完第二天正会就回去。招待客人，炎陵县为“十碗荤”。主要材料是三鱼、三肉、三养生（即鸡鸭鹅，又称三鸟）。在山里餐桌上还会有淮山、苦菜、蕨苗、椿树叶等山野菜，以及山老鼠、野兔子、冬茅老鼠（竹鼠）、野鸡、石蛙、林蛙（俗称黄蝈子）等小动物。宝鸡招待客人多为地方小吃，如臊子面、搅团、面皮、豆花泡馍、羊肉泡馍等。

七、节日用品

由于祭炎帝规模、形式及举办方的不同，所以表现在节日用品上也是不一样的。在公祭活动中，一般是由当地政府主办，用餐是集体在宾馆里，饮食品种除各地共有的外，有部分为当地的名吃名菜。祭祀中的主要角色服饰为汉唐古装服饰，一般参祭人为深色正装。器具根据祭祀需要有青铜编钟、节令鼓、村鼓（手柄鼓）、中华鼓、钢琴，以及号角、耒耜、药杵、麻布匹、杆秤及秤砣、古琴、弓箭及箭筒、陶器和斧头、盛五谷用的斗等，还有仪仗队使用的锣鼓、唢呐，以及盘龙棍、偃月刀、金斧钺、金瓜锤、仙人指、朝天镫、杏黄旗、珍珠伞和飞龙旗、飞虎旗、飞豹旗、飞狮旗、飞熊旗等。民祭活动在饮食方面，除了被邀请的香客、嘉宾集体用餐或分配到村民家中外，其他人还是一家一户的生活方式，与平时饭食无多大差别，有亲戚的人家也多以当地特色饭食招待，在宝鸡是臊子面、馒头、青椒炒肉等，随州是滑肉、春饼、烧豆腐等，炎陵是米粿、蒸酒、烫皮丝等；服饰方面，角色人员旧时穿戴为黑布长袍，现在无什么特别要求，以一般服饰出现，只不过要求整洁干净罢了；器物也比较简单，主要有锣鼓、唢呐等。

臊子面

▲ 臊子面/霍彦儒 摄/2013年

臊子面是流行于宝鸡地区的一种传统饭食。传说起源于周文王，最初叫“蛟龙面”“涎水面”“嫂子面”等。此面食的特点是“薄、筋、光（指面），煎、稀、汪（指汤），酸、辣、香（指味）”。只吃面（面少）不喝汤（汤多），而汤味至美，倒掉可惜，故回锅加热，轮番食用。随着人民生活水平的提高和卫生意识的增强，现已不再把汤回锅了。臊子面经过千百年的发展，现已普及西府城乡，成为居家日常便饭。街面餐馆多有经营臊子面的，经济实惠，味美可口，人皆喜食。该面有两种风味：一种是岐山臊子面。主料：五花肉、葱、姜、干辣椒面、五香粉；辅料：十三香、盐、面、鸡蛋、蒜苗、胡萝卜、土豆、木耳、豆腐。其做法是：①将猪肉或羊肉切成碎丁炒熟（详见臊子制作）；②面和到揉筋擀薄切细（或机制细面）；③豆腐丁、胡萝卜丁、木耳丁，一同炒熟起锅；④炝汤（锅内放清油些许，烧热，将葱花姜末倒入，爆香，再将醋倒入，又迅即将开水倒入，调上盐、红油辣子）；⑤面煮好捞入碗（要少）盖上炒菜、臊子，浇上汤，撒上葱花或蒜苗花即成。一种是扶风臊子面。其主、辅料与岐山臊子面基本一样。二者的区别是扶风臊子面不调辣子，汤面上调些许清油。若有不食肉者可将臊子换成油摊的鸡蛋薄片，称为“浇汤面”，味道依然鲜美。这是农家待客必备的饭食。

搅团

搅团是流行于宝鸡地区的一种传统饭食。在过去贫穷的岁月里，搅团作为粗粮面食是每个家庭的主要食物。现在，搅团却成为宝鸡地区的一种风味小吃，由宾馆饭店经营。搅团的制作方法是：先搅面芡，倒入滚水中煮成稠糊汤。然后改成文火。这时一手往锅里均匀地如毛毛雨般漏撒玉米面粉，一手执杈棍搅动。稀稠适度，搅到抽出杈棍吊线方止。俗话说，搅团要好，三百六十搅（要顺着一个方向搅）。盖锅再焖煮片刻即成。有四种吃法：①水围城。用盐、醋、酱、油辣子、凉开水，调半碗汤，舀搅团于汤碗中，搅团要少，上面放上煮好的青菜。口感清爽，味道鲜美。②水漫金山。将兑好的汤汁（酱油、醋、油辣子、蒜泥等）浇于搅团上，佐以炒菜。特点是饭多汤少，味道纯正厚实，香辣却不腻口。③漏鱼儿。将搅团趁热一勺一勺舀到特制的漏勺里，漏入凉水中形成"小鱼儿"或"小蝌蚪"，待凉后再捞入碗里，吃法或①或②。④煎（烩）搅团。将热搅团盛入瓷盘形成1厘米厚的平片，凉后切成方丁，投入开水锅中略煮一会儿，调入调料，又成为一种别味的美食；亦可凉调。搅团还可用麦面、高粱面、荞麦面等制作。另有洋芋搅团，俗称糍粑。做法是先将洋芋洗净蒸熟退皮，然后在石臼中捣成黏韧的块状。吃法同搅团。亦可蘸蜂蜜或白糖吃，味道独特，筋润爽口。

面皮

面皮是一种地方传统风味小吃。又叫"瓤皮""凉皮"等。主要流行于北方地区。由唐代冷淘面演化而来。清康熙年间曾为宫廷御膳，故又名"御京粉"。面皮有擀面皮、烙面皮、蒸面皮等做法。擀面皮制作工艺较繁。蒸面皮的方法是：面粉和成块状，置于清水里洗出面筋，淀粉过箩除去麸皮；澄出清水弃之，留下稀淀粉，舀在平底不锈钢箩（抹底油）中置于沸水上漂蒸几分钟后提出晾凉（须两只箩倒换蒸），然后揭下切成条，拌上蒸好的面筋，调入料汁。特点是白、薄、软、筋、香、辣。亦可直接将面粉调成稀糊漂蒸的，口味别样。面皮中以擀面皮最受欢迎。宝鸡地区以岐山擀面皮最有名，筋而不硬，绵而不黏。

八宝甜饭

八宝甜饭是流行于宝鸡及周边县区的一种传统饭食。八宝甜饭有很高的营养价值，是宝鸡城乡宴席上必不可少的美味佳肴，色、香、味堪称一绝。主要原料是糯米，辅料有豆沙、蜜枣、桂圆、银耳、杏仁、莲子、金橘、青梅、松子仁、南瓜等。调料有绵白糖、桂花、熟猪油。八宝甜饭的做法：糯米洗净，浸泡，上笼蒸熟40～50分钟，拌入绵白糖、熟猪油，将八味果料拼摆成图形，装入拌好的饭中，中间留一小坑，填上豆沙，再用饭封平即成。食时再上笼蒸约1小时，然后扣在盘中，上面浇一层用糖、淀粉、桂花勾成的薄芡即可。菜品特色是香甜、润口、美观。其辅料也有用红枣、百合、薏米、白果、青红丝、核桃仁、山楂糕、葡萄干、花生仁、樱桃等。

羊肉泡馍

羊肉泡馍是陕西一大传统名吃，也是宝鸡人的美食之一。多用来招待客人。羊肉与面食混做的烹调形式始于隋，经过一千多年的发展，日臻完善。周恩来、陈毅等同志曾用羊肉泡馍宴请过尼泊尔前国王马亨德拉、越南胡志明主席和英国蒙哥马利元帅等贵宾，他们盛赞羊肉泡馍为“中国的饮食文明”。食羊肉泡馍需主客配合，食客把硬面饼掰成碎块，如蜜蜂头般大，便于味入馍，然后由大师傅加汤调制。片刻，一大海碗香气四溢的羊肉泡馍便摆放面前。美食家经过长期食用总结出了“会吃”的经验：从碗边一点一点蚕食，不要乱搅，方能从始至终味鲜如初，异香满口，余味无穷。羊肉泡馍有祛寒、保暖、发汗、降暑、健脾胃之功能，所以为一年四季常用之饭食。

臊子肉

臊子肉是流行于宝鸡广大城乡的一种传统肉食。以宝鸡岐山的臊子肉最有名。其做法是把大肉分肥瘦切成薄细均匀的肉片或肉丁，炒锅内放入一些清油，热后倒入肥肉，翻炒至出油后再投入瘦肉，炒至肉色变黄、油汤清亮

▲ 面花/霍彦儒 摄/2012年

时调入盐、五香粉、酱油、辣子面。文火煨至八成熟，再调入食醋，继续慢炖直至把水分炼干。特点是久储不坏不变味，油而不腻，鲜香味美，红润清亮，是调面食的主要佐料，更是臊子面必不可少的。夹在馍里便成为美味可口的肉夹馍。

面花

面花即面塑。是用麦粉制作的一种传统的面食工艺品。在北方城乡比较流行。分为满月面花、寿星面花、献祭面花和玩具面花等。它的用途有其特定的时间、地点和事件含义。一般多在正月、十月做面花。在祭祀炎帝活动中，献祭面花是常用的供品。制作方法是先将麦粉揉成面团，待发酵后，根据需要，制作成各种形状，如花鸟虫鱼等，然后放在笼里蒸。等到一定时辰后，拿出来放凉，再在上面涂上颜料。献祭面花主要有“百鸟朝凤”“二龙戏珠”等。

西凤酒

西凤酒是一种传统饮品。是中国著名的四大老牌白酒之一，全国八大名酒之一。原名“秦酒”“秦川春酒”“柳林酒”“橐泉酒”“凤翔烧酒”等。到了20世纪30年代，改为“西凤酒”。产于宝鸡凤翔柳林镇，流行于黄河流域。此地有甘泉十数眼，科学测定，其水质符合酿酒规定标准；“厥田上上”，宜于酿酒原料的种植，为“佳酿之地”。西凤酒的历史已有3000年之久，其形成和发展大致分为三个阶段：商末周初的秦酒；唐宋时期，技艺已基本成熟，“甘泉佳酿，清冽醇香”，被列为贡品；中华人民共和国建立后创建名牌，形成系列。现有西凤大曲酒、炎黄寿酒、凤柳酒、万柳酒、雍泉酒、柳林春酒、凤鸣春酒、西府酒、西凤彩虹、红双喜、鸡尾酒、翠波酒、华山论剑、凤香经典等十多个品种系列，分65度、55度、52度、45度、42度、39度、38度、33度等多种度数。其特点是“醇香秀雅，甘润清爽，诸味协调，尾净悠长”。为节日庆典、庙会祭祀和平时招待客人的主要饮料之一。

酿豆腐

酿豆腐是流行于湖南炎陵县一带的一种传统食品。也是春节、端午节当地人尤其是客家人常备的一道菜。先把豆腐切成三角形，放到油锅里去煎（炸），豆腐煎好后捞起来备用。再取新鲜猪肉剁成肉泥拌以作料，和上稀释的糯米粉做成馅料。然后把煎豆腐尖角处剖开，用馅料把煎豆腐塞满，蒸熟后即可食用。酿豆腐外形类似饺子，故有人称之为“南方饺子”。根据酿豆腐的制作方法，有的家庭主妇还把馅料塞入不同的蔬菜，做成“酿辣椒”“酿苦瓜”等。

饺

饺是流行于湖南炎陵地区的一种传统食品。其制作方法：先将大米（纯糯米或掺少量籼米）浸发。如果放碱，就用黄荆柴或野茶子柴烧灰，再泡成碱水浸米。然后磨浆、沥干、糅合，便可以做饺了。做成斗笠顶形状的，叫

“笠斗顶”饺。也有做成圆饼形状的，用木模压花或用红颜料印花，取个好看、吉利。包芯子（馅）叫“包饺”，芯子一般是用冬笋丝、腊肉、油豆腐等剁碎加作料炒熟而制。包入芯子后，捏成半月形或菱角形，用蒸篮放入锅中蒸熟即成。

包饺米粿

包饺米粿是炎陵客家人自制的一种传统点心。有两种做法，一种是用搭配好的糯、籼米粉做，白色，外形类似饺子，因馅料包得多，故名“包饺”。再一种是在米粉中掺和艾叶，浑身草绿色，又称“艾叶包饺”。这两种包饺在乡间统称为包饺米粿。其做法是先磨好米粉，把采摘来的野生嫩艾叶（叶面上有一层白色绒毛的名叫“糯米艾叶”）煮或搓烂，掺和到米粉里面，加点开水再用手使劲揉搓，擀成薄皮，然后包进用腊肉、春笋炒成的馅料，包成弯月状（类似饺子），放在竹箅上蒸熟便可食用。

粉皮丝

粉皮丝是流行于湖南炎陵县一带的一种传统食品。其做法：先选用上好的籼米，用清水浸泡、发胀、洗净，然后磨浆。用铁勺将米浆舀入特制的“团箕”（篾制，直径约35厘米，边高1.5厘米），并将其斜转，待米浆均匀淌满后，放入锅中，以大火蒸熟。出锅后趁热从团箕上将“烫皮”揭下，晾在室外竹篙上，晾至七成干后取下，以手工切丝并整理成绺，晒干后收藏，随时煮食。成品烫皮丝厚约2毫米，宽5毫米，也有的剪成片，炸炒食用，香脆可口。

蒸酒

蒸酒是炎陵县客家人自制的一种清酒。先把糯米浸泡一夜，第二天沥干，装入饭甑大火蒸熟，再将蒸熟的糯米饭用冷水降温，再倒入酒坊，待糯米饭的温度降到20度左右再加入酒饼（药）。拌均匀后，在中间挖一个小洞，称之为“井”，蒸酒的主妇用手在灶额上沾一手火烟煤（学名“百草霜”），在酒坊中的“井”周围像盖印似的盖上几个黑手印，再把酒坊抬进房里用旧棉絮包裹好。第三天打开查看，如果酒酿满了“井”，就可准备碾（双手挤压）酒。如果酒酿未满“井”，就得再沤一天。同时要用干净毛巾把酒坊壁上的“汗”（汽水珠）擦净，否则酒会变味。第一次碾出的酒酿，倒进消过毒的酒坛里，把酒糟再倒回酒坊加点水又包裹起来。过两天再碾第二次，再把第二次碾出来的酒酿倒满酒坛，汇入第一次碾出的酒酿。酒糟则拿去喂猪。一个月以后查看，酒坛里面没有呲呲作响，也没有冒泡就可封坛，让其醇化。一直到春节或办喜事时才可开坛。冬季蒸的酒叫“冬酒”，如果再贮藏三四年就称之为“老冬酒”。三月桃花盛开时蒸的酒叫“桃花酒”，八月桂花盛开时蒸的酒叫“桂花酒”，九月蒸的叫“重阳酒”。要真正蒸出一缸佳酿是很不容易的，所以民间流传说：“蒸酒磨豆腐，称不得老师傅。”

豆拉子

豆拉子是炎陵民间一种传统的茶点食品。饼薄香脆，大人小孩都喜欢吃，办喜事的茶点盘子上就少不了这项食品。豆拉子的制作较为简单，先是在磨好的籼米浆中和入用水浸发沥干的黄豆，把米浆黄豆舀到一圆形的铁皮模子上（铁勺），再将米浆荡薄（1～2毫米）荡匀，再撒点芝麻，然后放到烧热的油锅中煎（炸），煎到饼皮茶黄色时夹起来，冷却后即可食用。

米豆腐

米豆腐是流行于炎陵一带、群众喜欢食用的一种传统食品。是用大米为主要原料制作而成。制作方法是将磨好的米浆倒入铁锅熬煮，放一点石灰水，熬成糊状后用勺子舀到容器里，待冷却后就与豆腐一个样。米豆腐可以煎着吃，也可以切成小丁煮着吃，煮好后捞起，放到已放好油盐的汤碗里，面上再撒点葱末、姜末、辣椒粉、五香粉，吃起来香辣滑嫩。还有的将米豆腐放到油锅里炸一下，待表皮炸成焦黄色再起锅，外脆里嫩，别有一番滋味。

应山滑肉

应山滑肉是随州乃至湖北的一道传统名菜。民间传说，唐开元年间，有位姓詹的厨师善做一种肉菜，他将五花肉切成小块，用面粉拌和，加上蛋清、葱、姜等十多种配料，先炸，再熘，后烩，做出一道颜色金黄、外形很像豆腐的菜。唐玄宗吃了这道菜后，感到特别鲜美爽口，不用细嚼就滑入喉咙，故称此菜为“滑肉”。以后唐玄宗听信安禄山谗言，杀了詹师傅。安禄山叛乱，唐玄宗才猛然醒悟，误杀了詹，便追封詹为厨王。随后，应山的厨师们便以詹厨师被杀的农历八月十三为忌日，相聚一起，做一道“滑肉”以纪念这位詹厨师。以后慢慢流传民间，成为人们一道喜食菜肴。

随州春饼

随州春饼是随州群众春节或节日期间常食用的一道传统菜。其特点是用野生荠菜（俗称地菜、野菜）做馅子，有的加炒鸡蛋末；有的加火腿末或虾仁。另外，再加入盐、鸡精、姜末等作料。然后将豆腐皮切成小方块，包上地菜馅子即成。食用时将其放入加油的平底锅，煎成两面焦黄色即可食用。

鳝鱼汤

鳝鱼汤是随县厉山镇一带的一种传统小吃。其做法是将鳝鱼在清水中存放两天，剖鳝鱼时先用盆子将鲜血留住，然后倒入汤中。汤中加入粉条、黄花菜、肉丝。将鸡蛋摊成薄饼，切成丝或菱形片放入汤中。汤中加入适量淀粉，做成糊状，再加入适量胡椒粉。将鳝鱼去刺后切成丝，爆炒后作“臊子”。然后将鳝鱼汤打入碗中放少许香菜即可食用。

烧豆腐

烧豆腐是流行于山西高平的一道传统名菜。据说这种名吃已流传有2000多年的历史。相传秦昭襄王四十七年（前268），秦、赵两国在长平（今高平）大战，秦将白起坑杀赵卒40多万，白骨累累，惨不忍睹。后世百姓出于对白起的痛恨，便把白色的豆腐比作白起的肉，火烧火煮而食之以解恨。其做法是将豆腐切成1寸厚、2寸见方的小块，用旺火烧烤到焦黄。食用前用水加热，配以蒜泥、姜末、豆腐渣和炒面等制成的蘸头一起食用。味美可口，别有风味。

氽汤

氽（cuan）汤是流行于高平、长治一带的一种简易传统菜肴。制作方法：先将蒜苗、胡椒粉、食盐、味精、酱油、香醋、香菜等置于大锅热水中，勾入芡汁，再将木耳圪背、肉丸子、小苏肉、肉片、油炸土豆、油炸胡萝卜块、大豆芽、白菜、粉条、豆腐、海带等放入汤中烩熟（不加肉的为氽素汤）。吃时，配以馒头、花卷等。

刀削面

刀削面是山西一种传统面食。起源于12世纪的山西太原。据《晋食纵横·名食掌故》记载：“刀削面最早出自山西，是流行于民间的一种水煮面食，为面食中的佼佼者。在山西，无论是城市还是乡村，特别是晋中平遥、介休、汾阳、孝义等地，家庭主妇、少女都会制作的一种面食。”刀削面内虚外筋，柔软光滑，易于消化的特点与抻面、拨鱼、刀拨面并称为山西四大面食，更与北京的炸酱面、山东的伊府面、武汉的热干面、四川的担担面一同被誉为我国著名的五大面食，真可谓“面食之王”。刀削面因全凭刀削而得名。用刀削出的面叶，中厚边薄，棱锋分明，形似柳叶。如今，在外地的面食摊位也出现销售刀削面的，形状呈片状长条形，煮好的刀削面入口外滑内筋，软而不黏，越嚼越香，深受人们喜爱。据清末《素食说略》载：传统的操作方法是一手托面，一手拿刀，直接把面削到开水锅里。高手的操作要诀是："刀不离面，面不离刀，胳膊直硬手端平，手眼一条线，一棱赶一棱，平刀是扁条，弯刀是三棱。"

烧大葱

烧大葱是流行于晋城、高平一带的一种传统肉菜。传说，当年慈禧太后路过泽州，地方官员盛情款待，但等上菜时少了一道，于是厨师急中生智，就用当地产的巴公大葱加肉丝做了一道菜。慈禧吃后，连加赞赏。从此这道菜就传了下来。制作时，先将8～10厘米长的葱白切成四片或五片，用开水煮热，过油炸，再过水，又捞出水，备用。然后在碗中放少量虾米，将烧好的葱铺于碗底和碗边周围，中间加入炒好的肉丝，再放少量白糖，上笼蒸后扣入盘中，再加上少量烧葱原汁即成。

▼ 礼官服饰／杨安立 摄／2009年

礼官服饰

礼官服饰是宝鸡公祭礼官穿的古代服饰，即长袍。长袍右开襟，黄色，镶黑色边。布料为丝绸。袖筒长而宽大，袖口直径为40厘米，腰间扎一黑带子，宽约10厘米，腰间正中垂挂中华结旒子。帽子为土黄色，帽高约8厘米，半周向上翻起，前有半菱形牌子，上为龙图案，帽子两边各插一支5厘米长的铜管，管头为圆球形。鞋为黑色高筒布靴，厚底，鞋头向上翻卷。湖北礼官（侍奉官）为汉服。其中主侍奉官服饰为红色，镶黄边，袖子下摆绣有凤凰图案，胸前绣有龙图案。其余侍奉官则为白色，长袍，镶黑边。帽子均为铲形后倾高帽，系于头顶。因承办方不同，每年服饰、颜色、款式也有所不同。

仪仗队服饰

在宝鸡、炎陵、随州公祭中，仪仗队服饰各有所不同。宝鸡公祭仪仗队挑旗、幡、旌者服饰为长袍，黄色，镶红边，右开襟，腰间扎一条红腰带，胸前胸后有“祭”字，袖口为作口，领子为圆领；头包黄色方巾，上束金色箍圈，额前上方为山形状（意为火焰形）；鞋为黑色高筒布靴，鞋头向上翻起。随州公祭仪仗队包括奉祀、五谷、幡旗、护旗等方阵，其服饰：奉祀队为男款汉服；五谷方阵为女款汉服，有头饰，红、黄、蓝、黑四色一款式；幡旗方阵为男款汉服，有冠；护旗方阵为男款汉服，但颜色不同于幡旗方阵，有冠。而炎陵公祭仪仗队挑旗、幡者的服饰，女青年身着白色长裙，男青年身着白色平装（小衣领、布纽扣）。

▼ 仪仗方阵/樊友刚 摄/2012年

古筝

古筝又叫“秦筝”，属于弹拨乐器。其结构由面板、雁柱、琴弦、前岳山、弦钉、调音盒、琴足、后岳山、侧板、出音口、底板、穿弦孔组成；筝的形制为长方形木质音箱，弦架“筝柱”（即雁柱）可以自由移动，一弦一音，按五声音阶排列，最早以25弦筝为最多（分瑟为筝），唐宋时有弦十三根，后增至十六根、十八根、二十一根等，目前最常用的规格为二十一弦。常见的工艺制作有雕刻、挖嵌、贝雕、刻字、点螺等。古筝常用的演奏手法是采用右手大、食、中三指拨弦，演奏出旋律，掌握节奏；用左手在筝柱左侧顺应弦的张力、控制弦音的变化，以调整音高，完善旋律。筝的指法颇多，右手有托、劈、挑、抹、剔、勾、摇、撮等，左手有按、滑、揉、颤等。

长号

长号是一种传统的吹奏乐器。长号通体用薄铜片制作，由上、中、下三节铜管组成。上节为嘴节，顶端有锅底形号嘴，中节为伸缩节，下节为喇叭节。管体可伸可缩，不使用时，上、中两节可缩进喇叭节内，携带和保存十分方便。各民族、各地区的长号，规格不同，长短也不一样。宝鸡在祭祀炎帝活动中，唢呐、锣鼓演奏所使用的长号，有两种长度，一种全长130厘米，一种全长150厘米，喇叭口直径20厘米。

牙旗

牙旗又称“牙”“牙门”“牙门旗”“黄门大牙”。祭祀中的牙旗有两种用途：一是用于仪仗队，一是用于烘托祭祀场景。牙旗的颜色有红、黄、蓝，规格有三角形、长方形。牙旗的形式：长方形，一边插旗杆，三边为牙形，长2米，宽1.5米；三角旗，一边插旗杆，两边为牙形，长1米。其上均绘有龙形图案，质地为绸子。

幡

幡是旗的一种。但幡的形制又不同于旗，主要区别是其幅面竖垂。司马相如《大人赋》云，“垂绛幡之素蜺兮”，即幡以竖垂而区别于横展之旗。宝鸡祭祀炎帝仪仗队使用的幡，质地为平绒，深红色，长3米，宽2米，以金黄色流苏饰边，中间为一大篆字“祭”。用三根竹竿结扎为一“门”形，两边竹竿各为4米，上边竹竿为2米，将幡悬挂于上竹竿上。左右各设一人执竿。炎陵使用的幡长3.5米，宽2.5米，图案为龙形。

牌位

牌位是在宝鸡的公祭炎帝活动中使用。为了显示礼仪之隆重，继承古代传统，在祭祀台前正中置一供桌，其上铺一块印有56颗红五星（以象征56个民族）的大黄布。黄布上置立一块炎帝牌位，碑形，高95厘米，以象征“九五之尊”；宽34厘米，以象征34个省、市、自治区；底座为三阶级，以象征国家之稳固。底色为深红色，其上刻有金色“中华始祖炎帝之位”的字样。牌位周围以鲜花簇拥。

▼ 幡/周新发 摄/2007年

▼ 牌位/霍彦儒 摄/2012年

雷木

雷木为宝鸡峪泉村神农庙所见。旧时领班大木匠（即德高望重、技术超人的领工者）以为使用雷劈电击的树木做成的尺子——雷木尺，盖庙宇、造官房、修民房最为吉利，所以刻意发现收藏这样的树木材料，制成直角三角形长一尺的“小尺”，或制作成可折叠、有轴的长一丈的“丈尺”。雷木尺本已“辟邪”有了灵气，然后再拿到教民建房造屋的炎帝塑像前致祭，于是更显虔诚。持有雷木尺的“匠人”，也是人们最乐意延请的。

八、节日文献

在中国古籍中，涉及炎帝的文字记录达数百部。但由于炎帝是属于上古时期的传说人物，其文献记载都是后人口耳相传的记录，所以，文献记载存在两方面的问题：一是零碎。对每部书而言，文字都很简略，少则几个字，多则也仅数百个字，而且是愈古愈少；二是相互抵牾、错讹，即使是同一个人的同一部书中也是前后矛盾，说法不一。尽管如此，在这些文献中，还是给我们留下了历史的“素地”和信息。我们若将这些文献记载与考古学文化、民间传说加以相互印证，不难看出炎帝存在的历史真实性。因而可以说，历代不管是朝廷，还是民间设立节日祭祀炎帝也不是没有根据的。下面所选先秦、秦汉以降有关古籍和今人志书、研究等书目，对我们了解、认识、研究炎帝祭祀无疑具有重要的意义。

史记

《史记》始称《太史公书》，或《太史公记》《太史记》。是中国历史上第一部纪传体通史。西汉司马迁著。全书本纪十二篇（记历代帝王政迹），表十篇（记大事年月），书八篇（记各种典章制度），世家三十篇

（记侯国兴亡），列传七十篇（记重要历史人物的言行事功），共五个部分，一百三十篇，五十二万六千五百字。记载了上起中国上古传说中的黄帝时代（约前3000）下至汉武帝元狩元年（前122）共3000多年间的政治、经济、文化、军事等历史，比较全面而深刻地反映了我国古代的社会面貌，对后世史学研究有深远影响。该书中的卷一《五帝本纪第一》、卷四《周本纪第四》、卷二十六《历书第四》、卷二十八《封禅书第六》、卷六十一《伯夷列传第一》等篇，对炎帝的事迹，炎、黄、蚩阪泉、涿鹿之战等作了记载。特别是记载了秦灵公二年（前422）在“吴阳”（今陕西宝鸡吴山）设“畤”，祭炎帝的重大事件。这是首次公（朝廷）祭炎帝的文字记录。对我们今天研究历史上的炎帝祭祀有着重要的参考价值。另外，现存的《史记》三家旧注，其中亦保存了不少有关炎帝的史料。对研究炎帝祭祀也有重要参考价值。

帝王世纪

《帝王世纪》，西晋皇甫谧撰。是专述帝王世系、年代及事迹的一部史书。所叙上起三皇，下迄汉魏。现存的《帝王世纪》计有十卷，其中第一卷记天地开辟至三皇；第二卷记五帝；第三卷记夏；第四卷记殷商；第五卷记周；第六卷记秦；第七卷记前汉；第八卷记后汉；第九卷记魏；第十卷记历代星野、垦田及户口。是继司马迁《史记》之后，第二个整理历代帝王世系的历史书籍，具有一定的史料价值。书中对炎帝生地、世系、迁徙、功绩作了较为详尽而系统的考证和整理，是今人研究炎帝和炎帝文化的一部重要参考文献。

水经注

《水经注》，北魏郦道元著。是我国古代较完整的一部以记载河道水系为主的综合性地理著作，在我国长期历史发展进程中曾产生过深远影响。

自明清以后不少学者从各方面对它进行了深入细致的专门研究，形成了一门内容广泛的“郦学”。《水经注》全书共40卷，记载的河流水道1252条，文字则是《水经》的20余倍，达32万字。其内容非常丰富，它以水道为纲，将河流流经地区的古今历史、地理、经济、政治、文化、社会风俗、古迹等作了较为详细的描述。因此，此书已不是简单地注释《水经》，而是在《水经》的基础上独具匠心的再创作，在我国古代地理学史上占有重要地位，具有很高的科学史料价值。在卷四《河水》、卷十三《漯水》、卷十八《渭水》、卷二十二《渠水》、卷三十二《漻水》、卷四十《浙江水》等篇中，通过记载这些水系，又记录了当地“父老传云”的炎帝事迹和有关炎帝的民俗。尤其是明确记载了炎帝生于“姜水”之具体方位即 “岐水又东，迳姜氏城南为姜水”（指今入宝鸡段渭河的一条支流）。这是至今所能看到的唯一一条解释“姜水”的文字。该书为我们今天研究炎帝在各地活动提供了重要资料。

路史

《路史》，南宋罗泌撰。路史，即大史之意。全书47卷，前记9卷，后记14卷，国名记8卷，发挥6卷，余论10卷。此书为杂史。记述了上古以来有关历史、地理、风俗、氏族等方面的传说和史事，取材繁博庞杂，是神话、传说、历史集大成之作。文章华丽而亦富于考证，言之成理。其中卷六《大庭氏》、卷十二《炎帝纪上》、卷十三《炎帝纪下》、卷二十四《炎帝后姜姓国》等篇，全面、系统地考证和整理了炎帝生平、家世、族系、后裔及分布情况等，为炎帝文献资料之大成。是我们今天研究炎帝和炎帝文化的一部重要著作。

炎陵志

《炎陵志》为清道光十八年（1838）酃县县令俞昌会主持重修。现有

2007年三秦出版社出版的新版《炎陵志》，由周新发点校注。全书十卷，约六万字。卷一、卷二是“帝记”。卷一是从明代及以往经史诸子中，选录了136条有关炎帝德业、世系等论述；卷二在引文后，以按语形式，比较、辨析了古史传说中关于炎帝名号、著述、形象、世系、后裔等不同观点。卷三引经据典，分别对炎帝陵庙，以及与陵庙有关的寺、坊、公馆、亭、台等进行了考证。卷四是“祀典”。主要记载了宋代以来炎帝陵祭祀制度，清代炎帝陵朝廷大祀和地方官员祭祀活动情况。卷五、卷六为碑碣。分别收录了明清两朝的祭文、题词等58篇。卷七为“山川”。从历代史志记载中选录了42处山川古迹。卷八是“杂说”。从历代有关古籍中选录了有关炎帝陵的民俗事象。卷九、卷十为“纪咏”。主要收录了论、记、考、乐、歌、赋和颂扬帝德、陵庙、祀典、碑碣、古迹、山川等内容的诗文63篇。这本志书是研究古代尤其是明清以来炎帝陵祭祀的重要文献。

中国古史的传说时代

《中国古史的传说时代》，是一部专门研究炎帝、黄帝及五帝时代的专著。徐旭生著。由广西师范大学出版社于2003年出版。该书初版于1943年，1960年再版修订本。全书分为六章，附录六篇。由天石作序。约27万字。本书主要从古代文献和考古发掘两方面入手，并结合相关民间传说，对有文字记载历史之前的中国社会状况，包括当时的部落分布、彼此之间的关系、社会经济发展水平等进行了考证。着重对于我国古族三集团、太古洪水、三皇五帝等问题进行了独到的剖析。至今该书对中国古史传说时代华夏民族起源、发展、兴旺之路的研究，在学术界还有重要影响。其中的第二章“我国古代部族三集团考”和第六章“所谓炎黄之前古史系统考”，对炎帝起源、迁徙、事迹，与黄帝、蚩尤关系等问题进行了较为全面、系统地考证和论述，并提出了自己的独到见解。至今还是炎帝和炎帝文化研究方面的重要学术著作，也是重要的参考书目。

炎帝神农信仰

《炎帝神农信仰》是一本从民俗文化的角度研究炎帝的专著。钟宗宪著，由学苑出版社于1994年出版。全书约14万字。分为上、中、下3编14章36节。上编“炎黄之战与周建国”，主要是从文献资料入手，对炎帝、神农、蚩尤与黄帝及炎黄之战与姬周王朝的建立等问题进行了探讨。中编“炎帝神农的传说——农业与医药的信仰”，主要是对炎帝的诞生、成长、发明医药及炎帝与祝融等传说进行了考证和论述。下编“台湾的神农信仰”，主要对台湾地区炎帝信仰的渊源、流传及祭祀情况进行了整理与研究。该书是目前研究台湾炎帝祭祀活动较为系统和全面的一部著作，对我们认识台湾地区祭祀炎帝有重要的参考作用。

炎黄汇典

《炎黄汇典》是一部八卷本有关炎帝、黄帝及其时代历史、文化资料的丛书。李学勤、张岂之担任总编辑。由吉林文史出版社于2002年出版。共计约400万字。各卷主要内容：《史籍卷》摘选了古代典籍、传世文献中有关炎帝、黄帝及其相关的历史资料。《方志卷》选录了全国地方志中有关炎帝、黄帝及其同时代有代表性人物包括蚩尤、嫘祖等的记载。《祭祀卷》收录了历代祭祀炎帝、黄帝的有关资料，包括礼仪、祭祀活动和祭文等。《文论卷》选编了近代有关炎帝、黄帝研究的重要著作和文章。《考古卷》概述了与炎黄二帝及其时代历史文化相关、主要为距今大约七八千年至五千年左右新石器时代中晚期的考古发现和研究成果。《诗歌卷》汇集了从先秦直到当代吟咏炎帝、黄帝等各种体裁的诗歌。《民间传说卷》精选了从全国各地民间实际采风收集到的有关炎帝、黄帝、蚩尤，以及同时代其他英雄人物的口头传说故事。《图像卷》汇集了全国各地有关炎帝、黄帝等主要纪念建筑及其周围的照片。这是一部关于炎帝、黄帝的集大成之作，也是炎帝研究的重要参考文献。

北京先农坛资料选编

《北京先农坛资料选编》是一本全面、系统集存明清和民国时期有关北京先农坛史料的书。《北京先农坛资料选编》编纂组编，由学苑出版社于2004年出版。该书分上下编。上编“明清编”，主要收录了明清两朝先农坛的营建、沿革、规制、修缮、祭礼、祝文、祭祀乐舞等资料。下编“民国编”，主要收录了民国时期有关先农坛的官方文件、报刊文章和外文资料。这为我们了解和研究明清以来北京先农坛祭祀、沿革等问题提供了重要史料。

炎帝神农氏——中华远古文明追索

《炎帝神农氏——中华远古文明追索》是一本炎帝史料选编本。宫长为、郑建英主编，由中国文史出版社于2005年出版。全书约47万字。分为5篇19章79节，另外附录3篇。5篇即“绪论篇”“传说篇”“古迹篇”“考据篇”“结语篇”等。分别由李学勤、孟世凯作序。该书对炎帝有关事迹、历史贡献、纪念古迹、研究状况等问题进行了系统翔实的钩沉、梳理和总结。该书的特点是对所选炎帝史料进行了直译，便于读者阅读和理解。该书在研究炎帝和炎帝文化方面具有重要的参考价值。

陕西省志·炎帝志

《陕西省志·炎帝志》是一部专题性志书。陕西省地方志编纂委员会编，霍彦儒主编，由三秦出版社于2009年出版。全书正文分为11章37节，约计105万字。分别从“炎帝故里”“炎帝传略”“炎帝族的迁徙”“炎帝与中华远古文明”“炎帝与中华民族的形成”“炎帝陵”“炎帝祠（庙、坛）”“炎帝祭祀”“祭炎帝文选”“炎帝研究”“炎帝艺文选”等方面，对炎帝出生、诞生地、迁徙、功绩、陵祠、祭祀、研究等问题进行了全面而系统的记述，内容丰富、资料翔实。在附录部分，分别选录了古代关于炎帝方面的文献资料和方志资料。袁纯清、张文彬、张岂之分别作序。这是至今唯一一部关于炎帝和炎帝文化的志书，对炎帝研究有着重要的参考价值。

炎帝古庙

《炎帝古庙》是一本集古上党地区（高平、长治等）现存炎帝庙中碑文的书。由高平市炎帝文化研究会编，梁晋高主编，文物出版社于2011年出版。全书辑录碑文拓片100余幅，照片200余幅，碑记近110通。按石碑所在地分为53个部分。碑文所反映的时代，上起魏晋，下至清末民初，纵跨一千五百余年。这些碑文，一方面反映了炎帝在古上党地区尝谷育种、驯牛耕田、肇始交易等生产、生活情况，一方面反映了古上党地区历代官府、民众捐款修庙、祭祀炎帝的活动情况。这是对古籍史料的补充。是一部研究地方祭祀炎帝的重要参考文献。

炎帝历史文献选编

《炎帝历史文献选编》是一本辑录古代有关炎帝诸文献的书。万里、刘范弟辑校，由湖南大学出版社于2012年出版。文献选取内容涉及炎帝生平事迹、政治思想、道德教化、典章制度、科学文化、历史遗迹、传说掌故、供奉祭祀等，以及与炎帝神农氏事迹及思想行为密切相关的其他记载。文献选取时间自周秦迄于民国时期。主要文献包括《子夏易传》《孟子注疏》《周易正义》《周易注》《孟子传》《乐书》《四书或问》等。文献编排按传统分类法分为经、史、子、集四个部分；另外，将历代碑铭、祭祀文及诗词歌谣曲赋赞颂等韵语单列“诗文韵语”一类。对于文献的采录，其史、子、集三个部分，凡有一定参考价值者，均予以收录；而经部诸书，则因历代注释者太多，繁复驳杂，内容亦颇多重复，故或取其传世较早、较多而为人所熟知者，或采其内容确为他人所未涉及者，亦考虑到涵盖各个时代，择其要者酌情予以收录。自元代起，“天下都邑咸有三皇庙”，以祭祀太皞伏羲氏、炎帝神农氏与黄帝轩辕氏，故史籍文集中多见修建三皇庙的碑文，以及相关的祭祀祝文和诗歌等，考虑到三皇庙并非对炎帝神农氏独祀，故将三皇庙的修建碑文仍旧保留在原始的史籍文集中而未予单列出来，但将祭祀乐章祝文和诗歌等编录到“诗文韵语”的相应部分。该书较为全面、系统地辑录了有关炎帝的文献，具有重要的参考价值。

调查报告

2011年陕西省宝鸡市清明公祭炎帝典礼调查报告

霍彦儒

一、前言

《史记·封禅书》记载：宝鸡公祭炎帝始于秦灵公三年（前422）即于“吴阳”（今陈仓区吴山一带），“设下畤，祭炎帝”。20世纪90年代初，宝鸡市人民政府继承祭炎帝之传统，开始于每年清明节公祭炎帝活动。清明节这一天，宝鸡各界民众3000多人聚集宝鸡炎帝祠广场，举行隆重的祭祀炎帝典礼。20多年过去了，宝鸡的公祭炎帝活动已经形成一套比较完整的仪式。为了完成《中国节日志·祭炎帝》课题，我们课题组三人先后于2010年和2011年的清明节亲历了宝鸡市人民政府主办的公祭炎帝典礼，并通过召开座谈会、个别访谈、查阅有关资料，对宝鸡市公祭炎帝活动的基本情况有了比较全面、系统的了解，并形成此篇调查报告。

二、炎帝祠历史沿革

宝鸡距今已有八千年的人类活动史。据2009年文物普查结果，宝鸡境内已发现确定的人类史前文化遗址近900处，其文化类型基本上是属于居住遗址。虽从目前来说，旧石器遗址在宝鸡地区还发现较少，但从密集的新石器遗址和遗存来看，宝鸡地区在旧石器时代就已开始了人类的活动是毫无疑问的。到了新石器时代，宝鸡史前文化有了更快的发展。仰韶文化遗存（包括前仰韶文化）的居址已超过500处，龙山文化类型的遗址也超过200处。仅在宝鸡市区20平方千米的范围内，就有新石器文化遗址80余处。从已发掘的关桃园、北首岭、福临堡、斗鸡台、石嘴头、双庵等遗址出土的大量的生产、生活用具，以及房屋、墓葬，2009年文物普查中在岐山周公庙发现的距今5000多年的天井院落遗址[1]、陈仓桥镇遗址发现的距今4000多年的“天下第一瓦”[2]等，可以看出，这时期的宝鸡已发展到人类野蛮时期的高级阶段，“迈进了阶级社会的门槛”，为“中华文明的破晓之地”。[3]

《国语·晋语四》记载：“昔少典娶于有蟜氏，生黄帝、炎帝。黄帝以姬水成，炎帝以姜水成，成而异德，故黄帝为姬，炎帝为姜。二帝用师以相济（挤）也，异德之故也。”经考证，姜水、姬水均为宝鸡渭河段支流。说明炎帝、黄帝均起源于宝鸡渭河流域。大量的仰韶文化和龙山文化，以及数千年积淀在这里的民俗、广为流传的民间故事也给予佐证。炎帝在此创立了以农耕文明为中心的“姜炎文化”，黄帝在此创立了以制度文明为中心的“姬黄文化”。邹衡说：“姜炎文化的中心分布地域适在宝鸡市区之内。”[4]

宝鸡还是周秦文化的发祥地。邹衡说：“姜炎文化与姬周文化的融合形成了先周文化；先周文化又不断吸取夏商文化的遗传因子而成为西周文化。”[5]这是说自周人进入今宝鸡的岐山、扶风交界处周原（岐邑）后，经古公亶父、季历、周文王三代百年的发展，崛起强大，翦商建国，统一天下。在西周约300年的建国中，周原作为周人的祖宗庙地，一直为周王朝所重视，可以说是周人政治、经济、文化的副中心地区，在此制礼作乐、修筑城池宫殿，并留下了大量的甲骨文化和青铜文化，成为孔子所说的“郁郁乎文哉”之地。秦人进入宝鸡后，在此建国长达近400年，在大量吸收前代文

1．孙秉志．岐山周公庙发现5000年前天井院落[N]．西安晚报，2009，1—6(6)．
2．杨西民．华夏第一瓦在宝鸡面世[N]．宝鸡日报，2009，10—19(1)．
3．李学勤．宝鸡的周秦文字[Z]．吴红．名人说宝鸡[Z]．合肥：安徽教育出版社，2005：42．
4．邹衡．漫谈姜炎文化[A]．宝鸡市社科联．炎帝论[C]．西安：陕西人民出版社，1996：1．
5．邹衡．漫谈姜炎文化[A]．宝鸡市社科联．炎帝论[C]．西安：陕西人民出版社，1996：2．

化的基础上，又以自己的卓越智慧创造了“一种新型的具有自身特征的秦文化”，即“公利”文化[1]，将农业、畜牧业和手工业、科学技术等向前推进了一大步，创造了“天下第一古物”石鼓文和“畤”祭宗教文化，为秦国后期的繁荣昌盛、统一六国奠定了基础。总之，周秦文化为中国文明发展的第一个高峰期。

虽则随着中国政治中心的向东转移，宝鸡秦汉以后，其文化已无明显的地域个性，整体上已失去了昔日的辉煌，但是，在某些方面还继续得以发展，甚至在全国、海外也有影响。如楚汉关中之战、诸葛亮“秋风五丈原”、宋金和尚原大战和“关学”、法门寺、龙门洞、金台观的佛、道教以及民俗、民间艺术，等等，在中国历史上也有文字可查，占有一定的位置。

宝鸡不仅历史悠久、文化积淀深厚，而且是一座现代化的新兴工业城市。经过60多年尤其是改革开放30多年的发展，宝鸡现已形成以机械、电子、食品、有色金属为四大支柱产业，以64户国有大中型企业为骨干的雄厚的工业基础和完整的工业体系。装备制造、电子仪器仪表、有色金属、铁路桥梁、重型汽车、石油钻采设备等60多种产品销量居全国乃至世界同行业前列。宝鸡还有铅、锌、煤、黄金等30多种储量丰富的矿产资源。

在交通方面，宝鸡是中国西部重要的交通枢纽。它位于陕、甘、川三省的结合部，自古就是一个商贸集散中心，是丝绸之路上的重要节点城市。陇海、宝成、宝中等多条铁路（高速铁路）在此交会，是欧亚大陆桥上的第三个“十”字路口；连霍、川陕、姜眉、310国道等多条公路在此通过，构成了宝鸡四通八达的交通网络。

炎帝祠所在的炎帝园（原名宝鸡市河滨公园）位于宝鸡市经二路西段。炎帝园由东、中、西三大部分组成，分为观瞻、游憩、娱乐三个景区，是一

1．张岂之．从炎黄文化到周秦文化[A]．宝鸡市社科联．炎帝论[C]．西安：陕西人民出版社，1996：3–10．

个以人文（纪念炎帝）为主的综合性开放公园。北邻北坡森林公园，金台观和北首岭遗址在其不远的东北面；南对秦岭，与炎帝陵遥相呼应，广元路、清姜路将其连接，构成前祠后陵之格局；其东西为繁华的商业街道和店铺；渭河从其南距百米处由西向东缓缓流过。公园内山环水绕，曲径通幽，楼台、亭榭分布其间；松、竹、梅点“墨”成趣，四季常绿，三季有花。雄伟壮观的炎帝祠坐北朝南，就坐落于园内中央。炎帝园2010年被国家住房和城乡建设部命名为国家重点公园。2012年又被评为全国优秀文化公园。

宝鸡有炎帝祠（台）是很早的。传说，早在5000年前，炎帝在天台山采药误尝断肠草仙逝后，黄帝曾在炎帝仙逝的天台山修“台”祭祀过炎帝。今日在天台山还留有古迹“烧香台”。

宝鸡有文字记载修建“炎帝祠”是公元前422年，即秦灵公三年。这一年，秦灵公在今陈仓区县功镇的“吴山之阳”“设下畤，祭炎帝”（《史记·封禅书》）。“畤”，《说文解字》释：“天地、五帝所基址祭地。”这虽还不是我们今天所说的祠、庙，但这可以说是古代设“祠”祭祀炎帝之肇始。

宝鸡正式修祠建庙始于唐代。具体时间无文字记载。地址在今渭滨区神农镇峪泉村。到了北宋，著名文学家苏轼曾在《初游楼观五百言诗》中写道：“……鸡岭云霞古，龙宫殿宇幽。南山连大散，归路走吾州。”“龙宫殿宇幽”一句，就是写的这座庙宇。[1]

对神农庙有文字记载始于清代。清《凤翔府志》和《宝鸡县志》记载：“神农庙：一在县东郊，一在县南郊九龙泉上。” 乾隆十四年（1749）对神农庙进行了一次小修葺。以后神农庙因年久失修而“垣墉圮颓，断碣仆

1．其原因：一是“神农”亦称“神龙”；二是苏轼在诗中所说的从鸡峰山下到大散关，与此祠所在的峪泉村正好是在一条路线上。从诗中一个“幽”字，可以想见当年神农祠之宏大规模。

地，泉井四旁，垒块牙错，殊失庄严”[1]。乾隆三十年（1765），邑人许起凤倡导，“附近居人，竞发诚愿，谋修亭宇”，“莫不踊跃从事”，“不数月而工告成”。对神农庙进行了一次较大规模的修缮。

民国二十年（1931）前后，神农庙又进行了一次较大的修缮，具体修缮情况，无文字记载。在中华人民共和国成立前又先后修葺过两次。重修后的神农庙规模：

坐南朝北，南依土崖，北临渭河，占地约五亩；南高北低，分为台上台下，上下以石阶为道。分为东、西、中三院。三院后有神窟三孔，现存两孔。东院：后院有三间大殿，供奉炎帝之母安登塑像。塑像后有通道，长约百米，通原台之外。前院一飞檐鼓楼，双层，可攀登。中院：后院为三间神宝殿，殿高7米，进深7米，形成正方形殿堂，硬山建筑。殿前有献殿三间，供参拜者供奉祭物。两旁为庑殿，各三间。门前台下为九龙泉，其旁立一“浴圣九龙泉”碑。西院：后院为三间大殿，前有乾隆三十年立的《重修神农祠九龙泉》碑。前院建有一座两层钟楼，以十八根盘龙柱相撑。西院外建有一魁星楼，上有“九龙压七象”之木刻额匾。三院以墙相隔，中有内门互通，回旋幽深；再配以祠北高大宽敞的戏楼和巍巍森严的龙王庙，苍劲参天的古柏，形成了一处庄严肃穆、宏大壮观的祭祀圣地。

中华人民共和国成立后的1958年前后，在全民破除迷信运动中，神农庙内的殿、楼、亭、阁等建筑物被完全拆除，仅存两孔窑洞。其遗址另作他用。

20世纪90年代初，宝鸡市人民政府决定易地重建炎帝祠，从峪泉村挪至原河滨公园内。1991年10月正式开工，1993年8月竣工。重建的炎帝祠呈正方形，长、宽各90米，占地8100平方米。建筑面积3800平方米。主要建筑

1．重修神农祠九龙泉碑记[J]．炎帝与宝鸡课题组．炎帝·姜炎文化[M]．西安：三秦出版社，1992：154．

有：大殿、东西庑殿（配殿）、回廊、山门。四周用青砖墙壁围拢。大殿、回廊为混凝土结构，上下平台地面和周围栏杆为大理石。

2002年对大殿平台和庑殿顶进行了维修。2006年在东回廊镶书法石碑百余块。2010年又对大殿屋顶进行了较大维修，亮化了整个炎帝祠。2014年又在西廊制作了50米长的《炎帝的故事》的石刻线图。

炎帝祠的整个建筑为秦汉风格，青砖棕瓦，石阶玉栏，古朴雄浑，庄严肃穆。

三、公祭典礼

（一）筹备过程

筹备工作一般是在清明节的前两个月开始。其主要工作有：

1.成立组织

近十几年来，宝鸡市各界民众清明公祭炎帝典礼是由人民政府主办，宝鸡炎帝研究会和宝鸡炎帝园联合承办（1993～1995年由宝鸡市文化局承办），宝鸡市委宣传部、宝鸡市委统战部、宝鸡市市直机关工委、宝鸡市公安局、宝鸡市教育局、宝鸡市文化广播电视局、宝鸡市环卫局、宝鸡市社科联、宝鸡市武警支队等单位协办。在主、承、协办单位确立后，由这些单位主管领导组成辛卯年（2011）清明宝鸡各界民众公祭炎帝典礼筹备工作委员会，由主管此项工作的一名副市长兼任筹备工作委员会主任，负责筹备组织领导工作。在筹备工作委员会领导下，由宝鸡炎帝研究会、宝鸡炎帝园抽调人员组成清明祭炎办公室，具体负责祭祀典礼活动的各项筹备工作。其他协办单位的分工：宝鸡市委宣传部负责祭典前后的宣传报道；宝鸡市市委统战部负责来宾（省上有关单位及港澳台）的联络和接待；宝鸡市市直机关工委负责落实各局、委、办参祭人员；宝鸡市公安局负责治安保卫和交通疏导；宝鸡市教育局负责仪仗队人员的落实；宝鸡市文化广播电视局负责播音主持人的落实；宝鸡市环卫局负责市内环境和祭祀场地绿化、卫生；宝鸡市社科联负责组织社科界参祭专家学者的落实；宝鸡市武警支队负责礼宾人员的落实。

2.制订方案

清明祭炎办公室在调研、征询各方面意见的基础上，由一人执笔，草拟出《辛卯年（2011）清明宝鸡各界民众公祭炎帝典礼方案》。经过祭炎办公室和学会负责人审定后，打印成文，以宝鸡炎帝研究会名义上报市政府主管科——文教卫生科。经市政府主管副秘书长、秘书长和主管副市长审定、批准后，再由市政府办公室以“宝鸡市人民政府办公室文件”的形式下达各县区和市级各部门、单位。方案主要内容包括：主办协办单位的分工、时间地点、参加部门和单位人数分配、祭祀场地布置、祭祀仪式等。

3.撰写祭文

撰写祭文是筹备工作的一项重要内容，先确定一人起草，然后经几个人讨论后，拟出初稿，报市政府办公室。经市政府秘书长或邀请他人审阅后，提出修改意见，经起草人修改后，再报市政府，经主祭人（一般是市长）审定签字后，再由祭炎办公室送装裱店装裱。祭文装裱式样为长76厘米，宽41厘米，黄色，两头镶轴。

4.订购花篮

花篮为鲜花。于清明节前五天选择一家花店，谈妥价钱，讲明花篮大小，鲜花要求。店家于清明节前一天下午运至炎帝祠。然后由工作人员在花篮上方左右两边系上绶带。右边绶带上书：“缅怀华夏始祖”，左边绶带上书“××（单位）或×××（个人）敬挽”等字样。

5.确定礼仪队

礼仪队由仪仗队、锣鼓队、唢呐队、举标志牌和抬花篮礼宾等组成。仪仗队由市内民办职业学院或中学（学校不确定）学生担任。2011年为宝鸡市渭滨区新建路中学学生担任。在教育局确定学校后，提前一周祭炎办公室派员与学校联系，由学校挑选男女共计70名学生组成仪仗队。随后由学校按祭祀要求利用课余时间进行队形、走步训练。

锣鼓队由农村锣鼓队担任。2011年为宝鸡市金台区塔寺头村锣鼓队担任。一般是两星期前确定。先摸底，在多家基础上再确定一家技艺比较高的，然后派员与其具体联系，商谈工价[1]。待确定后，让其按祭祀要求进行演练。一般为60～80人。2011年为60人，全为男性。

唢呐人员由农村常年从事这方面的艺人[2]担任。也两星期前联系，待谈妥工价[3]后再确定。唢呐队人员可多可少。2011年由10人组成，8人吹奏，1人打鼓（小鼓），1人打镲。

举标志牌和抬花篮的礼仪人员，在一星期前确定。前者由宝鸡市礼仪公司提供。2011年有11个祭祀代表团，一团一人，共计11名礼仪小姐；后者由宝鸡市武警支队提供6名礼宾。

6.定制礼品[4]

这也是筹备工作中的一项重要工作。一般在2个月前根据筹备方案，派人与礼品公司商谈，先设计出图纸，经有关领导和专家评审后，再制出样品，再经有关领导审查、批准后，由礼品公司以需求量开始批量生产。于活动前三天送交筹备办公室。每年的礼品不一样，有炎帝塑像、反映当地历史文化的工艺品及书籍等。

7.发放证件

证件的发放是在三天前。提前用信函或用电话通知，由各平原县区（金

1．每年价位不等，依市场而定。2011年每人出场一次为80元，来回车费另计。

2．在关中农村，常年活跃着一批艺人，为农家的红白喜事演出，其中唢呐就是一种。

3．吹唢呐属于艺人，工价一般是出场一次为100～120元。若超过一天，就要另加工价。

4．在宝鸡民祭节日中，亲戚来往旧时多为“礼馍”或挂面、鸡蛋、锅盔、小圆干粮、油花卷子及鸡鸭鱼肉等礼品。现在多为从超市买的糕点、茶酒、果汁等类食品和饮料礼品。

台区、渭滨区、陈仓区、凤翔县、扶风县、岐山县、眉县、国家高新技术区）、市级各祭祀代表团牵头、单位派员来祭炎办公室按规定参祭人数领取参祭证。

8.布置场面

场面布置是从两天前的上午8点半开始，先召开半个小时的工作人员（6～8名）预备会，由祭祀典礼总指挥（会长兼任）讲明此次祭祀活动的意义、要求，再由副总指挥对工作人员分工。随后工作人员按各自负责的工作进入祭祀场地（炎帝祠）。上午主要完成炎帝祠内的布置：在大殿上方悬挂“缅怀华夏始祖，弘扬姜炎文化”横标；在大殿前的上下平台石柱上插旗；在上下平台沿面悬挂横标，上台：“炎帝英魂壮民魂（左）， 中华国脉承龙脉（右）”，下台：“解放思想更新观念（左）,开拓进取振兴宝鸡（右）”。在祠前广场的祭祀台前方（山门）悬挂大幅横标：“辛卯年清明宝鸡各界民众公祭炎帝典礼”。下午场面布置主要是由广告公司负责施放气球和搭建充气拱门。在祠内大殿平台上，左右各施放一对高空彩球，吊幅书写：“追始祖懿德再造中华辉煌史（右内联），铸民族精神同写华夏新篇章（左内联）”；“始祖炎帝，革故鼎新，肇启陈仓周秦文明（右外联），俊裔子孙，改革开放，构建宝鸡和谐社会（左外联）”。祭祀台（山门）两边分别是：内联：“瞻仰塑像，念始祖为民献身谁不感恩戴德（右）；垂首祠前，思炎帝丰功伟绩无不心仪神折（左）”；外联：“启华夏宏图盖世功勋百世仰（右），创文明伟业惠民恩德万民崇（左）”。其余20只彩球分别施放祭祀广场东西两边，内容有颂扬炎帝丰功伟绩的，有落实科学发展观、构建宝鸡和谐社会的等。吊幅口号因每年形势不同而有所变化。在祭祀广场南端，搭建拱门三座，中为双拱，两边为单拱。双拱左右为拱柱，拱柱右书：“神农功勋永在”，左书：“炎帝德泽长流”，横额：“缅怀华夏人文始祖， 构建共有精神家园”。单拱右书：“举市一致、凝心聚力，率先发展八大工程”；单拱左书：“抓住机遇，大上项目，全力推进宝天经济”。另外，按各代表团人数，在祭祀场地划分位置。位次以市委、人大、政府、政协等为序，由中向左右排列。至下午5点左右，场面布置基本结束。自古以来因有“清明时节雨纷纷”之说，所以，祭祀场地的地毯铺设和祭祀台供桌等布置在第二天早晨8点前完成。

9.综合演练

综合演练是在前一天下午进行。下午2点，承担祭祀典礼的仪仗队、锣鼓队[1]、唢呐队[2]、礼宾等全部到场，按照正式典礼仪式进行彩排。至6点结束。

（二）典礼流程

辛卯年（2011）的清明节是4月5日。早晨天气阴沉，风吹来还有一丝寒意。7时，我们随同工作人员一起到达广场。这时在广场晨练的人很多，有打太极拳的，有跳舞唱歌的，还有唱秦腔戏的。工作人员按事前安排好的工作岗位各就各位。雇用来的民工开始在祭祀广场铺设红色地毯，摆放花篮和供桌，祭祀台（山门）左右各置炎帝执耒图和大鼓一面，广告公司安装、调试音响，播放祭曲。这些工作于8点半前基本完毕。这时，天空落下零星雨点，在广场晨练的群众陆续停止了晨练，离开祭祀区，站到祭祀区之外。有些打起了雨伞。但祭祀场面的布置工作，还在有条不紊地进行着。听在场的工作人员说，清明节下雨是常有的事，但对祭祀活动没有丝毫的影响。

1．有打鼓者必有打镲者，打镲是打锣鼓的重要组成部分。打镲人和打鼓人一般是1：1配置，即有多少面鼓，就配多少副镲。打镲是随着鼓点而运作，是站立在打鼓者的周围。其作用与鼓配合，制造音乐效果，增强艺术感染力。敲锣也是锣鼓表演时不可或缺的，其人数要远远少于打鼓者和打镲者，一般为两个人或四个人。它是随着锣鼓节奏插空敲打，以制造气氛，增强节奏感。在宝鸡打鼓者服饰为上衣下裤，对开襟，红色，镶黄边，扎黑带。用红巾包头。打镲者服饰款式与打鼓者一样，只是服饰和头巾的颜色是黄色，镶红边，扎黄腰带。

2．宝鸡的乐人服饰为上衣下裤，对开襟，黄色，镶红边，扎腰带。用黄巾包头，上束金色箍圈，额前上方为山形状（意为火焰形）。鞋为黑色高筒布靴，鞋头向上翻起。

8时30分，仪仗队、锣鼓队 、唢呐队 、礼仪小姐[1] 、礼宾[2] 等全部到场，开始换装，整理衣帽，于9时10分按指定位置站定在祭祀广场南端。公安警卫人员在祭祀区外拉上隔离带。11个祭祀代表团开始陆续到达，按标志牌位置集中于广场南端。工作人员向主祭人（1人）和各团陪祭人（每一个团2人）分发胸花。利用整队时间，调查组访问了宝鸡市机关工委领队黄周伟。他说："机关工委负责市级各局、室、办祭祀代表团的组织。已经参加了17次。每次都有200多人参加。今年人数还略多于往年。"[3]

9时20分，在司仪人员的带领下，唢呐在前，礼宾在后，从祠内炎帝大殿请出炎帝牌位，安放在供桌上。牌位上书"中华始祖炎帝之位"。高95厘米，象征着炎帝"九五之尊"的崇高地位；宽34厘米，代表着全国34个行政区划单位；牌位底座的三台阶，象征着国家政权稳如磐石；供桌上铺设的黄布，印有56颗红五星，代表着56个民族。牌位两边各置一瓶鲜花。

9时35分，入场开始。走在最前面的是礼官，身着红色长袍，头戴明代黑色吏帽，脚穿长筒黑色布靴。接着是仪仗队。走在仪仗队最前面的是书有"祭"字的紫红色大幡，接着是四对紫红色旌旗，前一对旌旗上右书："血脉文脉同宗同祖"，左书："民魂国魂共兴共荣"。后三对旌旗图案分别为黄丝线绣的龙。紧接旌旗的是56面杏黄龙旗，代表了56个民族。仪仗队员身着黄色古装，头包黄色布巾，上戴火炬镶珠帽，脚蹬黑色高筒布

1．礼仪小姐，从礼仪公司聘请，或从各单位抽调。一般为10～12名，大型公祭活动多达五六十人。他们的主要任务一是引导领导、贵宾敬献花篮和上下场，二是引导参祭人员进场、出场。礼仪小姐服饰各地均不相同。宝鸡礼仪小姐服饰为目前流行服饰。布料为红色缎子，暗花，款式为旗袍式，短袖，外套短衫，开禁。鞋为高跟鞋。随州礼仪小姐服饰为白色长裙。炎陵礼仪小姐服饰为职业装，蓝色，上衣下短裙。

2．宝鸡、炎陵、随州等公祭，礼宾一般由当地武警部队礼宾担任。其服饰颜色为草绿色，上衣下裤，腰扎武装带，右肩挂黄色流苏。帽子为深绿色大盖帽，前有红色军徽。脚穿黑色皮鞋。

3．被访问人：黄周伟，机关工委办公室主任，现年45岁。访问人：王宏波，40岁，课题组成员。地点：炎帝祠广场，时间：2011年4月5日上午9时。

▲ 祭品/杨安立 摄/2009年

靴。接下来为10人的唢呐队，60人的锣鼓队，身着黄色古装，腰扎红绸带，头戴红缨帽，他们边走边吹、边走边敲。唢呐声声，锣鼓喧天，气氛热烈。走在后面的是祭祀队伍，在引导员的带领下，以市委、市人大、市政府、市政协、市纪检委、市军分区、市委统战部，市直机关、金台区、渭滨区、陈仓区、宝鸡国家高新区、凤翔县、岐山县、扶风县、眉县、市群众团体、社科界和学生代表为序，缓步向祭祀区前进。在祭祀队伍入场的同时，播音主持人开始播送为炎帝而写的“颂词”。

9时48分，仪仗队、锣鼓队、唢呐队、各祭祀代表团进入祭祀区，按划定位置站定。幡、旌和仪仗队18名队员手执龙旗面向祭祀队伍分站祭祀台两边，其余38名仪仗队员分站祭祀区东西两边。唢呐队站于祭祀区右侧。其他群众站于隔离带之外。此时唢呐、锣鼓声停止，整个祭祀广场鸦雀无声，呈现出一派庄严、肃穆的气氛。播音主持人开始播送“典礼须知”。此时，天气开始放晴，气温也逐渐升高。

9时50分（取义“九五之尊”），祭祀典礼正式开始。首先由播音主持人介绍参加祭祀典礼的市级四大家主要领导，然后邀请出市政协主席（每年由人大和政协轮流主持）主持典礼。主持人站定于祭祀区右侧，礼宾送上主持词。宣布祭祀典礼开始。仪式依次为：

1．全体肃立；

2．击鼓鸣钟（鼓34，钟13）[1]；

3．敬献佳肴珍馐；

4．敬献花篮；

5．恭读祭文；

6．行三鞠躬礼；

7．鼓乐告祭（锣鼓）；

8．瞻仰炎帝像（同时奏祭乐）。进祠瞻仰炎帝像顺序：牌位、花篮、幡、仪仗队（18面旗）、唢呐、市级领导、嘉宾和祭祀代表团。随后是群众自由进祠瞻仰。因清明节免门票，所以进祠的群众很多，在广场上排了很长的队伍，山门处有四五名警察在维持秩序。调查组人员也被堵在门外，在警察的帮助下，才好不容易挤了进去。进祠的市级领导、嘉宾在炎帝塑像前按司仪的口令行三鞠躬，随后又绕炎帝塑像一周。10时20分祭祀典礼结束。

▼ 祭祀场景/李长记 摄/2009年

1．宝鸡清明公祭活动，击鼓34响，以象征34个省、市、自治区（包括港、澳、台）；鸣钟13响，以象征13亿炎黄子孙。

在祭祀队伍进祠瞻仰的同时，锣鼓队开始在广场表演。同时在广场表演的还有宝鸡明珠艺术学校（每年演出单位有变，为自愿、无偿演出）学生的歌舞演出，有独唱、合唱、舞蹈、相声等，其内容为时下所流行的。演出时间约为1小时。通过锣鼓表演和歌舞演出，在娱神娱人的同时，以缓解群众进祠瞻仰炎帝像的压力。

（三）善后工作

善后主要是三项工作：

一是收拾祭祀场面。从下午2时30分开始，工作人员和雇用民工一起卸横标，整理仪仗队、唢呐队和礼仪小姐服装，捆扎旗杆、地毯，折叠幡、旌旗，然后装箱，运回库房。广告公司拆卸气球、标语、拱门、音箱等。于5时左右场面基本收拾完毕。

二是宣传报道。由宣传部组织市内各媒体先在本市电视台、电台、报纸、宝鸡新闻网等媒体予以报道。在组织本市媒体报道的同时，又将新闻稿件发往新华社、中央电视台、陕西省电视台、陕西日报等海内外各大新闻媒体。陕西电视台、宝鸡电视台分别在晚间本地新闻节目中播出。1996年、1997年等几年，宝鸡的祭典活动曾在中央电视台一套晚间7时的《新闻联播》中播出，这几年多在10点的晚间《新闻联播》中播出。据不完全统计，每次活动后，海内外媒体报道达上万条以上。

三是总结。在结束后的第三天，利用一上午时间，由宝鸡炎帝研究会召开筹备人员工作会议，进行总结。在大家总结的基础上，然后形成文字材料，以文件形式报市政府办公室。

四、结语

宝鸡市清明节各界民众公祭炎帝典礼自20世纪90年代初开始，至今已有二十多个年头了。通过不断的总结和完善，已形成了一套较为完整的祭祀礼仪，在海内外影响愈来愈大，成为宝鸡市每年第一个有众多方面参加的大型群众活动。我们从两次亲历，以及通过对组织者、参加者和有关群众的访谈中，深切地感受到，祭祀炎帝典礼不是一般意义上的群众活动，而是有着深厚的文化内涵，有着深刻的历史意义和现实意义。通过此活动，不仅对提高当地知名度，扩大在海内外影响，促进本地旅游文化发展有着积极的意义，而且更重要的，它是一次慎终追远、寻根问祖活动，是一次爱国主义教育活动，也是深切体验中国传统文化的活动。同时对传承中华文明、中华文化，构建中华民族共有精神家园，促进海峡两岸统一，凝聚世界华夏儿女也有着积极的意义。

宝鸡市的炎帝祭典已被列入第一批国家级非物质文化遗产扩展项目名录，这说明已得到国家和全社会广大民众的认可。但是，如何使其形成一个传统，一代一代传承下去，在弘扬炎黄精神，构建和谐社会中，发挥其更大的积极作用，产生更大更强的社会效益，还需要做多方面的工作。如何避免使祭祀流为一种形式，一种招牌，仅为祭祀而祭祀？这是在访谈中群众谈论最多的话题。为此，希望主办者在祭祀典礼的设计上，既要重视“形祭”，更要重视“心祭”，这样才能真正达到举办祭祀炎帝典礼之目的。

附录

一、辛卯年(2011)清明宝鸡各界民众公祭炎帝典礼实施方案

为了缅怀华夏始祖，构建中华民族共有精神家园，彰显宝鸡“炎帝故里，华人老家”文化品牌，加快实现“打造关中副中心，建设和谐新宝鸡”的战略目标，市政府决定举行辛卯年（2011）清明宝鸡各界民众公祭炎帝典礼。

（一）主承办单位

主　　办：宝鸡市人民政府

承办单位：宝鸡炎帝研究会　宝鸡炎帝园

协办单位：市委宣传部　市委统战部

市直机关工委　市公安局

市教育局　市广播电视局

市环卫局　市社科联

（二）时间、地点

4月5日（星期二）9时20分至10时30分在炎帝祠广场举行。

（三）参加祭祀典礼的单位和人数

参加祭祀人数控制在3000人以内。

参加单位及人数：1.市委70人（由市委办组织）；2.市人大40人（由市人大办组织）；3.市政府80人（由市政府办组织）；4.市政协60人（由市政协办组织）；5.军分区80人（由宝鸡军分区政治部组织）；6.市纪委30

人（由市纪委办组织）；7.统战部（包括民主党派、工商联、民族宗教、港澳台）70人（由市委统战部组织）；8.市级机关250人（由市直机关工委组织）；9.工会、共青团、妇联、文联、科协等60人（由团市委组织）；10.金台区、渭滨区各250人（由区政府办组织）；11.高新区50人（由高新区管委会组织）；12.凤翔县、岐山县、扶风县、眉县、陈仓区各10人（由各县、区政府办组织）；13.宝鸡文理学院、宝鸡职业技术学院各200人（分别由学院办公室组织）；14.社会科学界50人（由市社科联、炎帝研究会组织）；15.中小学校400人（渭滨区、金台区各200名，由市、区教育部门组织）；16.来宾若干人。

要求祭祀人员须衣着正装、深色、整洁。

（四）祭祀场地布置

1.炎帝祠山门上方悬挂“辛卯年（2011）清明宝鸡各界民众公祭炎帝典礼”横标；2.炎帝祠内上下平台插百面彩旗，大殿前悬吊4只气球和巨幅横标；3.祭祀区设在炎帝祠山门前广场，铺红色地毯；4.山门前两侧各悬吊10只气球；5.在炎帝祠广场设置3个拱门，广场四周插56面杏黄龙旗；6.供桌上陈设“中华人文始祖炎帝”牌位、祭器、祭品、花篮等。

祭祀区呈现庄严、肃穆的气氛。

（五）祭祀仪式

参祭代表队在各队负责人的带领下，于9时20分前到达炎帝园南端广场，按标志牌位置列队集中。

9时35分按幡旗、仪仗队、唢呐、祭祀队伍的顺序，进入炎帝祠山门前广场，按指定位置列队站定。

9时50分祭祀典礼开始。仪程如下：

1. 全体肃立；

2．击鼓鸣钟；

3．敬献花篮；

4．敬献佳肴珍馐；

5．恭读祭文；

6．行三鞠躬礼；

7．乐祭（锣鼓）；

8．瞻仰炎帝像（同时奏祭乐）。

顺序：牌位、花篮、幡、仪仗队（18面旗）、唢呐、市级领导、嘉宾前行。随后，按次序列队进殿瞻仰。

（六）组织实施

1.由主、承、协办单位成立辛卯年（2011）清明宝鸡各界民众公祭炎帝典礼筹备工作委员会，负责筹备组织领导工作。

2.由宝鸡炎帝研究会、宝鸡炎帝园抽调人员组成辛卯年（2011）清明祭炎办公室，具体负责祭祀典礼活动的各项筹备工作。

3.治安保卫和交通疏导工作由市公安局负责组织实施。

4.宣传报道由市委宣传部负责组织实施。

5.仪仗队由市教育局协助落实。

6.礼宾由武警宝鸡市支队担任。

7.来宾（省上有关单位及港澳台）由市委统战部组织。

二、辛卯年(2011)清明宝鸡各界民众公祭炎帝典礼仪程

主持人宣布：辛卯年（2011）清明宝鸡各界民众公祭炎帝典礼开始：

第一项： 全体肃立

第二项：击鼓（34）、鸣钟（13）、奏乐

第三项：供奉祭品

第四项：敬献花篮

1.中共宝鸡市委敬献花篮

2.宝鸡市人大敬献花篮

3.宝鸡市人民政府敬献花篮

4.宝鸡市政协敬献花篮

5.宝鸡市纪检委敬献花篮

6.宝鸡军分区敬献花篮

7.宝鸡市委统战部、各民主党派、工商联、民族宗教界等代表敬献花篮

8.宝鸡市级机关代表敬献花篮

9.金台区、渭滨区、陈仓区、宝鸡国家高新区代表敬献花篮

10.凤翔县、岐山县、扶风县、眉县代表敬献花篮

11.宝鸡市总工会、宝鸡市团委、宝鸡市妇联、宝鸡市文联、宝鸡市科协、宝鸡市社科联、宝鸡炎帝研究会、宝鸡炎帝园等群众团体代表敬献花篮

第五项：宝鸡市市长戴征社恭读祭文

第六项：行三鞠躬礼（一鞠躬，再鞠躬，三鞠躬）

第七项：鼓乐告祭

第八项：瞻仰炎帝像（由广播员宣读瞻仰炎帝像顺序）

三、祭炎帝文

维公元二零一一年四月五日，岁在辛卯，节序清明。陈仓大地，春和景明。宝鸡市市长戴征社率全市各界373万民众，以虔诚敬仰之心，优美典雅之乐，祭拜于炎帝祠之前。曰：

吾祖炎帝，号曰神农；成以姜水，眠于常羊。

始种五谷，教民耕稼；和药济人，救死扶伤。

日中设市，便民交易；织麻为布，寒暑有裳。

剡木为矢，渔猎民防；做陶冶器，蒸煮食藏。

制琴作瑟，娱民怡神；构木筑屋，挡风御霜。

炎黄结盟，华夏肇基；赫赫功绩，古今颂扬。

今我中华，复兴盛世；开放改革，民富国强。

科学决策，德政民主；普惠大众，民生保障。

海峡两岸，和同相向；神州崛起，国势炳彰。

吾地陈仓，虎威兔祥；政通人和，百业兴旺。

率先发展，成绩卓著；关天中心，宏图辉煌。

吾辈受命，慨当以慷；终日乾乾，吐哺兴邦。

开局之年，任重道远；转型突破，大干快上。

强工惠农，统筹城乡；项目带动，纲举目张。

反腐倡廉，深孚众望；执政为民，福祉共享。

凝心聚力，盛举共襄；和谐奋进，再铸辉煌。

雅乐珍馐，祭拜祖堂；慎终追远，鉴我衷肠。

伏惟尚飨！

四、辛卯年(2011)清明宝鸡各界民众公祭炎帝典礼广播词

春回大地，万象更新。我们又迎来了中华民族的传统祭祖节日——清明节。

今天，炎帝祠广场雪松挺拔，桃花盛开；碧波荡漾，垂柳青青；彩旗林立，气球腾空；锣鼓喧天，唢呐声声。巍峨的炎帝祠大殿今天显得格外庄

严肃穆。大殿悬挂横标“缅怀华夏始祖，弘扬姜炎文化”，高台升起吊幅：“奠农业之基朗朗乾坤凝正气，开文明先声泱泱华夏展雄风”；“西部大开发，邀八方俊杰之才共谋发展；宝鸡大开放，迎四海创业之士施展宏图”。平台横标写着：“炎帝英魂壮民魂，中华国脉承龙脉”。悬挂在山门两边的炎帝执耒画像形象地反映了炎帝发明耒耜创立农耕文化的伟大功绩；“启华夏宏图盖世功勋百世仰，创文明伟业惠民恩德万民崇”，既是对我们祖先功绩的高度概括和褒扬，又表达了亿万炎黄子孙继承先祖创业精神的坚定信念。“中华始祖炎帝之位”的牌位高95厘米，象征着炎帝“九五之尊”的崇高地位；宽34厘米，代表着全国34个行政区划单位；牌位底座的三台阶，象征着国家政权稳如磐石；供桌上的黄布，印有56颗红五星，代表着56个民族。树立在祭祀广场四周的56面迎风招展的米黄龙旗，代表着56个民族同为龙的传人。悬空吊下的巨幅标语：“追始祖懿德再造中华辉煌史，铸民族精神同写华夏新篇章”，表达了宝鸡376万炎黄子孙的共同心声。

再过一会儿，由宝鸡市人民政府主办的“辛卯年清明宝鸡各界民众公祭炎帝典礼”就要在这里举行。全市各界民众代表3000人将怀着无比虔诚的赤子之心，聚集在炎帝祠广场，点燃香炷，顿首恭拜，供奉祭品，敬献花篮，表达对炎帝的追思缅怀之情。

炎帝，是我们中华民族的伟大祖始。炎帝始作耒耜，教民稼耕；遍尝百草，发明医药；治麻为布，始作衣裳；日中为市，首倡交易；做陶为器，冶制斤斧；弦木为弧，剡木为矢；构木架屋，台榭而居；削桐为琴，练丝为弦；刻画符号，初创文字；炎黄结盟，奠基华夏。为中华民族的始兴和壮大，为中华文明的形成和发展，做出了杰出的贡献。炎帝功德，百世敬仰；炎帝精神，万代传颂。

缅怀华夏始祖，弘扬姜炎文化，我们就要以炎帝敢为人先的实践精神，百折不挠的创造精神，造福于民的务实精神，自强不息的进取精神，无私无畏的奉献精神为典范，在构建和谐社会、全面实现小康社会的伟大事业中，再接再厉，奋发图强，创造我们宝鸡更加灿烂的明天；在复兴中华民族，构建中华民族共有精神家园的伟大征程中，同心同德，努力奋斗，创造我们祖国更加辉煌的未来。

宝鸡清明祭炎办公室

2011年4月5日

2011年宝鸡市渭滨区神农镇峪泉村神农庙庙会调查报告

刘　芳

一、前言

陕西省宝鸡市神农镇峪泉村神农庙庙会历史悠久、源远流长。据当地民间传说，炎帝生于农历正月十一。为此，从当地传说和考证可知，自隋唐起村民就开始在此建庙立会，以正月十一为正会日，每年的这一天（一般为三天）都要举办祭祀炎帝的大型庙会活动。相沿成习，历久不衰。此外，峪泉村还有农历十月十八为祭祀炎帝之母女登（亦称“安登”“妊姒”）庙会，农历六月十九为菩萨殿“请祭”祭祀庙会，农历七月十二为“圣母会”（传说圣母曾传授黄帝兵法，助炎黄战胜蚩尤）的祭祀庙会，以及农历七月二十邻村蒙峪沟村的“三皇”（伏羲、神农、黄帝）祭祀庙会。为了完成《中国节日志·祭炎帝》课题，调查组便于2010年7月至2011年2月，历时七八个月时间，多次前往峪泉村、蒙峪沟村等地，对该村民间祭祀炎帝的庙会情况进行了调查。通过对神农庙会会首朱映科等人的访谈，亲历2010年农历十一月十八和2011年农历正月十一两次庙会，对峪泉村的神农庙庙会情况有了基本的了解，获得了比较丰富的资料。

二、峪泉村概况

峪泉村位于秦岭北麓，南有清姜工业区，厂房林立，北有火炬路国家高新技术开发区，可以说是典型的“城中村”。该村由三个自然村组成，由西向东为一组九龙泉村，二组瓦峪堡村，三组瓦峪村。一组因传说炎帝沐浴于九龙泉而故名。二组东临瓦峪河，且村落在高台之上筑有城堡，故名瓦峪堡村。据自古流传的炎帝“长于瓦峪”之说，二组建菩萨殿在祭菩萨的同时，还在殿前设坛祭炎帝。三组因其村中有小河流过，两旁小峡夹峙，中间凹下，两旁翘起，其形若瓦，故其河名瓦峪河，其村为瓦峪村。又因村中建有大佛寺和圣母洞故又称瓦峪寺村。由于二、三组村名皆带“峪”字，一组村名有“泉”字，故行政村称“峪泉村”。有纪念炎帝当年在“九龙泉”沐浴事迹之意义。该村行政隶属于渭滨区神农镇。

峪泉村自然条件较为优越。南依秦岭，北濒渭河，村西有九龙泉，村东有瓦峪河。地兼山、川、塬，土质为“上上”，适于农、林、牧、养殖诸业。由于是城中村，务工、经商、搞服务业等较为便利，因而，随着宝鸡全市经济社会的快速发展，峪泉村也发生了很大变化。2011年全村共有380户，1443人。有耕地281亩，人均为0.19亩。家家盖起了二三层楼房，人均住房60平方米以上。常年流动人口平均为2000多人。村民70%以上主要从事务工、小生意等业。以2009年为例，全村总收入达6000多万元，村民人均收入7700多元。近年来，峪泉村的各项工作多次受到上级的表扬，先后被镇、区、市授予“模范村”“市级小康示范村”“平安村”等荣誉称号。

峪泉村及邻近村落、地区积淀有深厚的历史文化，尤有丰富的姜炎文化。该村之南蒙峪沟河两岸传为炎帝出生之地，再往南是知名海内外的炎帝陵所在地——常羊山。20世纪80年代以来，海内外华人多次在此寻根问祖、祭拜祖先。继续登高往南是高达2100米左右的天台山，位于秦岭北麓。传说这一带是炎帝之母游华阳、感神龙首而生炎帝的地方（《帝王世纪》）。天台山有老君洞和宏大的神农庙，自古以来祭拜始祖炎帝香火不断。因其丰富的姜炎文化和优越的自然环境，天台山被列为国家重点风景名胜区。与峪泉村毗邻的是位于黄土台塬上的姜城堡。传说这个村子为炎帝部族都邑（北魏郦道元所说的“姜氏城”）所在地，近年考古调查表明，这一带为新石器时代遗址，于1958年被陕西省人民政府公布为文物保护单位。峪泉村之北的渭河之滨是占地146亩的炎帝园（原名河滨公园），内有宏伟的炎帝大殿。每年清明节宝鸡地方官员和民众在此举行公祭炎帝典礼。炎帝园的东北方金台观下旧时还建有先农坛，西北建有火神庙（尊炎帝为火神）。至今农历四月初八仍有祭祀火神、兼有物资交易的庙会活动，吸引周围数十里城乡居民参加。在市区北金台区蟠龙镇有太阳庙 （尊炎帝为太阳神）、乌爷庙、安登亭等多座，每年依时举行庙会，崇火祭炎。峪泉村西偏南是《国语·晋语四》所说的炎帝“以姜水成”的姜水，今名清姜河。河两岸的清姜居民，崇炎甚笃，大凡天台山、九龙泉及蒙峪沟有庙会，莫不前往祭拜。峪泉村东北的北首岭遗址（距今约7100～5700年）、西北的福临堡遗址（距今约5800年）和村东不远的石嘴头遗址（距今约4000年），为宝鸡是炎帝故里、姜炎文化的发祥地提供了考古学文化依据。邹衡在《夏商周考古学论文集》中说：东起姬家店，西到晁峪村广泛分布着姜炎文化遗址，而峪泉村位居其中。徐旭生曾于1934年到宝鸡作过考古发掘和调查。在他随后写的《中国古史的传说时代》一书中，除以文献和考古资料为依据肯定炎帝族发祥于姜水流域外，还以峪泉“很大”“很特殊”的神农庙，及该庙所在地区老百姓供奉“大头爷”（拟似炎帝）等民俗文化为佐证，说“庙前有一个泉，叫作九圣（龙）泉，俗传为神农皇帝洗浴的地方”。这一个姜城堡，《宝鸡县志》说它就是《水经注·渭水》中所说的“姜氏城”。姜城堡、清姜河、神农庙的名字，“全像是渊源有自，并非后人的臆造”。

此外，以峪泉、姜城堡、蒙峪沟、夏牙河、陈家等村为核心的姜城堡地区也是炎帝传说故事的集中地。有炎帝生于濛峪、长于瓦峪、沐浴于九龙泉的传说，有炎帝发明农业、医药及用火的“农业之神”和“医药之神”“太阳之神”的传说，有炎帝画卦造历、扶危济困、炎黄结盟的传说等。今人已收集到有关炎帝的传说一百多则，可以说涉及炎帝生平、功绩等各个方面。

三、神农庙历史沿革

宝鸡地区是历史上祭祀炎帝最早且延续至今的地区之一。《史记·封禅书》记载："自古以雍州积高，神明之隩，故立畤郊上帝，诸神祠皆聚云。盖黄帝时尝用事，虽晚周亦郊焉。"北宋罗泌《路史·后记》："黄帝祭炎之祀于陈。"其子罗苹注云："黄帝所崇疑在陈仓，故秦灵公在吴阳作下畤祠祭炎帝。"说明从黄帝到秦灵公时，宝鸡一直有对炎帝的祭祀。陈仓即宝鸡旧名，"吴阳"即吴山之阳，指今宝鸡市区北的中国五大镇山之一的吴山南面一带，亦即史传周太王之子太伯、仲雍"奔吴"的吴山地区。《史记·封禅书》说，秦灵公在吴阳立上下畤祭祀炎、黄二帝，且延续至明清及至近现代。以此可见，宝鸡立畤建祠作为相对稳定的祭祀炎帝之地至迟应在秦汉时期。峪泉村地处"吴阳"（距吴山约30千米），亦当是祭炎中心区域之一部。经考证，其庙应当建于隋唐时期。

峪泉村三组瓦峪寺圣母洞前保留至今的两尊古代石雕像，据圣母庙会长77岁的张秀云[1]介绍，一尊是太阳神，一尊是太阴(月亮)神。从风雨侵蚀、自然风化情况看，年代已相当久远。而其发式、面部、五官大体可辨。从其赤足敞胸、身披绢绸（或纱）的情景看，似乎当时社会礼教对女性的约束不甚严谨，女子的思想比较开放。又据一组九龙泉村古神农庙遗址出土、现仍保存在重修的神农庙的石碑文字或图形已根本无法辨别来说，古神农庙的修建，至迟应与前面说的太阳神、太阴神雕刻同代或其前后，再联系隋唐时代妇女形象和社会风尚等，据此，我们初步判断，此庙建于隋唐时期的可能性也大。

乾隆三十年（1765），宝鸡县（当时宝鸡县衙署在今宝鸡市中山路西段。今为金台区辖）知事许起风在《重修神农祠九龙泉碑记》（此碑现保存

1．调查者：刘芳，被采访者张秀云。时间2011年2月10日，地点峪泉村三组瓦峪寺圣母洞前。

于宝鸡炎帝祠内）中称，因“旱魃为虐”，故而前往神农祠及炎帝浴圣之所九龙泉，“焚香步祷，虔谒帝□。见其垣墉圮颓，断碣仆地，泉井四旁，磊块牙错，殊失庄严”，遂在祈雨有灵之时，组织“合邑士庶”，重修庙宇，“不数月而工告竣”。这就是保留到新中国成立后的神农古祠。村民称为神农庙。据当地老年人回忆，该庙坐南朝北，台塬上正殿三间，筒瓦盖顶，透脊有龙子鸱吻、狴犴；雕花门窗，红漆龙柱，飞檐翘角，风铃悬垂；神龛中端坐炎帝塑像。殿后土崖有神窟三孔。东窟内有炎帝父族少典、母族安登神主。殿前有献殿三间，村民称之为卷殿，供祭拜者贡献祭物。献殿两侧偏北有双层四角亭各一座，东亭悬钟，西亭置鼓，亭角翼然如飞鸟。献殿之北为魁星楼，内有魁星像，因其面临悬崖，村民谓之悬角楼。魁星楼之北，九龙泉之侧是龙王庙，雕梁画栋，雕砖镂花砌墙，是九龙泉木雕神主所在。两边有铁铸旗杆，上有刁斗华表。再北是娱神庆典唱大戏的戏楼。这里是苍松翠柏、青槐成荫、暮鼓晨钟、香烟缭绕，苏轼有诗赞曰：“鸡岭云霞古，龙宫殿宇幽。”尽管20世纪50年代中期以后，历经变故，庙宇神像渐次被拆毁，但炎帝在人们心目中的崇高地位是不可撼动的，即使在当时，村民仍有人在节会之日为“爷爷”（村民将神、佛，包括炎帝在内的一种统称）燃烛、焚香、吊表。

20世纪80年代初，随着炎黄文化热和寻根热在全国的兴起，峪泉村便积极筹划重修神农庙。以张转爱为首的几位老太太，从自家拿出米、面、油、菜、肉、炉子、煤、铲等，并从垃圾中拣砖头。其行为带动了村中部分中老年人，在村委会的支持下，于九龙泉东重修了座仅有一间大小的神农庙（当地人称“老庙”），重塑了神农像。村民于1983年农历正月十一在此庙前举行了隆重的开光典礼。

随着90年代海内外寻根祭祖热的升温，原有神农庙已不能适应祭祀活动的开展，于是，在热心人士的倡导下，在村委会、神农镇政府支持和渭滨区旅游文化局的协助下，以峪泉村一组村民（九龙泉村）为主，于2000年在离老庙不远的310国道北侧开始重修神农庙。新修神农庙(当地人称“新庙”)投资约30万元，基本上来源于九龙泉村（组）和村民的捐赠。另有部分资金为邻近企业及各地的祠、陵和香客赞助。使用木材75立方米，钢材6吨。一年后竣工。工程组织者为村民组长冯良友、朱登云（原神农庙会长，已去世）、朱映科（现任会长）等。工艺、技术总负责为宝鸡古建专家扈周太。村民踊跃无偿出工出劳，为修庙竭尽全力。

四、神农庙庙会

峪泉村炎帝祭祀活动大体分为两种情况：一是神农庙庙会每年有两次，即农历正月十一炎帝诞辰庙会和农历十月十八圣母庙会；二是随机祭祀。另外，还有节庆祭祀，即春节、清明节等，以及庙宇建成或重修竣工后的“开光大典”（见附录一），也是很重要的祭祀活动。由于峪泉村是城中村，过会时不仅有四邻村民，而且有广大市民来此赶会。加之庙会期间又有商贸和剧团演出，所以在庙会期间是车水马龙、人流如织。宝鸡是陕、甘、宁、川四省区通衢交会之地，而神农庙庙会又历史悠久、名声远播，故而不仅市区外的千阳、陇县、凤翔、岐山、扶风、武功等地群众前来参祭、赶会，就连邻近省、市的群众，甚至藏民藏医也远道而来赶会、祭拜炎帝。其身份多为农村和城镇普通老百姓，且以中老年妇女居多。2011年农历正月十一庙会，调查组人员就遇见了五位从甘肃平凉来赶庙会的人。其中两位为一对六十开外的老年夫妇。他们是探亲顺便来赶会的。

（一）庙会组织

因为神农祠是以九龙泉村（一组）为主修建的，祠庙又坐落在该村，庙会经费也主要由该村筹集，所以，庙会筹备工作主要由九龙泉村负责。主要参与筹备者为该村村民组长、会计、出纳和村民代表等。每年庙会的主要组织者和负责人由村民组长担任。为了加强庙会管理，成立了由七人组成的庙管会。开始由朱登云任会长，朱登云去世后，又由朱映科任会长。在庙会筹备上，村民小组与神农庙庙管会有个不成文的大体分工，村上主要负责庙会资金筹措、使用，预订剧团，演职人员生活，村里卫生环境整理，宾客及赞助单位接待，会期治安保卫，市场管理等。庙管会主要负责庙院内外环境布置，卫生打扫，宴请僧、道、经师和远路香客，会友在庙会期间的活动及生活安排，登记供品、布施（钱物），会后分配供品等。

（二）庙会筹备

报批　根据《治安管理条例》有关群众集会须报上一级公安机关审批的规定，由村委会按照隶属关系，庙会一月前，向渭滨区公安分局报文，提出举办庙会的请示报告，待市公安机关批准后，方正式开始筹备工作。

集资　庙管会根据庙会规模、活动内容等项目，提前做出预算，然后分别由庙管会、村民（以家庭为单位）和有关企业等共同负担。如2002年开光大典，村里每人集资200元作“布施”，村民小组出资大部分，庙管会从以往积攒的布施中拿出一小部分，加上社会上单位和个人的赞助，这次开光大典连同重修神农庙共用去30余万元。

购物　神农庙庙会分长、中、短三种时间段。最长五天，中期三天，最短一天。若哪一年庙会时间长，对参会的要安排接待。对部分来自远方各地的庙会代表、会友、香客及请来的专业剧团、经师需要安排食宿的，早年分散安排在村民家中，或庙里香房中。近年来，随着条件的改善，剧团演职人员住宿在旅社、酒店，吃饭由村民小组办灶，经师、会友、香客等则由村民小组或庙管会安排在新修香房或村上公房住宿。吃饭则由庙管会办灶。这样一来，会前就要购置一批床单、枕头等住宿用品。另外还要购置灶具、米、面等生活用品。

告示　会前以“告示”的形式，向邻近乡、镇、县、市通告本次庙会地点、时间、内容等。并向相关的寺庙、宫观发出邀请函。此外，村民个人还用写信、口传、电报、电话等方式，通知在外读书、做事、居住的亲人，如有可能，尽量回来参加会事。有些村民或派代表或家长亲自出面，到亲戚家当面邀请，早年用车、马，现在用小车等将亲戚接来参加庙会。

布置　在庙内，给圣像穿戴冠服，安放神主牌位，按神像的身份、位置悬挂黄罗、幡、幢和万民伞（由众多信徒绣制，如古代帝王出行所用黄罗伞）、百花帐（由众多行善妇女绣制或捐资购买），摆放香案、烛台、香筒等。庙前布置：清扫广场，树立彩旗，划分商贸区，整修道路树木，搭建戏台等。各项布置工作，在庙会前一日均要到位。

（三）庙会仪程

挂灯　神农庙庙会时间一般为3～5天。正月十一为正会。庙会期间，主要的文艺活动是演唱秦腔戏，以此来“娱神”。2011年的庙会与往年不同的是在时间的安排上。往年是从正月初十至十二，初九晚挂灯，开始庙会。因今年所定剧团于正月十二要去另一个地方庙会演出，所以，就将时间提前到初七晚挂灯。庙会由农历正月初八到十一，安排会期为四天，相应的正会也就提前到正月初九。因为在古代没有电灯，舞台照明用的是清油（植物油）灯，之后又点的是汽(煤油)灯，是用绳子悬挂在舞台上方。灯挂上，就表明要开始演戏。所以，传至今日把开始演戏的那一晚叫“挂灯”。意思是说庙会从今晚就开始了。第一晚上演的第一出戏叫《打楼》（寓指戏楼），或称《黑虎坐台》，意思是请来乡民心目中威武无比又掌管财富的“神将”赵公明（又称黑虎）亲临庙会，让他头扎黄表花，额抹闪金粉，手执打神鞭，在舞台上翻腾叱咤，口念“各路神仙降人间，黑虎灵官保平安”之类戏词。其用意是让他为庙会保驾护航，使祭祀等各项庙会活动能顺利进行，让炎帝和万民共度一个祥和的佳节。

奠酒　正会的早晨9点就要演戏（一般都是10点开演），也叫“早一本”。在正本戏开演之前，要加演一出《奠酒》戏，以此来娱神，敬奉炎帝。2011年的正会提前至正月初九，所以初九的10点就开始演《奠酒》戏。演员头戴乌纱相帽，身着蟒袍玉带，足蹬粉底皂靴，手执笏板，依次登场，祭拜奠酒，同时分别念白，表明自己福、禄、寿、喜四神的身份。如“天官”念道：“吾在九霄成天官，常在玉帝宝殿前，世人若积阴功满，吾当赐福降临凡。”接着其他“众神”齐声念道：“天增岁月人增寿，风调雨顺百业兴，福地平安无灾厄，福禄寿喜常降临。”最后又让刘海上场，念道：“家住周至邻户县，未得时时把柴担，观音老母曾指点，我替迷狐送仙丹。”随后刘海手捧礼盘又继续唱道：“盘中金钱，内方外圆，取之有道，用之不完。”边唱边将盘中“铜钱”（早年间撒的是铜钱，现在撒的是糖果）撒向台下观众。撒完铜钱，奠酒也就算结束了。

献祭（供品）　庙内的祭祀准备工作要略早于庙外，在挂灯之前的前半天，即初七上午必须把供品依次摆放于圣像前。供品中除了苹果、梨、枣、核桃、柿饼、花生等干鲜果之外，还有糕点、糖果、面食等。酥脆喷香的馓子麻花和纽纽麻花因为敬献的人多，在供桌上堆放成山，故称“麻花山”，以此表达对始祖炎帝的虔诚之心。在各类供品中，最具特色的莫过于“献祭”。宝鸡民间自古以来有一种面花艺术，这是祭祖时的主要供品。面花制作须选用上等麦子，用最洁净的水淘洗干净，晾干，磨成精粉，和面，经发酵、造型、制“花”、上色、蒸熟而成。其造型是其底下重达一斤左右的“面如意”，既象征“法器”，又内含吉祥如意的美好愿望。其上有着意染色、形象逼真的各类动植物面塑小品，如莲花和胖娃抱鱼，寓意神农教民耕稼，风调雨顺“连年有余”；花草寓意神农尝百草和药济人；“二龙戏珠”象征炎黄子孙是龙的传人；“百鸟朝凤”寓意团结和谐，等等。村民将这些献给神农的珍贵礼物、祭品，专称为“献祭”。

诵经　诵经是神农庙庙会及祭祀活动的重要内容之一。从持续时间来看，贯穿庙会始终。就是说从挂灯开始，直至把请来的“经师”送走，在这期间诵经活动一直都在进行着。每遇大型庙会或开光大典，都要延请3～9位经师。其中一人或二人是通晓经文韵律节奏及道场仪式的“高功经师”。2011年因经费开销较大（唱戏）而未请经师。按照习俗，若要做大道场，经师在诵经前要斋戒，少者一天，多者半个月。在这期间，不食荤、腥。另外还有少数记“长斋”的经师平常都要忌食荤腥，记“花斋”的常年只在初一、十五不食荤腥。诵经前还要沐浴净身。经师诵经时，高功经师要头戴混元宝顶冠，身着锦缎道袍，足蹬青靴布袜，手持象笏。其他经师则头戴庄子冠，身着青布道袍，手持柄磬、碰铃、吊铃、柄鼓、钹、铙、铛铛、木鱼、口吹竹笛乐器等。在仙乐伴奏下，经师们踏罡步斗，舞笏旋转，口诵经文。最初的诵词是：“开天辟地第一宗，九龙吐水洗全身，尝药济世救万民，教种五谷养众生。”由于大型庙会还“请”来了玉皇、天尊、佛祖、菩萨等大神，所以接下来要诵《道德经》《皇经》《神农真经》《地母经》《太上四品仙经》等。其中诵《神农真经》的经文有：“姜炎圣母神农情，神农生在蒙峪沟。吾本姓姜名字火，瓦峪寺中长成人。黄鹿原上扎下根，天台山上把药寻。树皮树叶做衣衫，生吃兽肉真可怜。神农母亲心不忍，叫声炎帝听娘言。伤生害命真可怜，一儿一女受磨难。神农肚皮明光亮，五脏六腑看得清。口尝百草辨药性，才将五谷留世中。酸辣苦甜记心中，治病药性记得清。”诵“三皇”的经文有：“天皇地皇与人皇，三皇活世先祖根。天皇执掌总天盘，拨转日月星斗分。地皇划分土和地，万物还是土内生。人皇人世为先根，拨转风调和雨顺。轩辕捻线制衣冠，护遮人身保生命”，“奉劝世人孝双亲，皇天保佑善良门。心好能转贫穷运，一生永不受苦辛。人旺财旺百事通，大吉大利是幸福。只要不做亏心事，身体健康万年春。神农炎帝回宫去，和堂弟子齐欢送。”当地村民尊炎帝之母为“地母”，《地母经》的经文有：“两盏明灯为阴阳，弟子奉请老母娘”，“地母神受三炷香，保佑四方得安康”，“盘古初分母为尊，阴阳二气配成婚。万物本是母造成，开堂先念地母经。上奉高堂心欢喜，下保万民永康宁。地是地来天是天，阴阳二气紧相连。统天统地统三光，包天包地包乾坤”，“天皇地皇人皇氏，伏羲轩辕与神农。伏羲能化天和地，阴阳二气八卦分。神农皇帝种五谷，轩辕黄帝制衣襟。饭食衣服从此起，留下后世照样行”，“有人传我《地母经》，子孙万代受皇恩。世人传我《地母经》，代代儿女满堂兴。人人传我《地母经》，五男二女香烟生。男女务记《地母经》，荣华富贵万万春。”众多香客随着经师抑扬顿挫的诵经声，时而和声跪拜，时而燃香焚纸，谓之“跪经”。还有一些虔诚香客或数人或数十人自行组织，在神农“老庙”，或香房、大殿（利用经师们诵经间歇的时间）诵经，积德行善。庙会期间的诵经时间由早晨八九点至深夜十一二点。在此期间，还不断有人三三两两来到神农塑像前，点燃香表，磕头作揖，在庙外燃放鞭炮，烧高香。

搭红（供衣） 是指将精心制作的丝绸或锦缎衣服披在圣像身上，或将一方被面大小的绸缎折叠成长条形斜披在神农塑像肩上，谓之“搭红”。经济条件有限者则用彩色纸制成衣服献给神农等神像。既表信仰，又心仪求福。接待人员则按供品价值、布施多少分别给香客以“圣物”。如上布施一至五元钱的给红花一朵或红绒线一段，上布施十元钱的给宽一尺、长七尺的红布或红绸缎一块，斜挂其身，谓之“搭红”。二十元以上的“搭”两条。以此回报上布施者。而得到“圣物”的上布施者，则将其扎在头上（如绒线），或剪一小段缝在衣服上，或系在腰间，拴在房梁、车把、方向盘上，等等，以此希望在新的一年里避灾免难，求财求福，保佑安康。

送神 庙会结束时还要送神。先由经师以诗文形式简略地诵念一段炎帝、圣母诸神功德，然后由德高望重之长者毕恭毕敬双手托盘，端着供品，绕村行走一周，寓意是神农诸神把福泽传给了每家每户，在新的一年里继续造福人间。最后经师念道：“众位圣神回宫去，合堂弟子齐欢送。”

▲ 小吃摊/霍彦儒 摄/2012年

（四）善后事宜

一般情况下，处理庙会善后事宜，是从庙会结束后的正月十三或十四开始。2011年因庙会提前，善后工作便从正月十二开始。参加者主要为庙会期间聘用的工作人员，即九龙泉村村民。善后事宜：一是拆戏台；二是归还庙会期间借用的桌凳、灶具等；三是分发供品；四是结算、清理布施；五是打扫大殿和广场。处理善后事宜，一般少则一天，多则2～3天。2011年因唱戏、上布施的人较多，所以，处理善后事宜用了三天时间。

五、庙会期间的民俗活动

峪泉村神农庙庙会正值春节期间，村中年味还未完全散去，但又离元宵节还有三四天，再加上又是城中村，所以，庙会期间的民俗活动是很丰富的，主要有秦腔大戏、小型竞技、杂耍、各类小吃和销售香、冥纸、儿童玩具等。

2011年庙会是从农历正月初七晚开始，所以，搭建戏台、摆摊也就从初七上午开始了。庙前的公路两侧一家紧挨一家搭建起百十米长的帐篷，公路南侧主要是经营当地小吃的，有面皮、扯面、包子、油炸麻花、羊肉泡馍等，坐在摊前吃小吃的大多为赶会的农村妇女和小孩；路北主要是卖小百货的，有针头线脑、鞋袜衣帽、小型电器、儿童玩具等。卖香、冥纸之类敬神用的东西的摊位摆在大殿前右侧，凡是到庙里拜神农烧香的大都要在这里“请香”（ 以“请香”表示对炎帝的崇敬），也有从家里带的。吹（捏）糖人、锣鼓、儿童玩耍的“官打捉贼”等竞技、杂耍活动也在戏开演前或开演后在庙院场地进行。

唱秦腔戏这是庙会活动的一项重要民俗娱乐活动。因为在春节期间，关中农村唱戏的村子较多，所以，请剧团唱戏一般要在一两个月前就要派人去联系，谈妥价钱，交了定钱，这才算确定下了要出演的剧团。2011年因初

▼ 小百货/霍彦儒 摄/2013年

七晚挂灯开戏，所以，搭建戏台从初六开始，于初七下午晚饭前基本搭好。往年因是由村委会组织，唱戏是在村小学操场（学校放寒假）的戏楼上，所以，不需要搭建戏台。搭建戏台人员主要是九龙泉村村民，由村民小组组织，自愿出工，算是为神农行善做好事。戏台搭建在庙院大殿前广场，坐南朝北，戏台宽15米，进深10米，高10米，底座由钢管支架，上铺木板、地毯，上顶和周围由帆布遮盖。台口悬挂六盏大灯，戏台左右为文武乐器演奏人员坐地。音箱置于台口左右。台口上顶悬挂“陕西省礼泉县袁家投资总公司剧团”横标，左右悬吊对联：“迎新春歌盛世秦声奏响太平年，演大戏颂和谐万众虔诚崇炎帝”。陕西省礼泉县剧团是一个正规的县级秦腔剧团，有演职人员80多名。常年在关中农村演出。改制后，隶属于一家投资公司，自负盈亏。2011年神农庙庙会演出时间为四天五晚。演出剧目如表1所示。

表1 神农庙庙会演出剧目表

日期（农历）	时间	剧目	备注
正月初七（公历2月9日）	晚上（7:30~10:00）	《回荆州》（本戏）	前加生丑净旦名角清唱
正月初八（公历2月10日）	上午（10:30~13:00） 下午（3:30~5:00） 晚上（7:30~10:00）	《双罗衫》（本戏） 折子戏：《华亭相会》《三对面》《放饭》《窦娥冤》（本戏）	
正月初九（公历2月11日）	上午（10:30~13:00） 下午（3:30~5:00） 晚上（7:30~10:00）	《大刀王怀女》（本戏） 折子戏：《斩秦英》《悔路》《顶碗》 《杨门女将》（本戏）	上午，前加演《奠酒》一折
正月初十（公历2月12日）	上午（10:30~13:00） 下午（3:30~5:00） 晚上（7:30~10:00）	《玉麒麟》（本戏） 折子戏：《三娘教子》《别窑》《杨三小》 《薛刚反唐》（本戏）	
正月十一（公历2月13日）	上午（10:30~13:00） 下午（3:30~5:00） 晚上（7:30~10:00）	《赵氏孤儿》（本戏） 《玉堂春》（本戏） 《大登殿》（本戏）	

看戏的主要是当地村民和城中居民，大多是中老年人，年轻人多为周围农村来赶庙会的；城中居民多为退休和下岗职工。他们开戏前半小时就开始来到戏台下，早者占据中间位置，坐在自拿的凳子上，等待开演。等到戏开，周围也站满了人。据测算，每场看戏的约有1000人左右。由于天气较冷，晚上看戏的相应要少一些。有些戏迷在这几天的唱戏中，场场都到。有些邻近村子的，嫌来回看戏不方便，午饭、晚饭都在小吃摊上吃饭，晚上散戏后才回家。

六、结语

此次调查，得到了峪泉村委会的热情支持和帮助，尤其是朱映科、张秀云、韩志科、王建儒、王科、冯良友、高广生、高义生、冯秀珍、朱连学、冯润生、倪伯成、王军魁、王乃娥、乔桂莲、朱新平、李水仙、赵凯、高明奇、刘天佑等数十位老人和热心人，他们听说上头来人调查了解神农庙庙会情况，都热情接待，有的提供该村基本情况，有的提供调查线索，有的带路寻找知情人，有的将家里珍藏的照片拿出来让调查人员使用，有的耐心配合调查人员的多次访谈，真是古道热肠，令调查人员感动。尽管这里是“城中村”，相对来说，文化娱乐活动是比较丰富的，但村民对传下来的庙会还是很重视。我们在调查中就遇到一位年过60岁的老太太，她退休在家，每天都要到神农“老庙”去打扫卫生，烧香祭拜，每月初一、十五还组织十几位“善人”给炎帝念经。一年365天，风雨无阻，而且这完全是自愿的。但不足或让人遗憾的是，由于年代久远，资料缺失，再加上被调查的人多为粗识字或不识字，对往事只知其一，不知其二，如为什么要在神农庙安放太阳、太阴等神像，大家都不了解，只能说这是老先人传下来的。此类问题只能在以后的调查中继续予以关注。

另外，在调查中，我们还多次听到有村民说，让调查组向上级反映一下，能关注一下神农庙今后的建设和发展。我们也看到，仅仅依靠庙里自身收的布施和给村民的摊派，来维持庙里平常开支、举办庙会，以及庙宇的维修、整理是远远不够的，更不要说发展了。所以，从发展来看，目前现状的神农庙（包括“老庙”和“九龙泉”）已很不能满足祭祀活动的开展，接待游客和外宾就更谈不上了。因是村民自建，也没有个上级主管部门。为此，调查组向区政府文化旅游部门作了反映，能将此庙纳入神农镇炎帝陵整体规划之中。据有关方面说，已在规划之列。如此，神农庙的完善、建设和发展就有希望了。

附录

一、开光大典

所谓“开光”，《辞海》释有两种意思。其一种意思为：“佛教的宗教形式之一。佛像塑成后，吉日致礼供奉，名‘开光’，亦称‘开眼’。”

峪泉村神农庙近年来举行过两次开光大典，第一次是在20世纪80年代初，九龙泉东侧神农庙（老庙）及神农圣像落成后举办的开光典礼。第二次是2002年正月十一（公历2月22日）重建神农庙（新庙）及炎帝等九尊圣像落成举办的开光典礼。此次开光典礼最为隆重。其主要程序、内容有：

一是立碑。这是开光典礼的一项重要内容，也是第一个仪程：在大殿前左侧树立石碑两通。两通石碑碑头均为龙纹雕刻，碑下以赑屃为座。其中一通《重修炎帝神农庙碑记》主要记述了神农庙的历史变迁、炎帝功德、九龙泉与神农庙胜景及峪泉村民祈雨、祈佑、景仰的殷殷之情。碑阴文字记载原神农庙历史，雕刻神农庙复原图；古代神农庙庙会盛况。该碑高2.13米，宽0.8米，厚0.25米。碑额上书“中华”两个大字。另一通是“功德碑”，上刻重修神农庙的赞助单位和个人捐款名单。神农老庙及九龙泉北有《浴圣九龙泉碑记》一通，通高3.06米，宽1.1米，厚0.3米。仅碑座赑屃重达3.5吨。碑文主要记述九龙泉泉水“香甜甘醴，泉中有鱼，奇旱不涸”的奇特现象。民间传说少典妻安登在华阳感神龙首而怀孕，次年正月十一生婴子于常羊山下的蒙峪沟。婴儿龙形人头，头顶有角，遍体脓疮，其父认为是不祥之物，弃之荒野。其母安登于心不忍，思念孩子，不顾丈夫阻拦，外出寻找，她沿婴儿哭声找到孩子。忽见平地突然涌出九眼龙泉，泉水瑞气蒸腾，温凉适宜，便将孩子放入泉中，泉中忽然游出九条小龙朝孩子身上喷水，一会儿显出一个白白胖胖的大小子。炎帝“三洗”，一洗能言，二洗能行，三洗怪角脓疮全消。此后这孩子常在九龙泉中沐浴嬉水，三岁高出常人一头，能上山打猎，下地耕种，长大后被推举为部落首领。他教民稼穑、发明医药、创立“日市”（即“日中为市”），为族民做出了巨大贡献，被人们称为炎帝神农氏，与黄帝轩辕氏被共尊为中华民族之人文始祖。此后当地人便将炎帝沐浴之泉称为“浴圣九龙泉”。并在此立庙立会，常年祭拜。

二是出匾。在三块高约2米，宽约1米的木牌上，引用《国语·晋语》《帝王世纪》《汉书·律历志》《白虎通·号》《淮南子·修务训》《潜夫论》等古籍，讲述“农业之神”“医药之神”“太阳之神”炎帝功绩，神农祠庙的重建，海外华裔旅游社团寻根问祖的盛况等。二组（瓦峪堡）村民还特意制作了一面风景画大匾，既表示对人文始祖的敬仰，又表示对开光大典的祝贺。

三是拓片。乾隆三十年（1765）《重修神农庙九龙泉碑记》，现在保存在宝鸡炎帝祠内，所以在此开光大典，村民特意将该碑文拓片镶入大型牌匾，供众人观览。该碑文除描述九龙泉奇旱不涸的奇异外，还较详细地记述了宝鸡知事许起凤躬率吏民赴“炎帝沐三之所祷雨”，并有“即夕大雨”的灵应等情景。最后又记述了“附近邑人”“踊跃从事”重修祠、泉的盛况。为传扬“宝民之急公好益”之德，“书其原委而勒诸石”。

四是开光。在鞭炮齐鸣、鼓乐声声、诵经琅琅和众人膜拜、香烟缭绕的庄严、热烈气氛中，高功经师、塑像师，轻轻揭下蒙在圣像头顶的红绸，轻拭圣像眼部，同时唱诵《安像三昧仪规经》和《开眼光真言二道》，神眼即开，神光普照，居人叩拜，开光告成。其实开光的基础工作早已做好，此时所做的只是举行各项仪式。至于唱戏娱神、“献祭”、诵经供衣等活动，大抵同于前文所记。

二、重修神农祠九龙泉碑记（[清]许起凤撰。清乾隆三十年〈1765〉立石）

城南六七里许，有泉九眼，约深丈余，石盆涌出，清洁异常，奇旱不涸。相传为炎帝浴三之所。祷雨有应，[余]慕灵奇，披阅邑志，心焉识之已久。癸未夏，旱魃为虐，薰坛斋告，越日罔应，遂即向所心识者，躬率僚吏，焚香步祷，虔谒帝□。见其垣墉圮颓，断碣仆地，泉井四旁，磊块牙错，殊失庄严。窃讶其非所安神而表异也！心祝而归。即夕大雨。爰卜农□，□图修整。适当工作繁兴，兼之军务旁午，未遑举行。甲申仲夏，赴兰调验，道经甘省州邑。烈日骄阳，几成赤土，未尝不蒿目浩叹□，□我宝邑尤，即为长斋旅邸，默祝神庥，归而禾果将槁矣！仍修前事，徒步捧香，为民请命。乃朝日流金而暮雨破块，其应感有更□于前者。邑人佥曰，余之虔也。而余益悚然于神之灵矣。附近居人，竞发诚愿，谋修亭宇。余因商之合邑士庶，佥有同心，莫不踊跃从事，不数月而工告竣。窃喜宝民之好益急公，而倡率者有人，赞助者有人，其事不可不传也。爰书其事原委而勒诸石。

乾隆三十年岁次乙酉阳月谷旦

赐进士出身文林郎知宝鸡县事加三级纪录五次许起凤

2011年湖南省炎陵县春节民间祭祀炎帝陵调查报告

周新发

一、前言

炎帝神农的民间信仰源远流长。自古以来，民间奉炎帝神农为太阳神、火神、农神、谷神、药神、茶祖、农皇、造福神、守护神等。这种信仰，在历久不衰的民间祭祀中得到了充分体现。清代学者彭之昙在《祀典考》中写道："盖古圣之功德，惟帝最大，故后世之报享，惟帝最隆。"[1]

炎帝陵民间祭祀，是指按照民间传统习俗，以个人、家庭、家族、行业、社团、社区等名义，在炎帝陵进行的祭祀活动。其起始时间不晚于西汉。传统的祭祀日有春分节（又称分社节、药王节）、清明节、谷雨节（祭茶祖）、炎帝诞辰日（农历四月二十六）、尝新节（农历六月初六）[2]、冬至节、重阳节、春节，此外还有禳灾祈福、感恩还愿等无定期祭祀。而历时最长、参与范围最广的是春节祭祀。

2011年1月26日至2月17日（农历十二月二十四至翌年正月十五），调查组对炎帝陵的春节祭祀活动进行了专题调查。参加调查的有炎陵县炎帝文化研究会的民俗文化学者，以及炎帝陵管理局、县文化体育局、旅游局、县电视台等单位相关人员共16人。调查人员除在现场全程亲历外，还进行了人数

1．彭之昙，清康熙四十九年(1710)至雍正二年(1724)任酃县教谕。参见康熙六十年(1721)编纂《炎陵初志》。

2．尝新节：农村传统节日，即在新粮收获后，以新米饭、时令菜肴祭祀炎帝神农。清同治《酃县志·户口·风俗》载：六月六日，"早稻熟，择龙兔日，设酒馔祀先祖，谓之尝新"。

与祭品统计、问卷（200份）调查、专题采访和召开座谈会等形式。

二、炎陵县的春节习俗和民间祭祀炎帝陵的历史

（一）春节习俗

炎陵县（原名酃县）的世居居民，多数是唐、宋两朝由湘、赣边境各县迁入。明末清初，又有大量原居中原地区的居民，经赣、闽、浙等地辗转迁入，俗称“客家”。此外，明、清两朝还有数支瑶族、畲族居民从湘南等地迁入。来自不同地区的居民，不仅保留了原居地（或民族）的生活习俗，而且融入并延续、丰富了当地居民的节庆习俗。

炎陵县称“除夕”为“过年”，将农历的十二月二十四（俗称小年节）至第二年的正月十五（俗称月半节）这一时段作为春节节期。清同治十年编纂的《酃县志·风俗》记载了晚清时期的“过年”习俗：小年节的先日，“设酒果、楮衣、云马，祀社灶”，“是夜，城市金鼓皆作，合家欢饮”；除夕日，“贴门神，换桃符（对联），办羹饭牲酒，谒神庙，祀先祖，或彻夜不寝，谓之守岁，爆竹达旦”。初一日，“鸡初鸣盥洗，服鲜洁之服，择时开门，导以炮竹”，“设香烛酒果，祀先祖及常祀之神”；自人日（初七）至十五，“作龙灯、竹马、狮戏类，锣鼓喧闹，歌舞彻宵”。县志所载除夕日“办羹饭牲酒，谒神庙”和初一日祀“常祀之神”，即指祭拜炎帝陵和炎帝神农氏等祭祀活动。

（二）春节祭祀炎帝陵

旧时，民间称祭拜炎帝和炎帝陵为“朝神农皇帝”“朝天子坟”。春节期间的“朝拜”活动，从“小年节”开始，一直延续到“月半节”，历时20余天。其中，朝拜人数比较集中的是小年日、除夕日和正月初一（朔日）、

十五（望日）。

春节期间“朝神农皇帝”的居民，按照地理区位大致可以分为三个地理圈。内圈是炎陵县西部（俗称西乡）的居民，旧称一都、二都、三都（今三河、鹿原、船形、东风等乡镇），以炎帝陵为中心的地理半径在20千米以内，朝拜人数约占60%；第二圈为本县东南乡居民及毗邻的茶陵县、安仁县东乡、资兴县北乡居民，地理半径为20～40千米，朝拜人数约占25%；外圈为炎陵县周边的湖南省茶陵、攸县、安仁、资兴、永兴及江西省宁冈、永新、遂川县等地居民，地理半径在40千米以上，朝拜人数约占15%。

旧时，来炎帝陵朝拜都是步行。“内圈”居民视路程远近，于小年日或除夕日的凌晨之后相继启程，中午（或晚上）赶回家吃“年饭”（部分居民有晚上吃年饭的习俗）。而“中圈”与“外圈”居民多在除夕日前启程，有的需日夜兼程，步行一二天时间。

唐廷杰[1] 老人回忆说：“我家住在炎帝陵北面两里的唐旺村。从西、北、东三个方向来朝神农皇帝的人都要经过我们村。往时过年这几晡（天），路上肩挑手提，来来往往的都是朝神农皇帝的人，从早到晚可以说川流不息。”“朝拜用的供品装在竹篮子里，上面盖着手帕（洗脸巾或干净布料）。祭祀用（宰杀）的公鸡用绳子拴住双脚，提在手上。也有用扁担挑着几只篮子和活鸡的，多是受亲族（走不了远路的）委托捎带的。”

世居炎陵村的谭建勋[2] 老人，今年85岁，几乎目睹了每年春节的祭祀盛况。说到旧时的“朝神农皇帝”，他还记忆犹新：“每年的小年节到大年初一，炎帝陵的鞭炮声从早到晚就冇（没有）停过一刻。初二到十五，在午门前广场和街道几乎每天都有舞龙耍狮的，有一年年景好，还请来湖南花鼓戏和采茶戏助兴演出。”“朝神农皇帝在陵殿和墓前进行。进入掖门（午门

1．口述者：唐廷杰，80岁，退休医生。2011年2月3日在炎帝陵接受采访。

2．口述者：谭建勋，85岁，离休干部。2011年2月25日在家中接受采访。

外侧的小门）后，先来到行礼亭，点燃从家中带来的香烛，插在亭中的香炉内，然后进入大殿，在炎帝像前行三跪九叩首礼，默诵祝祷词，然后去炎帝神农墓前敬献供品。供品一般是一坨三寸见方上了卤（盐、酱油）的熟肉，一碗油炸鱼块，一碗油炸豆腐，一碗米饭或饺（一种糯米粉制作的食品。方言声调读阴平）。摆好供品后杀鸡，将鸡血洒在墓前。再将带来的水酒（自制米酒，也叫蒸酒）倒入杯中，分次（3杯）淋洒在墓前。最后焚烧纸钱（压有圆形暗纹的冥币，用湘磅纸或草纸特制）。祭祀完成后燃放鞭炮。后将上供的菜肴、米饭和宰杀的禽牲带回家食用。”

谭建勋还告诉我们，乡绅富户或生活殷实的人家，便在陵前宰猪杀羊，以“三献礼”祭祀。也有年迈不方便行走的农家，或托族亲捎带祭品在陵前上供，或在自家大门口设立香案，供上米饭、菜肴、香烛，然后朝着炎帝陵方向宰猪杀鸡遥祭。

住在一二十里以内的居民，三十一早便去炎帝陵朝拜。回家后，将在陵前宰杀的公鸡剖洗干净和猪肉一起煮汤，然后用肉汤煮“烫皮丝”（扁平米粉，干品），吃年饭之前每人吃一碗“烫皮丝”或是酿豆腐、包饺米粿和豆拉子。说这是老祖宗传下来的习俗，但其中的含意是什么，至今无人知晓。

由家族、社区或行业（如药铺、米行）首倡的“朝神农皇帝”，其礼仪则十分隆重。张观怀[1] 先生向我们讲述了民国二十九年（1940）沔渡墟一带民众祭祀炎帝陵的情况。他说：听父亲讲，那年6月，沔渡一带的禾苗发生虫灾。有乡绅倡议在墟上设坛祭祀炎帝神农，祈求祛灾。祭祀之后，虫灾果然消除了，当年的稻禾仍然获得好的收成。为了感恩报德，墟上的商铺和农户自发捐款，组织了好几百人，步行70余里，去炎帝陵祭祀。天蒙蒙亮出发，一路上锣鼓喧天，铳、炮齐鸣，彩龙狮子，各色旗号、祭幛、凉伞，十

1．口述者：张观怀，67岁，原档案史志局局长，已退休。2011年3月20日在家中接受采访。

分壮观。队伍经过县城时，县长还出面迎送。午后到达炎帝陵，随即举行祭祀仪式，不仅宰猪杀羊，行三献（初献、亚献、终献）礼，还读了祝文。礼成后在午门前舞龙耍狮。

行三献（初献、亚献、终献）礼，是民间祭祀炎帝的隆重礼仪。行礼时，按仪程分段颂唱《鼓词》，以笙、琴、笛子、鼓点配乐。张观怀先生将1997年十都镇民间祭祀炎帝陵时诵唱的《鼓词》抄件交给我们。他说："这是十都镇主持民祭的陈裕先生（时年82岁，已去世）留下的。"从文字上看，是沿用旧时的《鼓词》。词曰：

迎神：太极浩瀚兮两仪鸿钧，盘古开辟兮始奠乾坤。天地人皇兮有巢燧人，伏羲祝融兮女娲帝神。

香案：初上心香兮直达天庭，再上心香兮默祝地灵。三上心香兮过往神明，世代心香兮叩仰唯诚。

初献：天之配德兮帝业巍巍，地之负载兮福有攸归。神农功德兮耒耕奠基，百科尝遍兮医治病危。

亚献：岁终庆穰兮肴馔格歆，风调雨顺兮仓廪丰盈。水返其泽兮昆虫毋作，黎庶鼓腹兮仰仗先君。

侑食：侑馔粢盛兮爵乏香醪，未椎大牢兮简茹血毛。神其歆享兮佐侑粗庖，虔诚上达兮鉴格吾曹。

三献：三敬酒浆兮尽诚尽礼，唯望先帝兮恩泽福庇。龙腾狮跃兮庆典盛仪，祭祀先帝兮溯本源系。

辞神：神其伟大兮毕恭毕敬，默感列圣兮赐福生民。如在其上兮礼馔维陈，盛典告毕兮仙驾离尘。

龙灯、竹马、故事（以成年人手持三四米高的竹竿，竿端立化妆幼童，表演神话故事）及舞龙耍狮，是炎陵县民间传统的节庆娱乐活动。龙狮队多以家族、屋场或自然村为单位组织。吴若光[1] 老人说："每年的正月初七至十五，便有竹马队、故事队、龙狮队在本地屋场、墟场表演，随后一起来到炎帝陵祭拜'神农皇帝'，以正月十五为盛，最多时一天内有二三十支龙狮队。表演时，附近的村民和外地来朝拜的人里三层、外三层地围观。龙狮表演时配以锣鼓唢呐，炎帝陵的'执事'人等在一旁燃放鞭炮助兴。各种套路完成后，以龙首狮头朝炎帝神农坐像方向点头九次，表示九叩首。"

1954年除夕夜，朝拜神农皇帝的居民和往常一样络绎不绝。由于木结构的行礼亭无法承受夜以继日的香火熏炙，当火星引燃两旁的旌幡、彩幛后，行礼亭被焚毁。此后，炎帝陵的祭祀活动曾一度局限在陵墓前进行。

三、2011年春节祭祀

（一）农历十二月二十四至二十九

2011年的春节民祭仍沿袭旧俗，从农历十二月二十四"小年日"开始。这天的室外气温只有6至8度。连续十几天的低温阴雨，丝毫没有影响人们对"过年"的期盼。凌晨，随着此起彼伏的鞭炮声响起，拉开了过年的序幕。

在炎帝陵殿的陵区四周和入口道路的两侧插满了各色彩旗、幡旗；陵殿前廊挂起了大红灯笼。三级台阶的护栏上绕以黄绸布并饰以花结。置于行礼亭与龙墀之间的药草台，换上了正在开花或挂果的新鲜药草，显得生意盎然。陵前的10支华烛和3支高香已经点燃。烛光灼灼，青烟袅袅，洋溢着节日的气氛。

5时许，朝拜"神农皇帝"的人流开始从四面八方涌来。大车小车满载

1．口述者：吴若光，75岁，画家。2011年2月10日在家中接受采访。

▲ 陵前宰牲/周新发 摄/2011年

着以宰牲（猪、羊、鸡）为主要祭祀供品的朝拜者。来自7千米外的龙坑村张姓农民，用农用车载了一头二百多斤重的肥猪来到炎帝陵。在谒陵广场停车后，4个小伙子半拉半抬地将肥猪抬到炎帝神农墓前。张姓农民将香烛点燃，插在陵前的香炉内，然后宰猪。宰杀完毕，割了一绺鬃毛，和上猪血，置于陵前，随即又从墓前的蜡烛上取来火，将冥币点燃。夫妻二人恭立于陵墓之前，双手合十，默默祝祷。祝祷后燃放鞭炮。张姓农民今年46岁，高中文化。当听到我们询问旁人“在陵前宰牲有何含义”时，便主动上前对我们说：“陵前宰牲，是报答老祖宗造福之德、护佑之恩。这是我家祖上传下来的习俗。”“供献毛血又是什么意思呢？”他说：“曾经问过家父，老人家说有不忘先祖‘茹毛饮血’，艰苦创业的意思。”[1] 但在后来的采访中发

1．调查者：周新发，炎陵县炎陵文化研究会会长，调查组组长。

现，大部分人对陵前宰牲的含义并不清楚，只知道是老一辈人传下来的祭祀习俗。

宰牲不是每个农家都有条件能做的，相对而言，宰鸡就简便一些了。一位42岁的刘姓妇女，家住20里外的同睦村，一早便搭班车（公交车）来到炎帝陵。她好不容易挨到陵墓前，在人群中挤出一小块空地，一手从编织袋中提出一只火红的大公鸡，一手拿出一把切菜刀，十分麻利地把鸡宰杀掉，然后将鸡头朝下，让鸡血洒在陵前的地坪上，再默默地祝诵了一会儿。待她从人丛中走出来，调查员问她是第几次来这里朝拜，她说："每年都来。有时过小年来，有时大年三十来。""每年都是你来吗？""我家男人来得多。今天他给人家帮忙去了。"[1]

宰牲祭祖的朝拜活动一直延续到下午5时。这一天，共宰猪75头、羊23只、鸡1750只。炎帝陵管理局副局长彭程告诉我们，今天还不是高潮，附近的居民一般在过年前一两天来。

24日至29日，来炎帝陵朝拜的人数累计达23850人，其中，来自广东、浙江、江西，以及湖南长沙、株洲、湘潭、郴州、衡阳等地的人数达12540人。87%以上的朝拜者是乘车来的，其中自驾车（轿车）占58%，摩托车占16%，乘坐旅游专车的占6%，县内班车占13%，出租车占7%。安仁县安平镇（约150人；距炎帝陵90千米）和桂东县沙田镇（约125人；距炎帝陵80千米）来的朝拜者，是包乘大客车专程前来的。县外朝拜者大部分是专程来祭祖的，也有利用春节假期来炎帝陵游览的。本县居民多数是在外务工或工作、学习，乘春节回乡团聚之机来炎帝陵朝拜，年龄一般在20至40岁之间，穿戴较为时髦，大部分是一家三口，自驾车、坐出租车或自驾摩托车来的。朝拜仍以宰牲、烧香、跪拜、祝祷为主要形式。炎帝陵按惯例，春节期间免购门票，而朝拜者多自动捐款（炎帝陵常设筹集建设资金自动捐款箱）。我

1．调查者：周新发，炎陵县炎陵文化研究会会长，调查组组长。

们观察到，多的有捐一百、五百的，也有捐十元、五元的。在此期间共收到不记名捐款6万余元。

（二）农历三十

农历三十是过年日，天气转晴。气温虽然上升至10度左右，但山风吹拂，寒气依然袭人，朝拜的人们仍穿着肥厚的防寒服。朝拜活动从前一天晚上10时就开始了。炎帝陵殿内殿外，人山人海，香烟弥漫，鞭炮声震耳欲聋，十步内看不清人面，听不清讲话声。在陵墓前宰牲、上香、祭拜，需要排队等候。于是，有人便在墓碑亭两侧的地坪上宰鸡上香。香烛从墓前一直插到了两侧甬道旁。在大殿内向炎帝神农像跪拜行礼，也要在前廊等候。虽是人多，但秩序井然。

来自炎帝陵北12千米石鼓村的一个“朝拜团”30余人，一大早便分乘一台中巴车和一辆轿车来到炎帝陵，年龄最大的58岁，最小的七八岁。中巴车后面是一辆小三轮，载了一头二三百斤重的肥猪和5只黑山羊、5只公鸡。他们一下车，便七手八脚地将肥猪、山羊拉到陵殿后的炎帝陵墓前，由于人多，很快就占住了宰牲位置。先是烧香，接着宰猪宰羊、杀鸡，宰牲后焚烧冥币、祝祷、燃放鞭炮，最后来到大殿内跪拜。祭祀结束后，在午门前合影留念。调查组采访了他们中的年长者，得知他们是一个村的农民，其中有5位是在城里经商的私营企业主，同来的是家属亲友。当问到在炎帝神农像前祝祷的原因时，他回答得很干脆：“全家平安、生意兴隆。”

与旧时相比，在陵前上供酒肉菜肴的很少。一位居住在离炎帝陵3千米的罗姓妇女，今年65岁。她一手提着大公鸡，一手提着竹篮子步行来到炎帝陵。我们问她准备了什么供品，她一边掀开竹篮的盖布，一边说：“一碗肉（已煮熟、切成片）、一碗鱼（油炸鱼块）、一碗饭、一壶酒。这是他（指丈夫）家爷爷传下来的规矩。”我们注意到，篮子里除了饭菜，还有筷子、酒杯，用来装酒的是一把旧时农村普遍使用的锡质酒壶。像这样以酒饭菜肴

▲ 陵前宰牲/周新发 摄/2011年

等传统祭品祭祀炎帝陵的已经不多了，我们随时看到的只是墓前石阶上摆放着的矿泉水、饮料、瓶装酒和苹果、雪梨、香蕉、饼干等，也许是朝拜者已将祭祀用的米饭菜肴等带回家了。

除夕日的祭祀活动一直延续到下午5时。这一天的朝拜者达7350人，宰猪128头、羊75头、鸡5860只。大约一小时内，陵前十几平方米的地坪上就有一寸多厚的牲血。炎帝陵管理局安排专人定时清扫牲血与炮屑香杆，保持祭祀场地的洁净。民间传说“炎帝墓前无蚊蝇”，“伏天宰鸡无异味”。我们询问在现场做保洁工作的张楚英[1] 有无此事。他说：“我也听老人说过。我在这里打扫卫生有15年了，陵前的确没有苍蝇蚊子。至于三伏天宰鸡臭不臭却没有试过。”

1．口述者：张楚英，58岁，炎陵县鹿原镇炎陵村人。在炎帝陵祭祀现场接受采访；调查者：周新发，炎陵县炎陵文化研究会会长，调查组组长。

（三）正月初一

正月初一的朝拜是从敬献新年第一炷香开始。民间传说，在炎帝陵烧第一炷香，会带来一年的好运。为了营造神圣感和神秘感，炎帝陵管理局的工作人员于农历三十晚上10时就将午门和掖门关上了。11时40分，我们来到现场，此时有五六百人已守候在午门外，等待烧新年的头炷香，大部分是自驾车来的，年龄在18岁至40岁之间，男多女少，也有抱着小孩的。因为是晚上，我们无法调查他们来自何方，但从讲话的口音上判断，不少人来自外县。

今年敬献第一炷香的是一位在炎陵县从事服务业的谭送华[1]，是一个宾馆的经理。他自己开车，带着家族成员和员工十余人，于11时40分来到炎帝陵午门前恭候。12时整，大殿内外的鞭炮声和周边村庄的鞭炮声同时响起，炎帝陵的午门徐徐开启，谭送华等一行第一时间来到行礼亭。先是敬献高香，然后到大殿炎帝像前行三跪九叩礼。礼毕，来到陵墓前宰牲（黑山羊1只），随后，将堆成宝塔形的冥币点燃。接着，他又率家属、朋友一行在炎帝墓前肃立，恭读祝文：

> 炎帝神农氏皇祖在上：2011年2月3日，农历辛卯年正月初一正子时吉辰，瀚森大酒店总经理谭送华偕眷属及好友一行，谨以牲羊、高香菲薄之仪，虔诚祭典炎帝神农氏在天之灵，感戴皇祖垂佑之恩，祈求国泰民安、家庭幸福、生意兴隆、事业发达。躬请皇祖鉴纳。尚飨。

读完祝文后，向炎帝陵管理局捐款9999元。

1．口述者：谭送华，38岁，茶陵县人，炎陵县瀚森宾馆经理。在炎帝陵祭祀现场接受采访；调查者：周新发，炎陵县炎陵文化研究会会长，调查组组长。

在广东东莞务工、连夜开车回家的本地青年廖小果[1]，没有赶上敬献新年第一炷香。采访时他说："有点遗憾。虽然不是第一炷香，但也满足了新年祭拜炎帝神农的心愿。"祭拜后，向炎帝陵捐款2000元。

从零点起，炎帝陵的鞭炮声就一直没有停过。6时，东方放亮，新年的第一个白天开始，气温明显升高了。晨雾从河面、山谷、原野弥散开来。浓雾中，炎帝陵殿高高挑起的檐角隐约可见，就如神话中的天庭一般，显得神秘莫测。虽然能见度差，但小轿车、中巴车仍然一辆接一辆，缓慢有序地驶进停车场。与前几天的来去匆匆、表情肃谨的气氛不同，今天的朝拜者服装艳亮，步履轻快，神情怡然，而且多数是结伴而来。祭祀用的香、烛、鞭炮装在手提袋中，每个团组都有人手持微型录像机或照相机。

9时许，浓雾渐渐散去，朝拜的车辆越来越多，后来的车辆只好停靠在大桥和入口公路处。因为天晴的缘故，毗邻的茶陵县、攸县、资兴市、井冈山市等地来了很多朝拜者，多是一家老少或兄弟姐妹一块来的。从茶陵县舲舫乡来的谭姓朝拜者是和父母、弟妹、子侄等20余人分乘两台轿车和一台出租车来的。谭姓朝拜者今年57岁，在家务农，弟妹在外务工，子侄2人在长沙上大学。他说："现在农村生活好了，乘春节全家人在一起的机会，来拜拜老祖宗，顺便游览一下炎帝陵。""年年春节都来祭拜吗？""差不多年年都来，有时年前，有时年后。一家人来得这么齐还是第一次。"[2] 站在一旁的小女孩抢着说："我老爷爷年轻的时候每年都来。" 这时，八十几岁的老爷爷插话说："那时候朝神农皇帝都是走路。先天晚上出发，走百把里路，三十晡还要赶回家吃年饭。"我们问小朋友在老祖宗像前许了什么心愿，"考名牌大学。"女孩脱口而出。

1．口述者：廖小果，40岁，炎陵县人。在炎帝陵祭祀现场接受采访；调查者：周新发，炎陵县炎陵文化研究会会长，调查组组长。

2．调查者：周新发，炎陵县炎陵文化研究会会长，调查组组长。

初一的祭祀活动直到下午6时才慢慢散去。这一天，朝拜人数3160人。

(四) 农历正月初二至十五

初二至初五，一直是晴天或阴天，每天前来朝拜的人数都在1500人左右。

初六是一些企业开始上班的日子。天气转阴，有时还淅淅沥沥地下起小雨，气温陡然下降。春节放假的企业大多数在这一天开工。于是，一个以企业和事业单位为主的朝拜活动高潮开始了。从这一天开始，每天都有本县或县外的企业主，以家庭、亲友或企业的名义来炎帝陵祭祀。据管理局彭程说，这已是多年来的习惯了。

和往年一样，初十一早，炎陵县咏丰瓷厂的邹春江[1] 带着25位员工来到炎帝陵。他们从车上抬下一口大肥猪，在陵墓前宰杀。在完成上香、宰牲、焚化冥币、祝祷等祭祀程序之后，邹厂长对我们说："炎帝神农耕而做陶，冶陶为器，不仅是华夏始祖，也是陶瓷业的始祖。我们厂自1995年创办以来。每年春节都来祭祀，缅怀始祖的功绩，传承和创新陶瓷文化。"

正月十五是"月半节"，炎帝陵民间有"吃了十五晡（日）的饺，要到田塄下撬"的民谚，意思是说过了元宵节，就要下田做事了。民俗文化学者罗炳生[2] 说："饺是民间传统食品，月半节吃饺，以饺祭祖、送亲友是传统习俗。一般是先天晚上或十五早上将饺蒸好，随即将一碗热气腾腾的饺供于堂屋的神台上。也有的沿袭旧俗，将饺带至炎帝墓前，作为供品，以飨炎帝神农，答谢神农发明五谷之恩，祈求当年五谷丰登。"上午9时多，我们终于见到了一位家住炎帝陵西北洣西村、今年64岁的李姓妇女正在炎帝陵墓前上供。她从竹篮子里拿出用红花大碗装的菱形包（馅）饺摆放在墓前，

1. 口述者：邹春江，45岁，炎陵县人，咏丰瓷厂厂长。在炎帝陵祭祀现场接受采访。
2. 口述者：罗炳生，78岁，炎陵县文化局原局长，已退休。2011年2月22日在家接受采访。

随后双手合十，默默祝祷。我们向她请教饺的做法，她告诉我们："先将大米（纯糯米或掺少量籼米）浸发（透），然后磨浆、沥干，用生湿粉团做。做成斗笠顶形状，不包芯子（馅）的，叫'笠斗顶饺'；包芯子的叫'包饺'。芯子一般是用冬笋丝、腊肉、油豆腐剁碎加作料炒熟，然后包成半月形或菱角形。""你每年月半节都来朝拜吗？""就是搞大集体那十多年没来。""都上供饺吗？""近几年都是。我家的饺做得好，还到墟上（农贸市场）卖。"

由于下雨的原因，舞龙耍狮的队伍10时左右才入场。今天来了12支龙狮队，远比往年少。龙狮队是民间自发组织的，着装不一，有的队黄衣黄裤，头裹黄头巾；有的则清一色红色或天蓝色。龙有3节（每节约1米长）、5节、7节、9节等，长短不一，每节由一人舞动。罗炳生向我们介绍了民间扎制龙和狮子的方法："扎龙，先是用竹篾制成圆形笼架，一节一个，然后连

▼ 舞龙/周新发 摄/2005年

接起来。龙头也是以竹篾扎制的，工序较复杂。连接之后，罩上绘有龙鳞的红布。炎陵民间耍舞的狮子，叫青草狮，狮头是用纸特制的，眼睛、舌头可以活动，狮身则以黄布裁制，每个狮子由两人合舞。”

来到炎帝陵表演的龙狮队，远的有十都镇晓东村和沔渡镇晓阳村的龙狮队，距炎帝陵有四五十千米；近的有炎帝陵所在地鹿原镇附近村组和镇机关年轻人组合的龙队。炎帝陵管理局也上了一条九节龙参加表演。一时间，谒陵广场龙飞狮舞，锣鼓喧天，唢呐声、爆竹声、掌声、叫好声连成一片，热闹非凡。在现场观看的有700多人。最受欢迎的是晓东村的两条三人布龙，几个小伙子游走腾挪，上跳下蹿，把一条短短的三节龙舞得活灵活现。龙狮表演11时结束。晚上，在炎帝陵谒陵广场，燃放了由外地企业家捐送的烟花。

至此，春节期间炎帝陵的民间祭祀活动基本结束。从小年节至月半节，来炎帝陵朝拜的居民有来自湖南、江西、广东、贵州、浙江、福建等6个省30多个县市43760人，共宰牲11656头（只），其中，猪213头，羊103头，鸡11340只。

四、结语

一年一度的春节，在鞭炮烟花的声光中拉上了帷幕，但是炎帝陵的民间祭祀活动仍在继续，而我们对春节民间祭祀炎帝陵的文化思考则刚刚开始。

思考之一：民间春节祭祀炎帝陵的习俗，与远古时代的“劳农大享蜡”“蜡先祖五祀”“一国之人皆若狂者”的“蜡祭”是否有一定的联系？在陵墓前宰牲，以毛血荐神，有何象征意义？除夕日，吃“烫皮丝”、正月十五做“饺”，以“饺”祭祖，有何含义？这些问题还有待于作进一步的研究。

思考之二：炎帝陵的春节民间祭祀为何历久不衰？如果说旧时的祭祀，是为了报答炎帝神农氏教民耕种之恩，祈求风调雨顺、五谷丰登，那么，在多元文化背景下的今天，人们祭祀炎帝陵祈望的又是什么？ 如果说年岁较大的居民是沿袭传统习俗，那么，20世纪八九十年代出生的年轻人祭祀炎帝陵的动因又是什么？

在20余天的亲历采访中，觉得有一些问题值得进一步探讨。比如，在保持春节民间祭祀活动传统的基础上，能否组织一些以弘扬民族优秀文化、建设和谐社会和新农村为内容的主题活动？能否配合民间祭祀活动，吸收一些“庙会”的文化元素，因地制宜地开展一些群众喜闻乐见的民间文艺表演，使祭祀活动内容更加丰富多彩？在保持春节民间祭祀活动自发性的前提下，是否可以以民间人士或社会团体出面，举办行业或社区的专场祭祀活动？此外，清代以往在炎帝陵建有“宰牲亭”，专供祭祀时宰牲之用。既然宰牲的习俗已经沿袭下来，是否可以考虑重修“宰牲亭”，以满足民间宰牲的需求？

2011年湖北省随州市随县厉山镇民祭炎帝神农调查报告

樊友刚

一、前言

湖北省随州地区的民间祭祀炎帝活动主要集中在随县厉山镇炎帝神农故里风景区内，祭祀活动每年都吸引数以万计的海内外炎黄子孙来此谒祖祭拜，影响十分广泛。2011年，炎帝祭典被列入第一、二批国家级非物质文化遗产扩展项目名录。

2011年2月22日，我就随州市随县厉山镇民间祭祀炎帝神农活动情况，重点走访了民间主祭的第九代传人甘清勇[1]。他现年68岁，原神农纪念馆办公室主任。自1991年以来，他一直参与祭祀活动，并担当主祭，负责奉请、上香、读颂文等，是传统祭祀活动的继承者。另外，还采访了神农庙看守人李学国[2]。他现年71岁，从1993年至今一直负责接待来神农庙敬香的香客。除此之外，对其他相关的知情者也做了采访。

二、厉山镇概况

厉山镇位于随州市区西北18千米处，建镇历史悠久，是湖北省农村四

1. 口述人：甘清勇，68岁。2011年2月22日于厉山炎帝神农风景区管委会办公室接受采访。调查者：樊友刚，65岁，随州日报社摄影记者，退休。
2. 口述人：李学国，71岁。2011年2月22日于厉山神农庙接受采访。调查者：樊友刚，65岁，随州日报社摄影记者，退休。

大历史名镇之一。2009年5月，国务院批准设立随县，厉山镇成为2009年新成立的随县人民政府所在地。全镇版图面积239.5平方千米，辖27个村（社区、居委会），总人口7.8万人。

厉山镇建镇历史可追溯至汉代。1957年文物普查时，在镇区发现大批汉砖和房屋遗址。在镇东北6千米的古城村，不仅发现汉砖、汉墓，还发现新石器时期的祭祀坛遗址。厉山镇在明代时就相当繁华了。明万历六年（1577），随州知州阳存愚在镇北立有“炎帝神农氏遗址”碑。碑高208厘米，宽96厘米。此时开始有烈山日中街。据《随州志》（1988年版）和《厉山社志》记载，明代称厉山铺，清嘉庆时称厉山店，宣统年间始改厉山镇。1937年曾改名“神农乡”。

厉山镇过去水陆交通便利，商业贸易发达。武汉方向船帮可沿㵐水直抵厉山镇码头。清代，巨商富贾云集而至，馆堂庙宇、茶馆酒肆接踵而起。清乾隆年间，江西商人在镇南建有江西会馆。清嘉庆十六年（1811），山西、陕西商人与当地布商集资在镇西建山陕会馆。民国二十六年（1937），全镇商户达400余家，有47个行业，7个帮口（棉花、粮食、南货、京货、印染、医药、熟食）。有行栈60余家，较大者8户。当时有首民谣形容说：“九街十八巷，早晚交易忙。店铺如星点，摊贩满街坊。”正是这种繁华的商业贸易，才促使民间祭祀炎帝神农的活动年年不断，盛况空前。清代嘉庆年间进士储嘉珩在《厉山》一诗中形容道：“庖牺生于陈，神农诞于楚。……耒耨教天下，医药慰疾苦。……有功则祀之，祭法天所许。至今神农庙，年年赛村鼓。”从“年年赛村鼓”一句就可知当时的盛况。

三、神农庙历史沿革

厉山镇神农庙始建于明代。清同治十三年（1874）出版的《随州志》

▲ 厉山神农庙／樊友刚 摄／2011年

所绘古厉山镇图上标明有神农庙、神农洞。后由于连年战乱，时建时毁。据知情者回忆说，1949年以前，离神农洞西几十米处，靠山陡坡处依山建有半坡水式房三间，外有围墙，此庙始称三皇庙，后也称神农庙。每年正月初一、十五，有数千人来这里烧香，襄樊、枣阳的香客较多，还有武汉的香客乘船到此来敬香，尤其是每年正月初一，不少人争着来烧头香。1958年庙被拆毁。1988年建三皇庙，仅两间房大，3米高，每间2.5米宽，供奉有伏羲、神农、黄帝。1992年又重新扩建三皇庙，1993年4月22日竣工，占地120平方米（长40米，宽30米），庙中只供奉神农像，高1.9米，木雕镏金，正襟危坐，造型优美。此时恢复称神农庙。庙为仿明清硬山卷棚脊建筑，三间，长10.5米，宽4米，为钢筋水泥结构，灰瓦，红漆明柱，雕梁画栋。檐柱对联由湖北省书法家协会原副主席、襄樊市著名书法家王树人书写：“神药垂千秋庙貌重新酬圣德，农耕昭万世民生利济感深恩。”门柱由湖北省政协原主席沈因洛书写：“神农创耕植五谷而天下食，炎帝味草疗百疾以万民安。”

庙外右侧为神农洞。神农洞全为石壁，有三四平方米大，因常年烟火熏燎，四周黧黑。神农洞正门牌匾上书“神农洞”三个古篆字，两边为杨斌庆题写的“古洞载日月，神农传九州”对联。神农洞从古至今一直是民间祭祀炎帝的敬香之地。[1]

四、历年民间祭祀概况

厉山的民间祭祀炎帝活动有文字可查的可追溯至清同治八年（1869），祭典最早传承人为清同治年间的胡兴普（号锦庭）。民间祭祀活动，归纳总结出一套成熟的祭祀仪程。在传承过程中，主要是非家族性的师徒口授传承，绵延至今已有140余年（参见表1）。其第九代传人甘清勇，现居住随县厉山镇。他自1991年以来，一直参与民间及官方祭典活动，并多次担任主祭。

表1 师徒传承名单

姓名	字号	朝 代	公元	主持时间	传承时序
胡兴普	锦庭	同治八年至光绪十年	1869—1884	16年	1
胡国立		光绪十一年至光绪二十七年	1885—1902	18年	2
康煜成	彩五	光绪二十八年至民国	1903—1916	14年	3
康德之			1917—1929	13年	4
敖资生			1930—1945	16年	5
聂同兴			1946—1957	12年	6
秦观楼			1958—1973	16年	7
崔清忠			1974—1990	17年	8
甘清勇			1991—2009	19年	9

1．以前无具体庙会日。主要为每月农历初一、十五。

厉山镇从1991年开始举行炎帝神农生辰祭祀活动，于每年农历四月二十六为祭祀日，至今没有间断。选择这天的原因源于台湾《姜姓始祖炎帝神农传承一百五十七代世系表》，表上记述："炎帝神农生于农历纪元元年，第一干支，癸未四月二十六日，于湖北随县厉山神农洞。"

促成恢复炎帝神农祭祀活动的外因还有：1987年11月，美籍华人周共·王德樵远渡重洋，将保存在美国华冈博物馆的始祖炎帝神农画像赠送给厉山镇政府，表达了海外华夏子孙寻根谒祖的热切期盼。

世界有38个国家和地区成立了烈山五姓宗亲会。从1936年在菲律宾首次创建烈山五姓宗亲总会开始，先后举办了60届恳亲大会。1960年以后，烈山五姓宗亲会先后在亚洲各国成立。1990年，美国洛杉矶烈山五姓宗亲会成立，并组建了世界烈山五姓宗亲会，至今已举办了十二届恳亲大会。该会章程写道："几千年来，从湖北省随县的烈山开枝散叶，散布四海，今名丽（厉）山的县治，就是烈山宗亲会的发源地。"每年世界烈山五姓宗亲恳亲大会的第一项仪程就是举行传统的祭祀炎帝神农活动。各国的烈山五姓宗亲会常有朝祖团来厉山寻根谒祖。

1988年，原随州市委、市政府在厉山九龙山修复建成了神农牌坊、神农桥、烈山牌楼、碑苑和功德殿等20多处纪念性建筑，并于1991年开始，在神农故里风景区恢复了谒祖祭典活动。1993年原国家主席李先念亲笔题写了"首届中国湖北烈山炎帝神农文化节"节名。此后，有11次（年）的炎帝神农生辰祭祀活动由民间举办。参加活动的民间团体有湖北省炎黄文化研究会、随州市炎黄文化研究会、随州市烈山宗亲会，以及韩国、菲律宾、中国台湾、中国香港等地的烈山宗亲总会。

活动的具体组织策划由神农纪念馆办公室原主任甘清勇[1] 负责。每年担

1. 1943年9月出生，初中文化。

任祭祀执事的有陶加涢[1]。担任祭祀司仪的有龚厚才[2]，另外还有崔清忠[3]等人。

五、民间祭祀活动礼仪

民祭则是为了彰显虔诚、尊崇，借以祈运求福。祭祀时间为每年的农历四月二十六。民祭仪式较公祭简化了许多。民祭场所在神农文化广场和神农庙举行。活动经费每年由镇政府资助3万元。

神农文化广场建于1991年。广场占地面积3300平方米。烈山门和四角角楼环绕广场四周。烈山门系古典卷棚式抱厦，勾檐画栋。大门悬挂楹联："制耒耜结网罟觅药材大功大德，谥神农号烈山称炎帝至上至尊。"该联由湖北省楹联学会名誉理事刘凤翔作，湖北省书法家协会副主席陈义经书。在神农文化广场右侧，还建有炎帝神农纪念馆，展示有神农功德组画、新石器时代厉山出土的文物、历年举行祭祀活动图片、名人字画等，供人们参观。

广场四周是文化长廊，陈列展示不同时期随县和厉山镇经济社会建设成就图片。广场中央巍然屹立着9米高的汉白玉炎帝神农雕像，手执五谷和药草，气宇轩昂。座基四周环绕着翠柏。

民间祭祀活动首先由参祭民众推选德高望重的老者担当主祭、助祭、司仪和执事。祭祀前，主祭、助祭、司仪、执事均须斋戒三日，沐浴净身。祭祀日，在神农广场烈山门上悬挂布标，上书"××年炎帝神农生辰庆典"。祭祀场周围间隔一米间插龙牙旗、彩旗。神农雕像前居中安置香案，案前设一大香炉，左右各设一小香炉。

1．1938年5月出生，初中文化，现住厉山镇卫生院家属院。

2．1931年8月出生，初中文化，现住厉山镇供销社家属院。

3．1930年出生，初中文化，现住随州城区。

▲ 祭祀队/樊友刚 摄/2011年

案上摆放三牲——牛头、猪头、羊头。三牲宰杀时，头必须从后脖下刀。另供有鱼一条，公鸡一只，五谷有稻、麦、高粱、小米、豆。供品盛于铜盘之中，盘内铺杏黄绸缎，由执事安放于香案之上。并依次置放烛台、爵、盆、帛等祭器。备有酒、时蔬、糕点、瓜果、大烛、火纸。

参加祭祀活动的一般在百人左右，根据来自不同的居委会（村委会）组成代表团。每年自发参加祭祀活动的还有镇区周边群众千余人。随州市烈山宗亲会还邀请部分海外烈山宗亲会来参加活动。参加祭祀活动最多时达3000余人。

主要仪程：

1.鸣金三响。大锣击三下，以示肃静。

2.击鼓三通。以示仪式开始。

3.主祭人、司仪、执事就位（司仪站在40厘米高的木台板上，执事站在香案前）。

4.司仪宣读开场白。

5.恭读颂文。司仪唱祝，恭颂祭文，祭文内容因时因事而异。执事将祭文交由主祭，主祭面对神农雕像肃立，助祭二人分立两侧肃立。主祭双手捧祭文颂读完，将祭文交由助祭在大香炉中焚化。

颂文基本内容是："岁值**（农历年号），序属**（季节）。九烈之庭，郁郁苍苍。旌帜列道，麋鹿扶鸾。四海之内，谒祖炎黄。炎帝始祖，功业无疆。始作耒耜，教民耕种；遍尝百草，发明医药；治麻为布，制作衣裳；日中为市，首倡交易；削桐为琴，炼丝为弦；弦木为弧，剡木为矢；做陶为器，冶制斤斧；台榭而居，安居乐业。以此八德，教化东方。悠悠华夏，文明始昌！"

6.敬献花篮和供品。如有海外烈山五姓宗亲会代表团参加，由他们领队敬献花篮，然后本镇各代表团依次双手托盘，将盛有时令鲜果、五谷、糕点等奉送执事手上，由执事供奉到案桌上。

7.敬奉高香。司仪唱祝，敬奉高香，执事奉香三炷，就烛台焚着，交给助祭，助祭转交主祭，主祭握香三揖首，插于香炉。

▼ 表演/樊友刚 摄/2011年

8.敬奉享酒。司仪唱祝，净手，执事、助祭、主祭分别于香案前铜盆中蘸清水净手。司仪唱祝，敬奉享酒三盅，执事奉爵递予助祭，助祭转交主祭，主祭捧爵，安置于香案之上。三盅酒一敬天，二敬地，三敬炎帝神农。

9.大礼叩拜。行三拜九叩之礼。司仪唱祝，跪拜先祖，全体参祭人员在主祭带领下跪下，司仪唱祝，一叩首，下跪，起立，再叩首，反复三次。礼毕，主祭进前

▲ 抬花轿/樊友刚 摄/2011年

将爵中享酒淋洒于地，以飨先祖。

10.狮龙娱祖。司仪唱祝，然后举行舞狮舞龙活动。另外还有划旱船、踩高跷、骑盲驴、蚌鹤斗。较有地方特色的是板凳龙。板凳龙是在木长条凳上扎成龙首龙身，由三人执凳腿舞动（两人执凳前腿，一人执凳后腿），一般做五条板凳龙共舞。参加上述文艺表演的主要是当地农民或居民，都是业余文艺爱好者，只是在节庆活动时由村委会（居委会）牵头组织他们进行文艺表演，多为义务。

在进行文艺表演的同时，参与祭祀活动的群众分代表团分别到神农庙敬香叩拜，祈愿求福。1995年、1996年进行民间祭祀活动时，厉山镇卫生院还组织医生在现场进行义务行医，还请来随州花鼓戏社。

自2009年农历四月二十六设立神农庙庙会以来，在庙会期间，由县文化局和旅游局组织，举办民间文艺展演和地方名吃竞赛活动。比如，2012年举办民间歌舞大赛，参加者为各乡镇的民间艺术社团和艺人，主要节目有

“采莲船”“旱车”“玩狮子”“蚌壳精”“玩龙灯”“板凳龙”“跑竹马”“独龙杠”“独人轿”“独角兽”“打硪号”“随州大鼓”“义阳大鼓”等。地方名吃有“应山滑肉”“随州春饼”“鳝鱼汤”等，百货杂耍也为庙会助兴。

六、结语

厉山镇民间祭祀炎帝神农活动同过去的民间祭祀炎帝神农活动相比，有了很大的不同。过去有初献礼、亚献礼、终献礼。祭祀开始前还有迎神，结束时有送神。初献礼中第一献香，祭品为檀炉，表“无为”之意；第二献为献花，祭品为花盘，表示自然之意；第三献为献烛，祭品为灯烛，表顺化之意；第四献为献茶，祭品为茶水，表清净之意。亚献礼也有四献，分别为献果、献酒、献斋、献食。终献礼也有四献，分别为献桃、献面、献帛、献宝。现在，这种古老的传统祭祀形式已很难看到了，被现在简单的跪拜所替代。近年来，为了活跃城乡文化生活，发展旅游产业，由政府部门组织，在庙会期间进行一些展演活动，但对神农庙的祭祀礼仪等方面关注的较少，所以有关这方面的资料比较欠缺，调查得到的材料也相应较少。随着庙会祭祀活动的正常化，可能将有更多材料予以补充。

2010年山西省高平市神农镇庄里村五谷庙祭炎帝调查报告

梁晋高　常四龙　朱潞城　郜祯祥

一、前言

山西省高平市神农镇庄里村五谷庙（亦称“炎帝陵”）每年农历四月初八庙会，是高平市民间祭祀炎帝的重要节日。传说炎帝神农氏是中华民族的人文始祖。高平是中华文明的发祥地之一，也是始祖炎帝神农氏的重要活动地。在古上党地区，以今高平市羊头山为中心，与毗邻的黎岭[1]、老顶山[2]、发鸠山[3]、郎公山[4]、古潞国[5]、炎帝岭[6]等地，形成了一个有陵、庙、祠、宫、城等庞大的炎帝文化遗存区域体系。遗址遗迹、故事传说、碑记石刻、祭祀祈祷等内涵丰富，多姿多彩。尤其是庄里村五谷庙的祭祀炎帝活动历史悠久，长盛不衰。早在轩辕黄帝时就已经形成[7]。随着历史的演变和发展，其祭祀活动也随之发生了很大变化，文化内涵更加丰富生动。

1．黎岭：俗称羊头岭，位于长治县西北黎岭村西，耆国的所在地。

2．老顶山：亦名柏谷山，东珏山，位于长治市城东北5千米处，海拔1378米，方圆40多平方千米，炎帝栖身处，山腰处有耒耜洞遗址，为长治市游览胜地。

3．发鸠山：亦名方山、西珏山、鹿谷山、发苞山，位于长子县城西25千米处，海拔1646．8米，为浊漳河南源源头，源头处有“灵湫庙”一所，祀炎帝女儿女娃。“精卫填海”的故事就发生在这里。

4．郎公山：亦名满公山，位于高平市城北15千米处，海拔1281米，山上有仓颉庙一所。

5．古潞国：古潞子国遗址位于潞城市（原为县）城东北25千米处，古城村一带，墓在续村，俗呼“龙嘴圪堆”。

6．炎帝岭：位于高平市城西北5千米处，海拔1025米，传说炎帝在此误食百足虫中毒献身。山上有炎帝庙一所。

7．据《路史》记载，炎帝“乃封参卢于潞”，以奉神农之祀。

为了抢救保护这一珍贵的历史文化遗产，也为了更好地开展对炎帝文化、中华原始文明起源的探索和研究，高平市炎帝文化研究会，组成有四人参加的调查组，以庄里村五谷庙农历四月初八庙会祭祀炎帝为课题，于2010年8月1日至9月16日，深入到庄里村五谷庙及有关的村落，进行了为期一个半月的实地调查采访。五代守陵户张文秀也与我们一道参加了调查。虽然此次调查不是在四月初八的正会期间，但因这次调查所采访的人大多数是七八十岁的老年人，是五谷庙庙会的见证者或参与者，所以，调查还是取得了丰富而翔实的资料，基本上厘清了高平市庄里村五谷庙庙会祭祀炎帝的来龙去脉。

二、村落概况

历史上庄里村五谷庙农历四月初八的祭炎帝庙会，由故关、换马、长畛、口则、岭东、庄里、许家七个村庄主管。现将主管祭典村落的概况分述如下：

故关村　故关村是五谷庙庙会祭典的主管村落之一，亦为主管祭典的首社。位于今高平市城北14.5千米处。故关村，亦名古关、谷关，自古以来就是交通要塞。相传在周朝时，就是南北之要冲。故关村历史悠久，是一处重要的历史文化名村，尤其是炎帝文化的遗存、传说相当丰富。现有村民住户180多户，人口700余人，耕地500多亩。村中有炎帝行宫、土地庙、蝗虫庙、佛爷庙等古迹。炎帝行宫位于村子南面，其创始年代无考。坐北朝南，现存建筑为清代遗构。“神农炎帝盘基在故关村前，肇基太古，无文考验。祠在换马村东南，现存坟冢，木栏绕护，然祠与宫相去柒百余步矣。”（明成化十一年〈1415〉《重修炎帝行宫》碑）故关村供奉的是炎帝的三个孩子，据于有水老人讲，炎帝是死在故关，埋在庄里村的五谷山，当地人也叫

"皇坟"。故关村村民农历正月初八、四月初八都去五谷庙进香，前者是给炎帝拜年，后者是给炎帝拜寿。

换马村　换马村是五谷庙庙会祭典的主管村落之一，位于高平市城东北14.5千米处。换马村由换马、北营、大桥三个自然村组成，现有村民住户210户，人口860余人，耕地440余亩。据传炎帝病势沉重，走到换马这个地方已不能骑马，换为人抬着走，故得名"换马"。换马村是高平北部的一大驿站和商贸重镇。村中有南庙、北庙、土地庙、奶奶庙等历史文化古迹。南庙即观音堂，其东面是古来之官道，路旁立有下马碑一通，现此碑已不存在。据焦有法老人回忆说，碑有一米多高，碑中间有"炎帝"两个大字，还有小字。武官至此下马，文官至此下轿。北营村原名"叫不应"，就是说炎帝行到这里，已病得不省人事，随行人员不停呼唤，炎帝不能应答，故称此地为"叫不应"。村中有一株皂角树，老百姓称此树为神树，有许多和炎帝有关的传说故事与此树有关。在大桥村东面的小山头上塑有一尊炎帝像，高约3余米，巍然矗立。

长畛村　长畛村是五谷庙庙会祭典的主管村落之一，位于高平市城北13千米处。原名司王庄，亦名长畛坡村。现有居民住户203户，人口910人，耕地841亩。村中有北大庙、南庙等历史文化古迹。在村南的土塄中，有一种似铁砂子样、大小如小黄豆粒的东西，老百姓俗呼为"土子"，传说是炎帝制造的药丸[1]。炎帝的四儿子松圪枝因尝此所谓"土子"的药丸中毒，变成了一个满身满脸都是疙瘩、罗锅腰、手脚圪抖的畸形人。传说炎帝的岳母也是一位种地尝药草的能手。炎帝试种五谷成功后，谷子、小麦等仍然有毒性。炎帝的岳母就用针把谷子扎了个眼将毒液排出，将小麦的筋抽去，小麦的毒就解了。所以，就留下了"小米有个眼，麦子有道缝，豆子有个点"[2]

1．此则故事流传于庄里村、长畛、岭东一带。

2．此则故事流传于庄里村、长畛、岭东一带。

的故事传说。每遇天旱，长畛村常到庄里村五谷庙求雨，83岁的牛本楼老人为课题组讲述了去五谷庙求雨的整个过程[1]。

口则村　口则村是五谷庙庙会祭典的主管村落之一，位于高平市城北12千米处。原名窑则、窑则口，是高平北部第一门户，重要的驿站和商贸重地。现有居民住户310户，人口1135人，耕地1087亩。村中有大庙、观音堂、“迎恩”阁等历史文化古迹。

岭东村　岭东村是五谷庙庙会祭奠主管村落之一，位于高平市城北14千米处。现有居民住户150余户，人口610余人，耕地770亩。四月初八和六月初六的庙会都要参加。在这次调研中，课题组采访了81岁的焦德才老人，他说，大概是在中华人民共和国成立以前，十六七岁的时候去踩过三跷，向课题组介绍了许多有关炎帝陵五谷庙的真实情况。

许家村　许家村是庄里村五谷庙庙会祭典主管村落之一，位于高平市城北15千米处，现有村民住户197户，人口650人，耕地583亩。村里有关帝庙、狼神庙等历史文化古迹。村子不大，但文化发达，历史上出过进士，近几年有考入清华大学的学子。每年庄里村五谷庙庙会时，许家是一定要参加的，村里也出过故事耍乐。

庄里村　庄里村不但是五谷庙庙会的主管村落之一，而且是四月初八、六月初六两次庙会的举办地。四月初八是祭炎帝，六月初六是祭三嵕神后羿。该村位于高平市城北14千米处，地处山区。庄里村，亦名“装殓”。因炎帝逝世后，在此装殓安葬，所以名为装殓，后来演变成庄里。村子的东面是岭东村，北面、西北面是换马村、故关村，西面、西南面是长畛村、许家

1．长畛村牛本楼讲述，天旱时到五谷庙求雨，先给炎帝烧三排香，然后抱上炎帝像就走，头上戴柳条帽，在路上不敢说话。到村东的老井上，先烧上一炷香，用柳条扫三下，然后抱上炎帝像到观音堂，如观音堂不让放，炎帝像放到求雨人哪家都行，放在院子中央曝晒，如若还不下雨，就把炎帝像抱到地里，让炎帝看看庄稼旱成什么样子了，然后放到地里再曝晒，直到晒的头上出了汗，雨就下来了。采访人：常四龙、朱潞城、郜祯祥。被采访人：牛本楼、申财生、申启富等。采访地点：申财生家。采访时间：2010年8月18日。

村，南面是口则村，六村如梅花瓣样分布于庄里村五谷庙周围，拱卫着五谷庙和炎帝陵。村子的东面有虎头山、石瓦山，村东有香油河，村西有小东仓河，晋长二级公路从村西通过，晋长高速公路从村东而过。西面便是高峻挺拔的羊头山，山川秀美，是一块美丽富饶的风水宝地。羊头山有着丰富多彩的炎帝文化遗存和生动鲜活的传说故事。从高处往下看，庄里村就像一条欲腾空翱翔的巨龙。村南有座小山，名叫五谷山，这是巨龙的头，传说炎帝就埋葬在这座似龙头的五谷山。庄里村为龙腾之地，故关村、长畛村是凤翔之地，真可谓龙凤呈祥。炎帝陵的后面是一条山岭，像似龙身，老百姓俗呼为神岭。村北有一块地方叫跑马岭，似为龙尾。传说炎帝逝世后，炎帝的坐骑非常悲哀，在此岭上狂奔，长嘶悲鸣，后来不知所终。炎帝陵的东北有一地方，名叫卧龙湾，传说是炎帝遗体停放处。东南方向有一地名叫晒场，传说是炎帝打晒粮食的地方。“米山面山，铜傍铁底香油河”，这里有着许许多多的传说故事，尤其是五谷庙内的传说故事更为丰富。

庄里村现有村民住户150余户，人口550人，耕地660亩，有申、陈、裴、焦、赵、魏、任、王、张、李等11个姓氏。申姓是从东田良迁来的。村民以务农为主，和换马、岭东村开有联办煤矿一座。村中有佛爷庙、祖师庙、观音堂、五谷庙、炎帝陵等名胜古迹。大概在明代以后，才有庄里村，在明代或明代以前，这里只是一个地名而已，或者是叫“皇坟”。过去有种说法，“只知换马镇，不知庄里村”，就是这个道理。大概在明代时只住着几户守陵户，到了清代或民国年间才逐渐地发展起来。

三、庄里村五谷庙

五谷庙位于高平市城北14千米处庄里村南的五谷山上，俗称“皇坟”。这是一块山川秀美、龙凤呈祥的风水宝地。一年一度的农历四月初八庙会祭祀炎帝活动就是在这里举办。祭祀隆重热烈，内容丰富多彩，文化底蕴深沉厚重，是流传久远的专门祭祀始祖炎帝的传统节日。有关炎帝的陵寝及祭祀炎帝的活动，传说早在轩辕黄帝时就已经形成。陵旁有庙，谓之五谷庙，在元代时，祭祀炎帝的活动，开始由羊头山迁移到这座庙里进行。该庙的创建年代无考。调查时，张文秀用手指着院内周长6.2米的柏树根说，这么大的柏树根说明五谷庙肯定很久远了。在课题组的调研中，有许多老同志回忆说，五谷庙的后面是一片森林。“镇（指换马镇）南一里许有古冢，垣址东西广六十步，南北袤百步，松柏茂密。”（[明]朱载堉《羊头山新记》）“炎帝神农氏陵庙，历代相传，载在祀典，其形势嵯峨，林木深阻久矣，吾邑封内之胜迹。”（[明]嘉靖年间《续修炎帝后妃像增制煖宫记》碑）以此推断，此庙至少有上千年的历史了。

五谷庙，坐北朝南，建筑规模宏大，分为上下两院，周有城墙。张文秀告诉课题组成员说，东面靠沟边是原生态土墙，在20世纪50年代，舞台的东面还有一个很大的土堆，西面是人工夯筑的土墙，墙外是通往换马村官道的迎神路，墙内种有25亩土地。出山门往南，过庄沟河到口则上官道到高平，出山门往西拐，再往北拐过神道到换马官道。在舞台西南面，有一座大殿，叫“应声殿”，是炎帝用来和长畛村娘家人说话的地方。在其中轴线上分列为舞台、献台和看戏的场子，北高南低。上院为宫殿式建筑，门为三洞即左、中、右。上院左右原有钟鼓二楼，现不存。平时中门不开，走左右两边旁门，只有在重大节日和祭典时才开中门。庙院内有正殿五间，为炎帝神农殿，殿内塑有炎帝、后妃和大太子像，东耳殿两间为三太子殿，西耳殿两间为三嵕神后羿殿。据老人们回忆，五谷庙内原来碑石林立，现仅存几块残碑。院内有东西厢房十几间。张文秀的姑姑、姑父就住在此房内，东厢房就是原来的碑亭，经改造后变为面阔五间的平房。明万历三十九年（1611）的“炎帝陵”碑镶嵌在后墙上保存至今，这是目前全国唯一的一块最早记载“炎帝陵”的碑刻。在“炎帝陵”碑的下面，据说有一孔窑洞直通墓穴，陵墓内有盏万年灯，常年不熄。在每年农历四月初八祭祀时，还要为万年灯添油。这只是一个传说，很少有人知道其内情。为此，课题组专门采访了高平市财政局退休干部侯五保。侯五保，80岁，陵川县府城镇大槲村人，现居住在高平市新荣区中七排10号。他说，五谷庙“炎帝陵”碑下面的洞我见过，当时是北面的一扇门开着，南面的一扇门闭着。可能自此以后，就无人见过。到底有没有洞，洞内有没有万年灯，现在仍然是个谜。

正殿面阔五间，进深六椽，悬山式屋顶，琉璃脊饰，为元代遗构，明代时曾进行过较大的维修。屋顶正中脊刹上，正面刻有“炎帝神农殿”，背面刻有“大明嘉靖六年”的题记。因该殿损毁严重，年久失修，2004年对该殿进行了落架大修，新修的炎帝神农殿巍然壮观。殿内神台高约1米，雕刻有龙、麒麟、鹿、花卉等浮雕图案，刻工精美，为宋金时的遗物。在殿内西面的柱子下面原有一个方形小井，是专门为长治县南宋乡东掌村求雨而建置的，现不存[1]。五谷庙的东面是关帝庙，有正殿三间，东西耳殿各三间。五谷庙正殿东面有配殿三间，东西开门，出东门是关帝庙，出西门是五谷庙。在“炎帝陵”石碑的东面，靠近东城墙，原有厂棚七间，在50年代做过饲养室。

四、五谷庙庙会

（一）庙会的历史

每年的农历四月初八，是高平市神农镇庄里村五谷庙一年一度祭祀炎

1．长治县南宋乡东掌村宋转运讲述，到五谷庙求雨，是悄悄地去，而且只能是属龙属蛇的人去。五谷庙大殿西面有根柱子，柱子下面有个方形井，把柱子挑起来，把沙子挖了，把取水的瓶子放进去，瓶子口上放上纸捻子，烧上三排香，然后就等。若捻子掉到瓶子里，意思就求到雨了，然后就带上瓶子往回走。回来的路上不能说话，不能去厕所，待把瓶子放在庙内，烧上香等雨。有时刚烧上香雨就下来了。东掌村去求雨，没有空过，可灵验了。采访人：常四龙、朱潞城、郜祯祥。被采访人：宋转运、王德国、王怀忠、王雷兵等。采访地点：长治县东掌村观音堂前广场。采访时间：2010年9月9日。

帝神农氏的日子。这是一个具有浓重的地域特色的祭祀炎帝神农氏的节日。这个节日历史悠久，文化内涵厚重，内容丰富多彩，而且影响深远。我国宗教性的祭祀，大约在我国人类社会发展的旧石器晚期就已经出现。新石器时代的人们已经开始懂得祭天祭地祭祖宗。炎帝神农氏首创蜡祭与傩舞，大型的祭祀活动，都是由德高望重的部落首领来主持。有关炎帝神农氏的祭祀兴起比较早。据《左传》记载："有烈山氏之子曰柱为稷，自夏以上祀之，周弃亦为稷，自商以来祀之。"柱、弃等都是炎帝的后裔，作为稷神而为之祭祀。高平地区祭祀炎帝神农氏，从目前的文献传说来看，可上溯至轩辕黄帝时代。据《路史》记载，黄帝封参卢于潞，以奉神农之祀。参卢是炎帝的末代帝，潞是古上党地区的潞城县。潞子婴儿是炎帝族的后裔，现潞城县潞子婴儿墓遗址尚存。这就是说有关炎帝的祭祀，在黄帝时已经初步形成，并沿袭传承至今，可以说已有五千年的悠久历史了。

三国时程玑的《上党记》说，神农城在羊头山，城内有庙。以此推断，羊头山在汉代已经筑庙祭祀炎帝了。"历代崇恩，峰亭享庙。"（[唐]武则天天授二年〈691〉《重修清化寺碑》）至唐代羊头山的祭祀活动进入繁荣时代，经宋金至元代，迁徙于山下五谷庙，大概至明代羊头山上的祭祀逐渐地走向衰落，神农城内的庙宇也逐渐荒废。而庄里村五谷庙的祭祀从明代走向繁荣，至民国年间更加兴旺。元代时元成宗皇帝孛儿只斤铁穆耳，大德九年（1305）曾经派人到庄里村祭祀过。从明清以后，庄里村五谷庙的祭祀活动一直兴旺发达，形成了以农历四月初八为主要庙会节日的隆重的祭祀活动。

总之，庄里村五谷庙的祭祀，从黄帝封参卢于潞，以奉神农之祀以来，经汉代修庙，历隋唐宋金，到元代皇帝遣使祭祀，以至明清形成的农历四月初八庙会祭炎帝节日，历经四五千年的历史沧桑，积淀了丰厚的文化内涵。

（二）庙会的组织

庄里村五谷庙庙会，是由故关、换马、长畛、口则、庄里、岭东、许家六村七社组织管理实施。庙会的一切事宜由六村七社德高望重的社首具体办理。新中国成立前后，庙会由原来的一个月改为六天，庙会的形式就变得简单了。以后就移交给换马、庄里、岭东三个村来组织承办，后来又由庄里村一个村负责五谷庙的庙会承办。张文秀说，1949年以前的情况我不知道，而我见过1959年规模最大的一次庙会。1959年叫高平人民公社，三甲、团池属一个管区，叫三甲管区。那一次庙会，就是三甲管区组织的，三甲、团池两地的村庄都参加了，摆的故事（指高跷、竹马、旱船等民间文艺活动）从换马村的北庙到五谷庙还没有摆完。2000年、2001年神农镇政府连续两年举办了五谷庙公祭炎帝陵活动，高平市委、市政府、市人大、市政协四大班子，以及晋城市的有关领导也都参加了祭典活动。一是献三牲、花篮、鲜果，二是上香祭拜，三是宣读祭炎帝文，并有故事耍乐、唱戏等各项文艺活动。现在的庙会，会期三天，由庄里村组织实施，有时唱戏，有时演电影，或举办其他形式的文艺活动，变成了普通庙会。

（三）庙会的过程

1.准备

五谷庙四月初八的庙会要有半个月的准备，也就是通常所说的“进半个月”。在四月初七的前半个月，故关、换马、长畛、口则、岭东、庄里、许家七村的社首，以庙院住持敲钟为号，听到钟声后，集中到五谷庙，开始庙会的筹备。社首们吃住在五谷庙内，他们的生活待遇比较高，每天吃鸡蛋喝蜂蜜，并且有神威在身，穿大衫戴礼帽，可真是八面威风。据说在四月初一还要举行隆重的欢迎社首仪式。所以在当地有句顺口溜：“走扬州，下汉口，不如五谷庙内当社首。”在此次调查中，因时间久远，很少有人谈及迎社首的事。七村以故关为首社，各村轮值，并设有账房和管账先生。庙会前的筹备工作有以下几项事宜：

(1) 收缴群众的献米献面（群众的一切捐赠都要记帐）。

(2) 安排庙会期间各村的故事要乐。

(3) 联系戏班子。五谷庙唱戏，唱的都是大戏。所谓大戏就是上党梆子的大戏种，不演像落子、秧歌之类的小戏种。

(4) 搭祭棚。庙会期间，在五谷庙的庙院内要搭一座帐篷，为祭典时用。

(5) 炸祭及准备祭祀时如面膳之类的各色供品。

说起炸祭，这是五谷庙祭祀炎帝最为重要的、神圣而又荣耀的一件大事。炸祭要由专门的师傅来做，五谷庙炸祭的师傅是换马村的焦起方，因焦起方去世，现已失传。所谓炸祭，是用白面和豆面和在一起，做成各种形状，然后用豆油炸，就叫作炸祭，也叫面祭。做好的祭高大壮观，约有五六尺宽，四五尺高，有屋顶、瓦垅、勾头、滴水、脊、宝瓶、滚龙柱，看上去像个阁楼，金光闪耀，非常好看。现在的庙会已经不炸祭了。在此次调查中，我们有幸见到了寺庄镇伞盖村韩兴国师傅，他为课题组详细介绍了做祭的情况，并且观看了他在北诗镇东吴庄村玉皇庙庆典时亲手做的祭。

祭分大、中、小三种，大祭用90斤面，中祭用60斤面，小祭用30斤面，祭的大小以超过殿堂的殿门为宜。祭有五种形式：二龙戏珠；狮子滚绣球；龙头凤尾，龙头在中间，两侧加插龙脊，两端是凤尾、屋脊；状元双插花，中间低两头高；香炉送闺女等。

做祭时，有两道主要程序，一是做面片和炸面片，二是插祭。插祭时按照要求用圪获棍绑好架子。做祭前要先做点馓子之类的供品敬灶神即炎帝老爷。插祭时还有许多的禁忌，比如孕妇、毛头闺女、寡妇、穿白鞋戴孝的人等都不能见。韩兴国师傅这次在东吴庄村做的祭，就是有勾头滴水的那一种，即高1.6米、宽1.4米的小祭，分为前后两层。韩兴国所做的祭与课题组在采访中，由申广荣和焦德才两位老人叙述的五谷庙所做的祭基本相同。

2.正会

庄里村五谷庙的正会在四月初七至初九。一般是庙会三天，唱戏四天，

▲ 面祭／梁晋高 摄／2007年

初十还要再唱一天。初七是五谷庙正会的头一天，这一天没有其他的活动，就是下午、晚上唱戏。初八是最热闹的一天，祭祀活动内容多，是祭祀炎帝活动的高潮。这一天除六村七社的人来赶会外，方圆十几里以外的村民也都来赶会，人数达上万人，有时还会更多，真可谓是人山人海。赶会时大人小孩还要穿上新衣裳，像过新年一样，喜气洋洋。有烧香的，有还愿的，有看热闹的，摩肩擦背，车水马龙。祭祀炎帝活动主要有以下几项内容：

(1) 上祭摆供

在四月初七这一天搭起祭棚，祭棚内摆放有石供桌，石供桌约有2米长、1米宽。在上祭前，首先要把炎帝、后妃、三嵕神及后羿神像请出来，端端正正地摆放在祭棚内，然后上祭摆供。上祭摆供时要伴乐唱戏，戏要唱三出。在悠扬的鼓乐声中，把做好的祭摆放在供桌上，接着再把馓子、天鹅蛋、石榴、乌龟、松圪拉、四叶蜂、蝴蝶、假石榴、麻叶、扭麻叶、大烩菜、油糕等面膳供品，一应摆上。

▲ 供品/梁晋高 摄/2009年

(2) 迎太子

四月初八是炎帝的生日，这一天住在故关的三个太子要来给炎帝拜寿。迎太子是五谷庙庙会最重要的内容，非常的隆重，非常的热烈。拜年、做寿故关村要去五六十个人烧香。根据故关村郭东梅、于有水两位老人回忆，迎太子的队伍是两列纵队，其队形是：

①飞虎旗二（图案飞虎）；

②四个镖（即四块大牌、八个大字：朝山进香、回避肃静）；

③二人抬大鼓；

④八面进香锣；

⑤四人抬供桌（供桌上放有黄裱、香、馓子、大油灯、大转盘、鞭炮以及烧香用的供品）；

⑥四人抬大鼓楼（鼓楼装饰华丽，美观漂亮，楼内有大鼓、小鼓、堂鼓和拍板）；

⑦细家伙（笙、唢呐、笛子、箫、丝弦、大锣、小锣、大钗、小钗、大镟、小镟等）；

⑧红、黑二将军；

⑨三太子；

⑩黄锣伞。

队伍在鼓乐声中行进，边走边敲锣边打鼓，“咚咚”“锵锵”，队伍宏大壮观，声震山响。

(3) 拜寿

队伍到五谷庙后，先把供桌摆上，烧上香，然后给炎帝磕头作揖拜寿。三太子头戴小王盔，盔上插有三支羽翎，由青年小伙子扛着，给炎帝拜三拜。三太子拜完后，其他各村献上猪头等供品，同时烧香、磕头、放鞭炮。拜寿的场面庄重、热烈，充满着浓浓的亲情和和谐美好的气氛。

(4) 祭典

拜寿结束后，就是献给炎帝的祭祀活动。这时整个祭祀活动达到了高峰，祭祀的人们，前来赶会烧香看热闹的群众，热情高涨，群情激奋，既隆重而又热烈。首先是“马子（zhi）[1]”清场，“马子”要在场内转三圈，左三圈，右三圈。三声响鞭后，全场肃静，然后上香，住持僧念经，恭读《祭炎帝文书》。读罢文书后，算是祭祀炎帝活动结束。祭祀活动结束后，故关送太子的队伍就回去了。回到故关还要到炎帝行宫烧香，然后一人分一份馓子。

(5) 文艺活动

整个祭典活动在上午举行。祭典结束后，要举行两项文艺活动，一是摆故事。恭读完《祭炎帝文书》后，便开始摆故事，各村的故事耍乐开始表演。耍乐有踩跷、竹马、旱船、扛桩、二鬼摔跤、武故事等，其内容有《八

1．“马子(zhi)”，祭祀时的神汉，称“马裨”，当地称“马子(zhi)”，“子”读“只”。

仙过海》《西游记》《三国演义》等戏剧节目。参加耍乐表演的村庄远到下台、沙院，以及三甲的长寿、响水坡等，整个赛事异常热闹，人们踊跃参加，从庄里村一直耍摆到换马村的祖师庙。二是唱大戏。请来豫剧或上党梆子、河北梆子、上党落子等剧团演出。上午摆完故事，下午和晚上唱戏，其剧目大多数为历史剧，有包公、水浒、杨家将、岳家将等。到了初九，没有其他的活动，下午、晚上继续唱戏。五谷庙的祭祀，文艺活动非常丰富，多为民间传统的耍乐故事。正会期间，各地的商贾也来赶会，有叉把扫帚、干鲜杂果、针头线脑、锅碗瓢盆等各类农具、农副产品及各色杂货，还有多家卖烧豆腐、刀削面、汆汤、烧大葱、十大碗等地方小吃和饭店，也都为庙会助兴。

▲ 扛桩/梁晋高 摄/2007年

3.善后

初七、初八、初九三天正会结束，整个祭祀炎帝活动也就告罄。会后还有几件事要做，所以各村的社首仍然要在五谷庙住，就是通常所说的“出半个月”。祭祀结束后首先要做的第一件事就是分祭和其他供品。各家各户都要分一块祭。按照做祭师傅韩兴国所说，各种供品祭祀敬神完毕，由主持人或事主分配管事人员，按村落大小人口多少，挨门挨户分发，这叫挨门撒茶食，分享供品，享受神的吉星高照。“吃斋”同“吃灾”。吃去灾难，消除病魔，让世人平安健康，延年益寿，得财得福，安居乐业。

第二件事送戏箱。五谷庙初九唱罢戏后，到初十再唱一天，十一把戏箱送到长治县原家庄再唱三天，唱戏的钱和一切费用由庄里村五谷庙出。据传炎帝的第一位夫人娶的是原家庄的，所以五谷庙庙会完了，原班人马要到原家庄给娘娘唱戏。据原家庄76岁的原怀景老人回忆说，高平四月初八会罢，来这里唱戏，我们不出钱，而且还是好把式来唱，戏唱得好赏袋面，我就看过，戏班子是晋城大阳的，唱的是《黄河阵》。

第三件事登记财物，结算账目。五谷庙的庙会经济来源有三，一是五谷庙种地的收入。五谷庙种有25亩地，不纳粮，不交税，种的粮食除种粮户留下口粮种子外，其余全部缴五谷庙使用。二是群众百姓的捐钱捐物，或者是香客的布施钱。三是若上述两项收入不够支出，短缺的部分由七村摊派。会后，要公布收支情况，如有结余，可转下年；如若亏欠，各村分摊。登记财物、结算账目公布后，各位社首在五谷庙内的城隍老爷像前烧香磕头，发誓不贪不占。按习俗“不发誓，不许愿，不准下山”。社首烧过香，磕过头，发过誓，烧上油馍，大家共同吃上一顿饭，然后下山。

五、结语

庄里村五谷庙农历四月初八的祭祀炎帝庙会，历史悠久，对祖宗神的信仰表现得尤为浓烈。在这次调查中，课题组紧紧地围绕着祭祀炎帝这一主题，对于主管祭祀的六村七社开展深入而又细致的调查和采访工作。每到一地，所在地的村委会都给予积极的支持和帮助，比如故关村民委员会主任申志忠，换马村党支部的老支书焦起财，岭东村的村民委员会主任焦天祥，许家村的党支部书记许水成等同志，都能热心地为课题组介绍该村的基本情况，并带领课题组考察村里的历史文化古迹，讲述炎帝的传说故事，使调查工作开展得非常顺利。所到村庄，课题组亲自走访了有关四月初八祭典活动的老年人，比如岭东村81岁的焦德才，许家村74岁的许元孩，故关村78岁的于有水，换马村81岁的焦有法，口则村91岁的焦起旺等老年人，都是四月初八庄里村五谷庙庙会的见证人或参与者，他们为此次课题调研提供了许多真实的资料。在这里对给予该课题支持和帮助的领导和群众表示真诚的感谢。

炎帝种五谷、尝百草的伟大创业精神和奉献精神，永远是我们炎黄子孙巨大的精神财富。比如说在祭典活动中的“迎太子”“拜寿”“送戏箱”所表达的深沉的情感，是中华民族孝敬父母的传统美德。以农为本，发展农业生产，几千年来是我们中华民族的立国之本。如长畛村、东掌村特殊的求雨活动，祈求祖宗神的保佑，表现了对始祖的信赖和虔诚。虽是在祈祷神灵的保佑，但也表现了不屈不挠的与大自然抗争的奋斗精神。

虽然，在此次祭炎帝的节日调研中取得了很大的成绩，对于保护历史文化遗产起到了非常重要的作用，但是仍然存在着许多问题和不足。中华人民共和国成立已60多年了，许多参与祭祀活动的老人都已下世，有些历史事实已经被湮没了，有些资料已经很难寻找或澄清。比如我们在调研中所提到的《祭炎帝文书》，再也找不到了，不知道其真实的内容是什么。又比如“炎帝陵”碑下的洞和万年灯的事只能是个传说而已，至今仍然是个不解之谜。希望有识之士，能在今后的调查中揭开这个谜。总之，还有许多的细节和内容仍需要我们今后继续去调查、去了解、去完善。

附录

丁亥年（2007）湖南省炎帝陵祭祖大典活动方案

一、祭祖大典活动时间、地点

时间：2007年11月8日09：09

地点：炎帝陵祭祀广场

二、祭祖大典的规模

参加活动总人数控制在1800人以内。其中，邀请嘉宾约620人，工作人员1180人。

（一）邀请嘉宾

1．国家领导人及随从6人；

2．省领导及随从16人；

3．省直单位，各民主党派和理事单位（名单附后）70人，省警卫人员、工作人员、交警、司机约40人；

4．市州负责人及随行人员39人（株洲市除外）；

5．捐资单位和个人代表37人；

6．企业代表50人；

7．出席“炎陵神农中医药文化纪念馆”工程建设开工典礼的领导和嘉宾50人；

8．海内外新闻媒体记者270人；

9．株洲市领导及相关部门负责人85人。

（二）工作人员

1．株洲市80人；

2．炎陵县1100人，其中，仪仗队500人，合唱队500人，现场工作人员100人。

三、具体活动安排

（一）日程安排

11月7日

18：00之前，出席祭祖大典的领导和嘉宾抵达炎陵县；

18：00，在炎陵县各接待宾馆举行欢迎晚宴，相关领导分别致祝酒词。

11月8日

08：20，列队启程赴炎帝陵，至圣德广场集合；

09：09—10：09，举行祭祖大典；

10：09—10：19，举行开午门仪式；

10：19—10：29，举行祭文碑揭碑仪式；

10：19—10：29，举行崇德坊揭碑仪式；

10：19—10：29，举行“炎陵神农中医药文化纪念馆”工程建设开工典礼；

12：30，在攸县午餐。活动结束，返程。

（二）祭祖大典安排

主祭人：周　强（省长）

主持人：徐宪平（副省长）

仪程：

1．全体肃立

2．击鼓九通

鸣金九响

鸣炮，奏乐

3．向中华民族始祖炎帝神农氏敬献供品

4．唱颂歌——《祭炎帝》

5．向中华民族始祖炎帝神农氏敬献花篮

敬献花篮顺序：国家领导人、主祭人、省五大家领导和炎帝陵基金会领导、国家食品药品监督管理局领导、国家中医药管理局领导、襄理主祭人

6．请主祭人向中华民族始祖炎帝神农氏敬香

7．向中华民族始祖炎帝神农氏三鞠躬

8．请主祭人恭读祭文

9．鸣炮，奏乐，礼成

（三）开午门仪式（全体参祭嘉宾）

（四）祭文碑揭碑仪式

主持人：郭开朗（副省长）

揭碑人：周强

（五）崇德坊揭碑仪式

主持人：邓德芳

揭碑人：石玉珍、姜儒振、张雄、傅军、钟建国

（六）“炎陵神农中医药文化纪念馆”工程建设开工典礼

主持人：王群

1．国家食品药品监督管理局原副局长、炎陵神农中医药文化纪念管理事会理事长任德权先生致辞；

2．施工方代表讲话；

3．徐宪平副省长宣布：炎陵神农中医药文化纪念馆工程建设正式开工！

丁亥年湖南省炎帝陵祭祖大典组委会

二〇〇七年十月三十一日

丁亥年(2007)湖南省社会各界炎帝陵祭祖大典活动组织组工作方案

根据“丁亥年湖南省各界炎帝陵祭祖大典”组委会“庄重、祥和、俭朴、圆满”的仪式工作要求，特制订炎陵县活动组织组工作方案。

一、工作机构及工作职责

组　长：曾筱萍

副组长：廖子强　黄建中　黄建林

成　员：曾见欣　张群明　廖政林　段德华　刘福贵　陈黎明　段　旭　马永清　陈小涛　唐青平　彭　志　欧阳波　古业明　罗卫中　谭建良　唐巨红　孟文军　段　宏　陈　平　罗立斌　陈立忠

（一）工作协调组

组　长：罗立斌

副组长：刘晓斌 唐立宏 陈林曲

职　责：

1．负责与指挥部和对外联络，通知所有仪仗队按指定时间和地点到位。

2．负责所有仪式程序的文字材料。

3．负责仪式所需车辆的调度，督促和通报仪式筹备工作进展情况。

(二) 现场布置组

组　长：廖子强

副组长：刘福贵　陈　平　谭　艳　杨红兵

职　责：

1. 负责仪式现场所需物品、合唱台、祭文碑的购置、制作和设置。

2. 负责仪式现场所有道具的采购、制作和维修工作。

3. 确保所有仪式现场的音响效果。

4. 负责圣德广场“九龙朝圣”的搭建。

(三)仪仗组

组　长：陈立忠

副组长：刘 勇　饶双华

成　员：唐小云　李晓敏　刘业平　彭国苏　宁芳恒

职　责：

1. 负责在圣德广场、咏丰台和朝觐广场引导仪仗队的训练，并按祭祀要求落实仪仗队在指定位置定点。

2. 负责民乐、铜管乐、打击乐和鸣金击鼓训练，选配好曲牌，按指定位置组织仪式演奏。

3. 负责大典仪式的组织实施。

(四) 服装组

组　长：饶双华

副组长：龚慧安 蔡 枚 万艳飞

职　责：

1. 根据仪式要求，做好服装、道具添置工作。

2. 负责所有添置服装的设计、制作和采购。

3．负责所有新老服装的配发、收藏等管理工作。

（五）礼仪组

组　长：欧阳波

副组长：廖政林 余建英

职　责：负责礼仪小姐和礼仪先生的抽调和训练，并在祭祀程序上按规定履行各自的职责，大方、及时、准确地完成典礼仪程。

（六）合唱组

组　长：刘留燕

副组长：段小平 刘建钧 唐曼喜 饶双华

职　责：配合市文化局负责所有合唱队员的训练和现场演练，确保最佳演出效果。

（七）揭碑组

组　长：谭 艳

副组长：彭 程

成　员：宁芳恒 饶卫东

职　责：负责揭碑现场音响、红绸的布置，负责铜管乐队、九节龙的指挥和揭碑现场的组织。

二、11月8日仪式程序安排

（一）早上5：30所有仪仗队人员从县城出发，6：00到达炎帝陵，6：20前仪仗队人员穿好服装，持道具进入指定位置，做好充分准备；6：30合唱队人员从县城出发，7：00到达炎帝陵，7：30着装到达候场区。

(二) 7：59其他参祭队伍从县城出发（交警牵引），到达圣德广场等候。

(三) 8：19主祭队伍从县城出发，到达圣德广场后，在礼仪人员的引导下列队，在圣德广场等候的队伍紧随其后。参加祭祖的嘉宾队伍跟随引导仪仗队行进时的排序：

1．领导方队（国家、省、市主要领导）；

2．参祭方队（分界别设参祭团引导幡）。

(四) 8：49～8：59祭祀大道南端的祭祖人员随引导仪仗队沿祭祀大道前往祭祀广场，沿途经过的祭祀大道两侧定点仪仗队及时表演。

(五) 8：49～9：09主祭队伍向祭祀广场行进,国家和湖南省主要领导在神农大殿阶梯前，按红线标记位置就位；其他所有参祭团均按地毯上的标记位置列队，等候祭祖大典仪式开始。

(六) 8：55由新闻主持人介绍祭祖大典盛况，介绍各方嘉宾，新闻记者采访、拍照、摄像。5分钟后，告知所有记者撤回新闻记者方阵就位，并请仪式主持人主持祭祖大典。仪式主持人由礼仪人员引导至主持位，介绍参加祭祖大典的主要嘉宾。

(七) 9：09仪式主持人宣布：丁亥年湖南省社会各界炎帝陵祭祖大典仪式开始。

1．全体肃立；

击鼓九通；

鸣金九响；

鸣炮奏乐。

2．向中华民族始祖炎帝神农氏敬献供品（仪仗人员抬供品至神农大殿前供品台上敬献，鞠躬后向右转移至大殿后廓）。

3．颂歌《祭炎帝》（音乐起的同时，在祭祀广场、配殿和大殿东西两侧候场的合唱队，随音乐迅速有序进入指定的位置就位，同声高唱《祭炎帝》）。

4．湖南省人民政府省长向中华民族始祖炎帝神农氏敬香。（敬香人由礼仪人员引导至主祭台香炉前，仪式人员捧香紧随其后，由引导礼仪解开捆香红绸并逐一将香呈递给敬香人插入香炉，敬香人鞠躬后由礼仪人员引导至主祭位面向广场肃立；若有国家领导人参加,就先敬花篮后敬香）

5．向中华民族始祖炎帝神农氏敬献花篮。

6．向中华民族始祖炎帝神农氏三鞠躬：一鞠躬、二鞠躬、三鞠躬（在主祭台的嘉宾转向大殿三鞠躬后，再面向广场肃立）。

7．湖南省人民政府省长恭读《祭炎帝陵文》（由礼仪人员呈递祭文）。

8．焚帛书（省长恭读祭文后，礼仪人员引导省长将祭文放在香炉中焚烧。随后，又引导省长回到主祭位，面向广场肃立）。

9．鸣炮、奏乐（由仪式主持人告知：请参加祭祖大典的所有嘉宾参观神农大殿，并前往谒陵广场参加开午门仪式，到墓碑亭谒陵和参加祭文碑揭碑仪式及崇德坊落成揭碑仪式）。

（八）9：49由幡旗、礼仪人员从神农大殿西侧围墙边引导所有嘉宾至午门前，举行开午门仪式。龙狮齐舞，锣鼓齐鸣，唢呐齐奏中，午门徐徐打开，嘉宾缓缓进入午门至行礼亭、炎帝陵殿、墓碑亭。

（九）9：59参加祭祖活动的所有嘉宾谒陵，同时举行丁亥年湖南省社会各界炎帝陵祭祖大典祭文碑揭碑仪式。

（十）10：30举行神农医药文化纪念馆工程建设开工典礼，同时举行崇德坊揭碑仪式。

（十一）11：00所有祭祀仪式结束。

三、仪仗队组成与布局

（一）祭祀大道南端引导仪仗队（共208人）

1．大祭幡1面、大直幅龙幡2面3人（抽调）

2．刀形幡旗40面40人 （炎陵中学1.7米以上男生）

3．九节龙3条27人 （炎帝陵、霞阳、鹿原）

4．南狮2只4人 （艺术团）

5．铜长号16支16人 （三河）

6．大锣8面16人 （老年健身站）

7．大鼓2面10人 （农业局）

8．唢呐20支20人 （霞阳）

9．神农钹12面12人 （老年健身站）

10.神农鼓12面12人 （老年健身站）

11.三牲、五谷、时鲜、祭文盒24人 （林业局；身高1.7米以上）

12.花篮礼仪、引导小姐24人 （妇联）

（二）圣德广场（共137人。负责：刘勇；辅导：饶双华）

1．九龙朝圣造型（固定在圆圈正中） （建设局、炎帝陵）

2．花环56人（手持花环，代表56个民族） （教育局）

3．铜管乐41人（霞阳8、石洲6、三河6、十都6、沔渡6、水口8。指挥：宁芳恒）

4．腰鼓队40人（西街居委会）

（三）朝觐广场（共106人。负责：陈黎明；辅导：陈立忠）

1．大鼓14面26人（一中教师）

2．神农钹40副40人，神农鼓40面40人（一中学生）

（四）龙珠桥至公祭广场道路两侧(共34人。负责：孟文军、罗卫中、唐巨红；辅导：陈立忠)

1．南狮2只4人（霞阳）

2．5条三节龙15人（十都抽调农民）

3．5条三节龙15人（沔渡抽调农民）

（五）祭祀广场(定点877人，引导进入208人。负责：曾见欣)

1．广场两侧木栏杆边各固定24面直幅大幡

2．50节长龙分列幡旗旁102人（鹿原教育办教师）

3．捧香人捧香肃立在神农大殿一台阶前广场右侧1人

4．神农大殿前一台阶左侧古乐队40人（艺术团14、天成乐队22人、示范幼儿园4位女老师。负责兼指挥：李晓敏）

5．神农大殿前二台阶香炉左边为主祭位,右边为主持位；两侧各摆特大鼓1面，特大锣1面4人

6．《祭炎帝》合唱队在神农大殿前的布局（730人）

（1）正中一、二级阶梯上：株洲师专214人

（2）一级台阶东西两侧栏杆边三级合唱台：一中180人，男生1.6米，女生1.56米

（3）二级台阶东西两侧栏杆边三级合唱台：炎陵中学216人

（4）正中第三级阶梯上：职校120人

7．引导仪仗队进入广场定位，并参加祭祖大典仪式（205人）

（1）特大幡旗进入公祭广场前坪西边草地3人

（2）刀形幡旗40面分列大殿廊下两侧栏杆旁40人

（3）3条九节长龙在广场南端两侧27人

（4）南狮2只进入广场东西两侧4人

（5）8面大锣、2面大鼓、12副神农钹、12面神农鼓进入广场南端

(6) 供品队在阶梯前右侧24人

(7) 花篮在阶梯前左侧10人

(8) 16支土长号、20支唢呐进入神农大殿一阶梯右侧排列36人

(9) 引导礼仪14人在广场正中定位

(六) 神农大殿西北围墙下引导队（24人。负责：刘才武）

1．20面幡旗20人（炎陵中学）

2．引导礼仪4人 （妇联）

(七) 谒陵广场(共127人。负责：陈立忠、李小敏）

1．3条九节龙27人(炎帝陵、鹿原、霞阳从祭祀广场转移）

2．北狮2只4人（从祭祀广场转移。艺术团）

3．特大鼓、特大锣各2面4人（从神农大殿前转移）

4．大鼓4面8人（农业局从祭祀广场转移）

5．神农鼓20面20人（老年健身站从祭祀广场转移）

6．神农锣、神农钹各10面（副）20人（老年健身站从祭祀广场转移）

7．唢呐20支20人（从祭祀广场转移）

8．幡旗20人（从神农大殿西北围墙下引导进入。炎陵中学）

9．引导礼仪4人（妇联）

(八) 炎帝殿右侧廊下（共14人。负责：唐小云）古乐队14人（从神农大殿左侧转移。艺术团）

(九) 墓碑亭(共36人。负责：谭艳）

1．铜管乐队14人(水口8、石洲6。从圣德广场乘车转移）

2．九节龙2条18人（霞阳、鹿原。开午门进入）

3．引导礼仪4人（妇联）

四、需要转移的仪仗队伍

（一）圣德广场花环队、腰鼓队、龙珠桥以北的三节龙队，尾随公祭队伍至祭祀广场，按序排列好，参加祭祀大典。

（二）铜管乐队40人从圣德广场乘车转移至神农大桥西端下车，水口8人、石洲6人到达墓碑亭等候举行祭文碑揭碑仪式。十都6人、沔渡6人到崇德坊等候揭碑仪式。霞阳8人、三河6人转移至神农医药文化纪念馆工程建设开工现场。鹿原中学40人着学生服装到达神农医药文化纪念馆放气球。

（三）祭祀大典仪式结束后，当所有嘉宾进入神农大殿参观时，在祭祀广场定位的3条九节龙和2只北狮，在神农大殿二台阶的4位特大锣、特大鼓敲击手，神农锣鼓队迅速转移至午门前，在神农大殿一台阶右侧的20支唢呐、16支铜长号也转移至午门两侧阶梯上，等候举行开午门仪式；在神农大殿一台阶左侧的古乐队14人同时转移至炎帝殿右侧树下，负责嘉宾步入午门、行礼亭、炎帝殿时的奏乐及嘉宾离开谒陵区的奏乐。

（四）神农大殿炎陵中学20支幡旗队、礼仪小姐4人引导所有参观完神农大殿的主要嘉宾至午门前嘉宾区。幡旗分列东西两侧。

（五）祭祀大典结束后，除需转移的队伍外，其他队伍原地不动，待炎帝殿的所有仪式结束后，再有序离开现场。

（六）开午门仪式结束后，进入午门的霞阳、鹿原的2条九节龙至墓碑亭旁造型，等候举行祭文碑揭碑仪式。

五、训练安排

1．一中、炎陵中学、职校合唱队员11月4日以前，由各学校各自组织训练，要求所有合唱队员熟记《祭炎帝》词曲，做到演唱时感情丰富、形神兼备。一中神农锣鼓队11月4日前由一中负责组织训练。11月5日上午活动组织组进行督查。

2．引导仪仗队、三节龙、古乐队、铜管乐队11月4日前由各责任单位组织训练。

3．所有仪仗队（不含合唱队、幡旗队）11月7日上午7：30从县城乘车到炎帝陵进行彩排。

4．合唱队、幡旗队11月7日下午2：00从县城乘车到炎帝陵排练。

丁亥年湖南省社会各界炎帝陵祭祖大典炎陵县活动组织组

二〇〇七年十月三十一日

2009年陕西省宝鸡市全球华人省亲祭祖大会祭祀炎帝典礼方案

为了全球华人祭祖大典顺利举行，特制订此方案。祭炎方案分为两个部分：一是迎亲仪式，二是祭祀仪式。

一、迎亲仪式

（一）内容

迎亲仪式分五个部分：唢呐迎亲、“守陵人”致辞、主祭人更衣、圣水沐浴、古乐净心。

1．唢呐迎亲　在炎帝陵售票口，由百面锣鼓、百支唢呐组成的方阵演奏《百鸟朝凤》《春传喜讯》《威风锣鼓》等乐曲，营造热烈欢快的迎亲气氛。

2．“守陵人”致辞　由礼仪引领嘉宾进迎亲门，穿过百家姓旗林，到达华夏始祖牌坊前列队，由“守陵人”向嘉宾致欢迎词，营造华人一家亲的和谐氛围。

3．主祭人更衣　由“守陵人”向主祭人敬送祭祀礼服，金童玉女数名列队为嘉宾代表佩戴祭祀绶带，以示对先祖的虔诚之心、崇敬之情。

4．圣水沐浴　嘉宾在礼仪人员导引下缓缓前行，至金盆前净手，九龙喷洒水雾，数名金童玉女持谷穗，捧银钵，向嘉宾抛洒圣水，给现场营造如仙、如梦、如幻、神秘、虔诚、肃穆的氛围，以达到沐浴净身之效果。

5．古乐净心　进入净心门，在迎宾道红地毯两侧设置百面古筝，殿前区两侧设置编钟两组，由百名琴童和身着古装的乐师演奏《高山流水》《渔舟唱晚》《汉宫秋月》等古典名曲。嘉宾在古乐声中缓缓行进，达到身心俱静、肃仰之情油然而生之境界，后经过大殿出后门进入祭祀广场。

(二)流程

7：00：工作人员集中，统一组织出发。

7：30：工作人员到达现场岗位。

8：00：参祭方阵代表和所有演职人员到达祭祀场地。

8：30：现场所有工作人员各就各位。背景音乐、音响开始播放。

8：35：工作人员、礼仪人员、唢呐队、锣鼓队、幡帐队等做好迎亲准备。

8：40：嘉宾到达广场。在距入口100米处列队等候。锣鼓声起。工作和礼仪人员在嘉宾队前依次排序，组成仪仗队。

8：50：锣鼓停，唢呐声起。仪仗队出发。礼仪人员引领嘉宾随仪仗队在唢呐声中缓步经迎亲门至羊首亭广场再到达迎亲广场。

9：00：嘉宾到达迎亲广场。唢呐停，背景音乐起，同时播放背景串词。

9：03：播音主持人请主祭人和参祭人就位（礼仪人员请主祭人按地贴标识站在队列之前，其他嘉宾在主祭人后依次沿台阶列队。而前行的幡帐、礼宾、唢呐乐师组成的仪仗队静声迅速穿过静心门，经大殿，到大殿后门外列队等待）。

9：05：背景音乐停。播音主持人请“守陵人”致辞。“守陵人”上前致欢迎词。

9：10：“守陵人”致辞结束。播音主持人宣布给主祭人佩绶带、祭祀礼服(背景音乐起)。随后礼仪小姐和金童玉女分别为主祭人佩戴绶带和赠送祭祀礼服(其间插播背景词)。

9：15：礼仪人员引领主祭人、嘉宾在音乐声中穿过牌坊，在如梦、如幻的水雾中缓缓行进到九龙柱前的金盆前净手。两侧礼仪人员手捧湿巾守候。主祭人净手后用湿巾擦手，擦手后将湿巾放入另一位礼仪人员的托盘中(此时播放背景音乐和背景词)。经金童玉女抛洒圣水沐浴后，由礼仪人员引导在净心门前列队。

9：20：嘉宾在礼仪人员引导下上台阶到达净心门（背景音乐停）。净心门徐徐打开，百面古筝开始演奏(其间播放串词)，嘉宾在古乐声中身心俱静，缓缓进入大殿瞻仰炎帝圣容后出后门，在仪仗队的引领下进入祭祀广场。

9：25：全体嘉宾到达祭祀广场，礼仪人员将嘉宾引导至指定位置。后续嘉宾随前面主祭人和嘉宾经迎亲门，在牌坊前领绶带，在音乐声中净手、沐浴后，进净心门，过古筝方阵，进大殿瞻仰炎帝塑像后出后门进入祭祀广场（其间，电子屏幕一直播放着唢呐迎亲、“守陵人”致辞、主祭人更衣、圣水沐浴、古乐净心的场面，同时还插播取水仪式）。

记者有序采访。

9：35：背景音乐起。播音员开始倒计时。

9：38：现场所有人员各就各位。

9：40：背景音乐停。播音员请出祭祀炎帝大典活动主持人。主持人走到话筒前开始主持。

二、祭祀仪式

（一）内容

1．点燃圣火仪式

主持人介绍参加祭祀大典的各级领导和来宾，宣读主祭人名单，并请主祭人就位之后宣布：“圣火仪式现在开始。”

全体肃立(音响关闭)，鸣放礼炮(每炮间隔为2秒)。礼炮毕，音响开放，圣火音乐响起，播放串词，同时电子屏幕显示取火仪式场面。此时地方长官将供奉在炎帝大殿的圣火火种点燃，由大殿缓缓走出传递至大殿后的陪祭人手中。陪祭人依次将圣火传递至广场中央的主祭人手中。主祭人在陪祭人的陪护下缓缓至圣火台前，点燃己丑年全球华人省亲祭祖大会的“圣火”。顿时，巨型“炎”字形火焰燃起，祭祀台周围焰火飞舞，将圣火仪式推向高潮。

2. 祭祀仪式

主祭人宣布祭祀仪式开始。

①击鼓、奏乐(击鼓34响，鸣钟9响，鸣号9响，乐队、幡帐队分别排列在祭台两侧)。②党、政、军领导敬献花篮。③主祭人上香。④“酒祭”。由主持人宣布“酒祭”开始。护酒仪仗队齐声长喊一声“起酒”，四名身着古装的彪形大汉缓缓抬起祭酒大坛，在两队怀抱酒坛的仪仗武士护送下，缓步登上祭祀台，又在护酒仪仗齐声长喊“落酒”声中，将祭酒大坛放置祭台中央。然后护酒仪仗队排成“八”字形列队两侧。酒家从祭酒大坛中慢慢取出酒坛里的小酒坛后，开坛取酒。此时，主祭人缓步登台列队，酒家将祭酒逐一盛入主祭人手持的酒爵之中，在“敬天敬地敬炎帝”中，主祭人会同护酒仪仗一同奠酒。⑤民众代表敬献“三牲”“五谷”，敬箸、敬馔及时令鲜果。⑥主祭人代表恭读《祭炎帝陵文》。⑦全体人员向炎帝塑像三鞠躬。祭祀仪式结束。

3. 乐舞告祭

主持人宣布乐舞告祭开始。音乐响起。同时，一面巨幅代表炎帝功绩的历史画卷落下，一幕现代、博大而壮丽的场景展现在祭台两侧——999名身着白色长裙、胸戴黄花的“圣女”出现。齐声高唱《炎帝颂》。此时，舞蹈伴歌而起。

舞蹈分为五个乐章：

第一乐章　钻木取火　“火”是炎帝的象征，在混沌的天地中，人类与自然抗争，饱受疾苦而不屈不挠，钻木取火，发现火种，人们看到了希望，走向了文明。以狂欢、舞蹈表达喜悦的心情。

第二乐章　教民稼穑　在远古的大地上，人们过着饥寒交迫的生活，先民们披荆斩棘，勇于探索，始作耒耜，首种五谷，开创了农耕文化。他们在贫瘠的土地上播种希望。耒耜劈开天地混沌，嘉禾结出华夏文明。丰收的人们载歌载舞，狂欢祈福。

第三乐章　发明医药　长期穴居的先民，备受疾病的侵扰和折磨。群山峻岭，荆棘丛生，阻挡不住炎帝寻尝百草的决心。踏遍青山，遍尝百草，救民于疾苦之中。他使人们摆脱了疾病与痛苦，喜悦的花环戴在头上，群芳争艳，彩蝶飞舞，百鸟齐鸣。

第四乐章　日中为市　在苏醒的大地上人们过着祥和安逸的生活，五谷丰登，物产丰盈。日头正午，人们聚集一起交换物品。炎帝开创了物物交换的原始市场。

第五乐章　华夏统一　长期的生产生活地域，形成了不同的部落。炎黄联盟，扩疆开域，战败蚩尤，开创了炎、黄、蚩的统一局面，形成了华夏联盟集团。从此，炎黄子孙世代相传，血脉一统，形成了中华民族。

4．祭祀大典结束

在结束时刻彩弹冲空，礼炮齐鸣，御龙升天，彩球飞舞（由99名学生手执彩球从广场四周穿越方阵沿祭祀神道排开，放飞9999只代表中华民族长治久安的彩球），飞鸽游天(放飞999只代表全球华人久久归一，祖国统一心愿的飞鸽)。

(二) 流程

9：41：主持人宣布："乙丑年全球华人祭祀炎帝大典现在开始"。

9：50：主持人语音落，两边同时击鼓34响；鼓声落定，鸣钟9响；钟声落下，十架长号同时以"呜呜"的节奏响起，共9响：号声过后，祭乐声起，1分钟后祭乐停。

9：55：主持人宣布祭祀仪式正式开始。

10：00：主持人宣布向中华始祖炎帝敬献花篮。

主持人按照中央、省、市、区和友好邻区党政军代表和华人代表的次序宣读敬献花篮代表名单(背景音乐起)，武警从两侧抬花篮正步至祭台中央，礼仪人员引领各代表按顺序列队，随花篮在音乐声中缓步上台。武警将花篮放于指定位置后，从两侧退至台下。各代表在炎帝塑像前肃立，在司仪指挥下，行三鞠躬礼后，在礼仪人员的引领下从祭台两侧回到原位。此后各代表依次敬献花篮。

敬献花篮完毕。音乐停。

10：15：主持人宣布主祭人上香。

民乐起。主持人宣读敬香人名单，按照顺序，由礼仪人员举香盘在前引领，敬香人随后，在祭乐声中登上祭台，在香炉前站成一排，由礼仪人员将香递到敬香人手中，敬香人点香，点香后退成一排，在司仪的指挥下，行三鞠躬礼后，在礼仪人员引导下从祭台两侧回到原位。

上香活动结束。民乐停。

10：20：主持人宣布“祭酒”。

主持人宣布“酒祭”仪式开始后，民乐起。护酒仪仗队齐声长喊一声“起酒”，四名身着铠甲的彪形大汉缓缓抬起祭酒大坛，在两队怀抱酒坛的仪仗队护送下，缓步登上祭祀台，在护酒仪仗队齐声长喊“落酒”声中，将祭酒大坛放置祭台中央，护酒仪仗队排成“八”字形列队两侧。

酒宾从祭酒大坛中慢慢取出小酒坛后，开坛取酒。同时主持人宣读奠酒人名单，礼仪人员按照顺序引领奠酒人缓步上台，在香炉前站成一排。礼仪人员将盛酒的酒爵递奠酒人手中。酒宾将酒倒于酒爵内，奠酒人在司仪指挥下，双手执酒爵，三鞠躬后将酒由左到右洒于地面，之后将酒爵放回盘内，在司仪的指挥下，行三鞠躬礼后，随礼仪人员从两侧退回原位。酒宾和护酒仪仗队从台两侧撤下。

酒祭仪式结束。民乐停。

10：25：主持人宣布请民众代表向炎帝敬献祭品。

民乐起，幡帐队先行，手捧三牲、五谷、箸、馔等民间祭品托盘的民众代表随后。幡帐队上台分列两边，祭品按三牲、五谷、箸、馔、面食、时令水果由中间向两边放置于供桌上，敬献祭品人员后退成排，在司仪指挥下，行三鞠躬礼后分左右退下，归原位站定。幡帐队也从台两侧撤下。民乐停。

10：35：主持人宣布请主祭人代表恭读祭文。

一名礼仪人员端盘(上置祭文)在前，主祭人代表随后登上祭台，向炎帝像行三鞠躬礼后，站置话筒前。礼仪人员将祭文呈给主祭人代表，主祭人代表从盘中取出祭文恭读，读完后将祭文呈放于中间供桌空盘内后退，向炎帝像三鞠躬礼后，随礼仪人员回原位。

10：40：主持人宣布所有来宾向中华始祖炎帝像三鞠躬(一鞠躬、再鞠躬、三鞠躬)。

祭祀仪式结束。

10：45：主持人宣布乐舞告祭开始(音乐起)。

乐舞告祭。

音乐起。播音员开始解说。舞蹈开始。

10：55：舞蹈退场。同时，音乐缓缓响起，领唱人和100名少年儿童登场。当悠扬的领唱结束时，一面展示炎帝功绩的巨幅历史画卷落下，一幕现代、博大而壮丽的场景展现在祭台两侧，1000名身着白色长裙、胸戴黄花的“圣女”出现，高唱《炎帝颂》。

歌声完毕。音乐减弱。

11：05：圣歌演唱结束。主持人宣布祭祀大典结束。

同一时刻，在音乐声中，一条巨龙由广场中央蜿蜒而出，登上祭台，在祭台中央进行表演后，腾空而起。此时数百名少年儿童迅速从方阵通道呼喊而出，将通道变成彩色的海洋，随之施飞彩球。霎时，天空彩球飞舞，信鸽翱翔，彩弹升空，礼炮齐鸣。大祭告成。

11：20：嘉宾退场。

11：30：演出人员退场。

11：35：方阵代表退场。

11：40：鼓乐手、民祭队退场。

11：50：工作人员清理场地。退场。

2009年山西省高平市羊头山炎帝文化节实施方案

2009年5月22日，我市将举行羊头山炎帝文化节，为把这次活动的各项准备工作做好做充分做扎实，现制订此方案。

一、活动内容

（一）己丑年公祭神农炎帝大典

1．时间：2009年5月22日9时50分至11时。

2．地点：祭祀广场。

3．活动仪程：

(1) 全体肃立，鸣炮（16响）。

(2) 向炎帝神农氏敬献花篮（花篮由2名武警战士抬护，1名迎宾小姐引导）。

(3) 恭读祭文（主祭人恭读）。

(4) 全体参加祭祀人员向炎帝像行三鞠躬礼。

(5) 乐舞告祭。

(6) 各位来宾拜谒神农庙，游览羊头山。

（二）大型歌舞演出

1．时间：2009年5月22日下午3时至5时。

2．地点：羊头山祭祀广场。

二、组织机构

组　长：米东明　赵联民

副组长：市委副秘书长　王晚生　李　平　梁晋高　戴建民　李海荣

　　　　毕慧先　姬积亮　向建军　郝卫东　段晓军

下设四个工作组：

（一）综合组

组长：市委副秘书长　王晚生 梁晋高 戴建民 毕慧先

工作职责：

1．撰写并设计祭文；

负责人：梁晋高

2．准备公祭主持词；

负责人：王晚生

3．参祭人员的邀请、接送及报到；

负责人：两办副秘书长

4．现场领导位置和敬献花篮人员的确定、排序及引导；

负责人：两办副秘书长

5．联系武警；

负责人：王晚生

6．乐舞告祭的编排、联系飞龙、威风锣鼓；

负责人：戴建民

7．公祭仪式的策划、编排及现场调度；

负责人：戴建民 郝卫东

8．负责公祭仪式的摄录、转播。

负责人：毕慧先

（二）现场组

组长：郝卫东　段晓军

工作职责：

1．会场布置；

2．联系礼仪小姐、礼炮、彩烟、信鸽等；

3．制作佩巾、花篮，联系流动公厕等；

4．负责大型歌舞演出。

（三）安全保卫及后勤保障组

组长：李　平　向建军　姬积亮　郝卫东　段晓军

工作职责：

1．制订现场及往返沿线的安全保障方案，并组织实施；

负责人：李　平

2．民兵的组织及现场调度；

负责人：郝卫东　段晓军

3．电力保障；

负责人：向建军

4．现场的医疗救护。

负责人：姬积亮

（四）环境卫生整治组

组长：姬积亮　李海荣　沿线乡镇领导

工作职责：

1．沿线道路设施维修整治；

负责人：李海荣

2．沿线的环境卫生整治。

负责人：姬积亮　各乡镇领导

各工作组要按照工作方案要求，制订各自工作方案，细化工作措施，落实责任到人，迅速开展各项工作，确保此次祭祀活动获得圆满成功。

二〇〇九年五月七日

甲午年（2014）湖北随州世界华人炎帝故里寻根节总体方案

甲午年世界华人炎帝故里寻根节(以下简称寻根节)拟定于2014年5月24日(农历四月二十六)在随州举办。为确保寻根节圆满成功，特制订如下总体方案。

一、基本思路

以“弘扬炎帝文化精神、打造华人谒祖圣地、扩大对外交流合作、促进经济社会发展”为宗旨，按照“小规模、高规格、大影响”的办节思路，着力打造国家重大节庆活动品牌和湖北第一文化品牌，着力推进文化与经济的深度融合，着力加快“圣地车都”“神韵随州”建设。

二、节会主题

“四海一家亲　共圆中国梦”

三、节会时间

2014年5月24日(农历甲午年四月二十六)

四、活动举办

1．主办单位

国务院台湾事务办公室

国家旅游局

国务院侨务办公室

中国文学艺术界联合会

中华炎黄文化研究会

湖北省人民政府

2．承办单位

湖北省炎黄文化研究会

随州市人民政府

五、活动安排

（一）宣传活动

1．寻根节新闻发布会

在举办前期召开新闻发布会，省政府有关领导出席并宣布湖北省将在随州举办“甲午年世界华人炎帝故里寻根节”，介绍寻根节相关情况。随后，寻根节的节前宣传陆续展开，以引起社会的广泛关注。

主办单位：湖北省人民政府

承办单位：中共随州市委、随州市人民政府

责任单位：中共随州市委宣传部

2．《颂炎帝文》和“诗词楹联颂炎帝”征集活动

通过《中国文化报》《中国诗词楹联报》等权威媒体刊登征文公告，面向全球开展征集《颂炎帝文》和“诗词楹联颂炎帝”两项活动，为甲午年寻根节预热造势。

主办单位：中共随州市委宣传部

（二）主体活动

1．开幕式暨甲午年拜谒炎帝神农大典

开幕式暨拜祖大典由祭祀活动、乐舞祭拜交融进行，总时长控制在80分钟以内，会同湖北卫视策划执行。整个活动邀请顶级媒体知名主持人主持，充分运用电视媒体特质，呈现震撼人心的视觉效果，形成传播效应最大化。

主办单位：国务院台湾事务办公室

国家旅游局

国务院侨务办公室

中国文学艺术界联合会

中华炎黄文化研究会

湖北省人民政府

承办单位：湖北省炎黄文化研究会

随州市人民政府

责任单位：湖北卫视

中共随州市委宣传部

2．海峡两岸炎帝神农文化名家论坛

邀请海峡两岸知名学者、文化名人，围绕炎帝神农文化在弘扬中华文化，凝聚两岸同胞情感，推进两岸关系和平发展，实现中华民族伟大复兴的重要意义等进行详细、深入地研讨，形成新的理论成果。

主办单位：国务院台湾事务办公室

中华炎黄文化研究会

湖北省人民政府

承办单位：湖北省人民政府台湾事务办公室

湖北省炎黄文化研究会

随州市人民政府

责任单位：随州市人民政府台湾事务办公室

随州日报社

随州市炎黄文化研究会

3．中国(随州)经贸洽谈会暨“灵秀湖北”走进炎帝故里文艺展演活动

借助举办寻根节的契机，按照“高层次、小规模、重实效”的原则提前介入，广泛寻找合作伙伴和签约项目，重点把握外邀客商层面和对外宣传质量。同时，把全省各地旅游特色节目邀请到随州来，集中展示我省近年来的旅游发展成果，举办中国(随州)经贸洽谈会暨“灵秀湖北”走进炎帝故里文艺展演活动，进一步展示湖北的产业发展成就和投资环境，邀请知名博主宣传寻根节和随州的旅游文化资源，推进潜在客商转化为现实客商，寻找合作机会，促进随州经济更好更快发展。

主办单位：湖北省商务厅

湖北省旅游局

随州市人民政府

承办单位（责任单位）：随州市外事侨务旅游局

随州市招商局

4．炎帝神农文化庙会

以“弘扬炎帝故里民风民俗，共襄华夏人文始祖盛会”为主题，进一步弘扬炎帝祭祀文化、全方位多角度展示炎帝故里的民风民俗特色，创新文化庙会的举办形式，齐聚各地民俗，汇聚各地美食，让民众乐在随州、吃在随州、品在随州，真正体现庙会的群众性和参与性。

主办单位：湖北省文学艺术界联合会

湖北省文化厅

随州市人民政府

承办单位(责任单位)：随县人民政府

甲午年（2014）随州随县炎帝文化庙会实施方案

一、指导思想

指导思想：深入贯彻落实党的十八大精神、十八届三中全会精神，进一步弘扬炎帝文化，全方位多角度展示随县民俗文化特色，按照市甲午年世界华人炎帝故里寻根节筹备工作委员会的整体部署，以弘扬炎帝文化、群众参与度高、内容特色鲜明的总体要求和“大影响、大宣传、接地气”的办节总体思路，组织好甲午年炎帝文化庙会。

总体思路：在2013年癸巳年炎帝文化庙会上，炎帝文化打造出“大”炎帝三部曲，即炎帝大歌、烈山大阵、神农大巡游。烈山大阵的成功塑造，给老百姓留下了深刻的印象，成了炎帝文化庙会的特色品牌。甲午年炎帝文化庙会将在文化品牌上升级深化。在产品打造上，将庙会还原为一种交易的市场，整合湖北垄上频道这一强大的平台，盘点、推出、包装随县可以推广的文化产品；发掘创新一批炎帝文化产品，精品农产品，在庙会现场举办特卖会，推广随县优秀文化产品的同时，以最实惠、最全面的视角服务于随县经济，走“文化搭台，经济唱戏”的路子，既让老百姓身临其境地感受活动气氛，又树立了炎帝文化大品牌，宣传推广了随县。

为了让庙会本身动起来，让随县的资源与全国的资源互动起来，将炎帝文化精神推广普及出去。甲午年炎帝文化庙会突破以往民俗庙会的受众群体，融合时尚的表演团队，打造年轻态、活力十足的民众参与性活动，更多地与电视媒体结合，时尚化包装随县的农副产品，吸引年轻人参与庙会。让随州随县成为一个中国式民俗文化交流盛会。

活动亮点：①国际主流狂欢节模式的“欢乐神农大巡游”，庄严、隆重、古朴、与民狂欢的启动仪式，更多的具有视觉冲击力的表演方阵，让民俗文化与群众参与互动，紧密结合。②烈山大阵，突显民间祭祀的古朴、火爆、真挚、神秘，树立"烈山大阵"成为炎帝文化的又一个看点和文化品牌产品。③随县名品（产品）特卖会，打造农民为自己的产品代言，与电视导购、网络购物模式结合，将随县精品产品包装、推广、特卖。④"击"情农乐，强烈的节奏感与随县民俗文化的搭配、与农民百姓热烈直接的性情融合，最有利于展示互动和狂欢。⑤结合电视频道、新媒体，运用多种网络传播手段，让每一个人都成为庙会的参与者和传播者。

二、活动主题

"尽展炎帝故里民俗风采　共襄华夏人文始祖盛会"

三、举办单位

（一）主办单位：湖北省文学艺术界联合会
随州市人民政府

（二）承办单位：随县人民政府

四、活动时间

5月23日至5月24日（两天）

五、活动内容

（一）神农洞请圣仪式

1．活动形式：

汲取随州民间百年传承祭祀炎帝活动精华，借鉴台湾民间神农祭祀仪式，通过小规模民间祭祀（请圣），再现传统民风民俗。将神农像（神辇）请到庙会主会场，烘托庙会现场氛围。

2．活动时间：5月23日上午（7：30～8：00）

3．活动地点：神农洞

（二）随县小巡游

1．活动内容：

组织烈山大阵及舞龙、舞狮、蚌蛤精、采莲船等民俗表演团队，身着统一服装沿途进行表演，旨在聚集庙会人气（约600人）。

2．活动时间：5月23日上午（8：00～9：00）

3．活动地点：

大阵人员从姜水龙湾出发——到老316国道——厉山派出所——景区入口庙会主会场。

（三）甲午年炎帝文化庙会开幕式暨烈山大阵演出

1．活动内容：

① 开幕式（9：00～9：30）

市县领导致辞并为神辇揭幕。垄上频道主持人主持，五姓旗阵、斥候、舞龙舞狮约700人团队列队参加开幕式。

② 烈山大阵定点演出（9：30～10：00）

大阵组成：大司礼、斥候、五姓旗阵、开路鼓、神农八家将、三十六执事队、轿前吹、华盖、神辇、独角兽阵。

2. 活动时间：5月23日上午

3. 活动地点：庙会主会场

10：00～11：30在舞台上穿插部分精品文艺节目。

（四）农民大舞台（广场舞大赛）

1. 活动内容：

① 广场舞比赛

由各镇（场）文化站提前举办广场舞预赛，获得第一名的队伍23日下午在庙会主会场参加决赛。

② 农民才艺表演大PK

主持人1人，评委3人，在比赛中间穿插随州民俗节目4个。

2. 活动时间：5月23日下午（13：30～15：30）

3. 活动地点：庙会主会场

（五）欢乐神农大巡游

1. 活动内容：

在齐星老厂大门口背对湖堤位置用舞台车搭台举行大巡游启动仪式（约20分钟），然后由安徽亳州高跷、安阳吕村战鼓、河南鹤壁浚县背阁、上海火之舞表演队等全国民俗精品节目和烈山大阵、各镇（场）广场舞表演团队、舞龙舞狮等本地民俗表演团队约400人、若干彩旗，共约700人组成表演方阵，以边走边演的方式进行巡游。（16：00～16：30演职人员集中就餐，16：40集中乘车到齐星老厂）

2. 活动时间：2014年5月23日晚上（18：00～20：00）

3. 活动地点：

从齐星老厂出发，沿汉东路——南关口（表演）——大十字街（表演）——烈山宾馆——香港街结束（总路程约2.5千米）。

（六）烈山大阵迎宾仪式

大阵人员早上6：00到庙会主会场集中。

1．活动内容：

① 由烈山大阵及乡镇民俗节目表演团队共约700人在庙会主会场表演。

② 由舞龙舞狮团队100人在景区主入口表演迎宾。

2．活动时间：5月24日上午（7：00～8：08）

3．活动地点：景区入口处、庙会主会场。

（七）直播大典盛况

1．活动内容：8：08～9：08寻根节大典开始后的空档期，用LED显示屏直播大典盛况，以吸引观众。

2．活动时间：5月24日上午（8：08～9：08）

3．活动地点：庙会主会场

（八）“乐舞随城·激情畅响”民俗音乐大擂台（大典结束后）

民俗节目调演

1．活动内容：

由农民兄弟乐队、凤之旅女子打击乐团、“快乐大妈”艺术团等全国著名民俗文化音乐演艺团队结合随县民间表演团队进行演出。

2．活动时间：5月24日上午（9：10～11：30）

3．活动地点：庙会主会场

垄上牛人大赛随州赛区暨随县民间艺人大赛

1．活动内容：

由各镇（场）组织本地有特色的民间艺人（团体）表演绝活融入湖北垄

上频道2014年品牌活动“垄上牛人”大赛第二季，在活动现场进行随县牛人的海选，不论是唱歌跳舞，琴棋书画，还是绝技绝活，戏剧戏曲都能在“垄上牛人”的舞台上一显身手，评委将对选手的表现进行现场点评，晋级选手将获得“垄上牛人”大赛复赛参赛资格，和武汉的牛人争夺“垄上牛人”冠军赛。

2．活动时间：5月24日下午（14：00～16：30）

3．活动地点：庙会主会场

（九）随县名品特卖会

1．活动内容：

以各镇（场）、景区、经济开发区为单位，以当地企业产品及香菇、木耳、蜜枣、葛粉、银杏、茶叶等土特产展示展销的方式，在庙会主会场分区展示本地民俗文化、特色文化、旅游文化。湖北垄上频道将对名优产品进行现场售卖，把舞台与名品特卖会结合起来，让随县的父老乡亲能在舞台上“看大戏”，能在展区“赶大集”，还能在活动中“抽大奖”，全方位提高活动现场的人气。

2．活动办法：

由文体局在庙会主会场统一搭建展位，各镇（场）、景区、经济开发区根据本地文化、物产等地域特色自行布置展位。展位布置方案（包括参展商品的清单、商家信息、广告等）报组委会办公室，并于5月22日下午5时前将展位布置完毕。

3．活动时间：5月23日全天（8：00～17：30）

5月24日全天（8：00～17：30）

4．活动地点：庙会主会场

（十）民间美食展销

1．活动内容：

安居豆皮、厉山腐乳、万福皮蛋、三合店黄酒、均川麻酥饼、洪山面椒子、洪山包卷等地方特色美食展销，吸引人气。

2．活动时间：5月23日全天（8：00～17：30）

5月24日全天（8：00～17：30）

3．活动地点：庙会主会场

六、氛围布置

（一）外围布置

1．厉山派出所旁牌坊处采取鲜花装点方式布置牌坊。

2．从牌坊处至庙会主会场，装点800面刀旗及200面龙旗。

3．在316国道及环城路交叉口布置宣传提示牌一块。

4．厉山镇316国道路灯杆布置灯笼。

5．绕城路随县境内布置800面刀旗及200面龙旗。

（二）舞台布置

搭建一个30米长、15米宽的舞台，舞台背景30米（长）×8米（高）。背景色调以庙会主色调为主，舞台屏风搭建，6米（长）×6米（高）两块。

（三）候场区及准备区布置

搭建20米（宽）×3米（高）棚架。

(四) 随县名品特卖会及美食展销区布置

根据组委会统一要求，庙会主会场搭建4米×4米展棚。

展棚要求：

1. 展棚高2.4米。

2. 展棚下方布置1米高挡板，挡板内容以本地文化、旅游、企业宣传为主。

3. 展棚主色调统一。

展棚内容由各地提供并独立布展（后附各地参加展出的特色产品名单）。

(五) 会场布置

1. 在庙会主会场入口大门对面路边布置20米×2米照壁，排列“甲午年炎帝文化庙会喜迎四方客”字样。

2. 在展区四面各布置彩虹门1个。

3. 在广场四周（除舞台前处）布置休息桌椅及遮阳伞若干把。

4. 在各展位上方悬挂灯笼，在主会场四周树上统一悬挂灯笼。

(六) 宣传推广

主宣传媒体：湖北省广播电视台垄上频道

宣传计划分为前期宣传、活动现场宣传等部分，宣传期持续9天，以5月23日、24日“甲午年炎帝文化庙会”为宣传高潮期，全景展示随县民间民俗文化，全面介绍随县土特产品。

1. 前期宣传

围绕5月23日、24日分三个层面宣传“甲午年炎帝文化庙会”及随县风貌。

① 5月18日～5月24日，播出随县形象宣传片。

② 5月18日～5月24日，播出历届随县炎帝文化庙会宣传片。

③ 5月18日～5月24日，品牌栏目宣传，利用湖北垄上频道品牌栏目《垄

上行》进行宣传，在7天的新闻节目中，拿出特定的版块，用系列报道的形式，集中对随县的经济成果、民间民俗文化、炎帝神农文化进行全面深入的报道，为活动宣传造势。

2．现场录播5月23日开幕式及24日“垄上牛人”大赛

七、组织领导

成立甲午年炎帝文化庙会组委会，成员如下：

总　指　挥：毕道丽

常务副总指挥：徐　锋

副 总 指 挥：邱立平　刘　玲　刘红申　胡晓峰　王　谅　赖晓璐

成　　　员：宋成凤　廖志文　杨　霁　冷海波　刘爱民　柳富国

宋　云　邹华荣　杜丽君　梅行保　刘德海　杨光明

范延安　秦良知　严清明　徐品强　王　平　刘楚成

席耀鸿　张晓云　沈　勇　王世威　王　新　刘敬才

张学伟　张长安　刘朝辉　钦红艳　黄　宝　胡晓霞

王文学　余正文　张先勇　郭帮文　李发军　李金涛

汪　涌　王秋磊　万长明　陈高峰　李仁毅　吴传龙

刘秀琴　齐丽娜　艾金运　何佑鹏　杨一休　李　旭

李金刚　庞育林　熊龙云　张云洲　熊　梅　邱道鸿

王春梅　鲍亚忠　刘　英　杜刚利　艾　华　张文安

陈令才

（一）办公室

责任领导：徐　锋　邱立平　刘　玲

主　　任：宋　云

成　　员：刘德海　邱道鸿　刘　英　杜刚利　严清明　夏　阳
　　　　　吴东晨　邓敦伍

工作职责：

1．负责庙会活动总体方案的制订。

2．负责与市寻根节筹委会、炎帝神农故里风景区、湖南卫视王谅工作室和湖北垄上频道的对接协调工作。

3．负责庙会活动的组织指挥和统筹协调工作。

4．负责检查、督促各工作小组的工作进度，向组委会报告工作进展情况。

5．负责庙会活动经费管理：

(1) 负责活动经费申请、拨付和财产管理工作；

(2) 负责协调资金筹措。

6．负责庙会开幕式组织协调工作。

7．负责庙会主会场演出及各展区组织协调工作。

8．负责活动期间的有关接待工作，车辆安排。

9．负责旅游产品的设计制作及销售工作。

10.完成组委会交办的其他工作。

（二）文艺组

责任领导：刘　玲

下设三个专班：

1．文艺表演专班

组　　长：刘　英

成　　员：肖　涓　邓敦伍　李永红　梁春生　刘　宇　唐广益
　　　　　湖北垄上频道

工作职责：

(1) 负责各种文艺活动的编排、组织、联络、演出工作。

(2) 完成组委会交办的其他工作。

2．方阵巡游专班

组　　长：刘　英

成　　员：肖　涓　邓敦伍　李永红　梁春生　刘　宇　唐广益
　　　　　湖南王谅工作室

工作职责：

(1) 负责欢乐神农大巡游及随县小巡游活动的组织工作。

(2) 负责巡游活动安保力量的协调对接等工作。

(3) 完成组委会交办的其他工作。

3．神农洞请圣活动专班

组　　长：严清明

副 组 长：汪　涌

成　　员：胡天学　王正国　唐广益

工作职责：

(1) 负责落实请圣仪式大司礼1人，神辇8人，仪仗8人。

(2) 负责备齐请圣仪式所需香案一个、香炉一个、净手盆一个、五谷笔一支、供品及酒具若干。

(3) 做好请圣现场服务工作。

(4) 完成组委会交办的其他工作。

（三）随县名品特卖组织组

责任领导：邱立平

下设两个专班：

1．商品特卖专班

组　　长：刘德海

成　　员：各镇（场）、景区、经济开发区宣传委员　严清明　张文安　刘　闯　余四清　杨建华　陈秋红

工作职责：

(1) 各镇（场）、景区、经济开发区宣传委员负责本地参加随县名品特卖会商品、商家的组织、联络、包装、安排布置等各项工作。

(2) 以各镇（场）、景区、经济开发区为主体，通过各种形式进行广泛招商宣传。

(3) 负责氛围布置。

(4) 完成组委会交办的其他工作。

2．民间美食展销专班

组　　长：杜刚利

成　　员：严清明 刘　闯 刘媛媛 陈秋红

工作职责：

(1) 负责参展美食商家的组织、联络、包装、安排布置等各项工作。

(2) 负责氛围布置。

(3) 完成组委会交办的其他工作。

（四）后勤保障组

责任领导：邱立平 宋成凤

下设四个专班：

1．对外宣传专班

组　　长：冷海波

成　　员：王春梅　鲍亚忠　湖北垄上频道（若干人）

工作职责：

(1) 负责庙会前的宣传造势，庙会期间的宣传报道，庙会前后的跟踪报道。

(2) 负责拟定和审查活动的宣传标语和其他宣传内容。

(3) 邀请中央、省、市各级媒体，分阶段、有重点、多角度、不同形式地进行宣传报道。

(4) 完成组委会交办的其他工作。

2．后勤保障专班

组　　长：杨　霁

副 组 长：刘爱民　柳富国　阎明军　汪　涌　薛家斌

成　　员：陈令才　储小猛　宋润涵　景区一人

工作职责：

(1) 负责活动现场的水、电和污水排放设施的安装，制作统一指示牌指引厕所等标识。切实做好防火工作。

(2) 做好日常保洁工作，制止乱堆、乱放、乱披、乱挂、乱晒、乱张贴、乱摆摊点及乞讨行为。

(3) 负责活动现场各经营者、经营摊点的协调管理工作，认真做好消费者投诉受理处置，排查化解各类矛盾和纠纷；取缔提篮叫卖、尾追兜售、追客缠客和乞讨行为。

(4) 负责食品卫生安全监督管理，开展卫生检查检疫，严把食品卫生安全关。

(5) 安排一辆救护车配备两名医务人员在现场待命。

(6) 完成组委会交办的其他工作。

3．人员组织专班

组　　长：廖志文

成　　员：梅行保　邹华荣　杜丽君　杨海波　汪　涌　刘　闯

黄中华　吴东晨

工作职责：

(1) 负责组织志愿者维护日常清洁及导引等工作（吴东晨负责对接）。

(2) 负责组织观众参加5月23日上午庙会开幕式及24日下午“坌上牛人”大赛（组织部组织机关干部200人，工会组织企业单位员工200人，厉山镇组织群众1000人）。

(3) 负责协调现场1000张座椅的租赁及摆放。

(4) 完成组委会交办的其他工作。

4．生活接待专班

组　　长：艾　华

成　　员：蒋春华　李志华　耿恒彬　余贤友　沈源渊　张　辉

工作职责：

(1) 负责庙会参会嘉宾的吃住及车辆接送工作。安排组织陪同人员做好对接、接待等服务工作。

(2) 负责安排工作人员和演职人员的三餐、住宿、交通等生活保障工作。

(3) 负责庙会现场饮水供应。

(4) 完成组委会交办的其他工作。

(五) 安全保卫组

责 任 领 导：刘红申

组　　　长：秦良知

成　　　员：公安人员若干　解本志

工作职责：

1．负责制定安全预案，做好安全保卫、现场秩序维护和治安管理工作。

2．在现场人员数量即将饱和的情况下，及时疏导转移人群，并控制人员进入现场。

3．负责活动期间道路交通安全工作，对活动场地周边实施交通疏导和交通管制，确保进出通道安全畅通。

4．完成组委会交办的其他工作。

八、工作要求

（一）认真组织，落实责任。各小组要认真组织好本次活动，保证活动顺利进行。明确责任抓落实，确保每一项工作都能落到实处，领导干部和党员应发挥带头作用，为本届庙会的成功举办贡献力量。

（二）强化统筹，履职到位。各个工作组和专班之间要做好沟通协调，确保庙会每一环节正常有序进行。办公室要做好统筹安排，协调各部门工作。各专班人员要服从组委会的统一指挥，以庙会大局为重，认真履行职责。全体工作人员都要按照各自的分工恪尽职守，为广大游客和参展商家提供优质服务。对部门间因推诿扯皮造成重大损失的，组委会将严厉追究相关单位和个人的责任。

（三）突出特色，炒热气氛。各工作组在筹备过程中要紧扣“民俗风采”和“人文始祖”的主题，汇聚市、县、镇的精品文化资源，更好地与寻根节活动融合起来，充分展现本地的民俗特色和风土人情。宣传文化部门要与各级新闻媒体做好对接，详细公布庙会的时间、地点和活动内容，让广大游客和群众充分了解文化庙会的方方面面，深刻感受谒祖圣地的文化魅力。搞好庙会活动的环境布置和气氛烘托，渲染浓厚节日氛围，满足广大游客和群众对“逛”“玩”“吃”“赏”的期待。

（四）平安有序，保障安全。本届庙会规格高、场面大，参加人员和观看群众较多。组委会全体人员要提高安全防范意识，对庙会期间可能发生的各类事故要做到“消弭于无形，防患于未然”，要注意防火防盗、防止拥挤踩踏、防止食物中毒。各专班人员要对庙会场地及周边环境保持高度警惕，一旦发生异常情况必须及时报告并采取应急措施，保证群众的生命财产安全，确保庙会活动安全、和谐，广大游客平安、快乐。

附件（略）

甲午年（2014）随州随县炎帝文化庙会文艺演出节目单

开幕式 （2014年5月23日上午）

开场节目	表演形式	节目名称	选送单位
	腰鼓舞	《中国歌最美》	殷店镇人民政府

第一场 经典文艺节目 2014年5月23日上午

序号	表演形式	节目名称	选送单位
1	舞　蹈	《神农棒鼓》	洪山镇人民政府
2	民族吹打	《打溜子》	外请节目
3	奇绝表演	《上刀梯》	外请节目
4	水鼓舞	《水鼓+产品展示》	厉山镇人民政府
5	土家舞	《祈福》	外请节目
6	舞　蹈	《火舞青春》	洪山镇人民政府
7	茅古斯舞	《诞生》	外请节目

第二场 广场舞及农民才艺大比拼 2014年5月23日下午

序号	表演形式	节目名称	选送单位
1	广场舞	《喜乐年华》	安居镇人民政府
2	广场舞	《火火的姑娘》	柳林镇人民政府
3	广场舞	《活力广场》	万和镇人民政府
4	广场舞	《白马王子》	三里岗镇人民政府
5	广场舞	《一物降一物》	草店镇人民政府
6	广场舞	《张灯结彩》	洪山镇人民政府
7	广场舞	《福满农家》	厉山镇人民政府
8	广场舞	《神农舞韵》	吴山镇人民政府
9	广场舞	《今夜舞起来》	均川镇人民政府

续表

序号	表演形式	节目名称	选送单位
10	广场舞	《串烧舞》	澴潭镇人民政府
11	广场舞	《向前冲》	新街镇人民政府
12	广场舞	《热辣辣》	厉山镇人民政府
13	广场舞	《又唱浏阳河》	尚市镇人民政府
14	广场舞	《天天好时光》	殷店镇人民政府
15	笛子独奏	《扬鞭催马运粮忙》	安居镇人民政府
16	湖北大鼓	《医疗改革乐悠悠》	殷店镇人民政府
17	男声独唱	《山丹丹开花红艳艳》	吴山镇人民政府
18	双人舞狮	《舞狮子》	草店镇人民政府
19	独　唱	《再恋这把土》	均川镇人民政府

第三场　民俗节目　2014年5月24日上午

序号	表演形式	节目名称	选送单位
1	绝　技	《舞狮子》	淮河镇人民政府
2	歌　舞	《激情摇滚》	唐县镇人民政府
3	短扇舞	《好日子》	殷店镇人民政府

第四场　民俗节目　2014年5月24日上午

序号	表演形式	节目名称	选送单位
1	歌舞串烧	《梦中的喀秋莎》	外请节目
2	歌曲对唱	《铁血丹心》	唐县镇人民政府
3	情景表演	《十送红军》	随州市老年大学
4	小　品	《瞎子算命》	高城镇人民政府
5	表演唱	《六口茶》	万和镇人民政府
6	情景剧	《爷爷奶奶和我》	厉山镇人民政府
7	表演唱	《推秧草歌》	尚市镇人民政府
8	舞　蹈	《草裙舞》	澴潭镇人民政府
9	独　唱	《不白活一回》	万福店农场人民政府
10	舞　蹈	《茶山情歌》	淮河镇人民政府
11	反　串	《打麻将》	万和镇人民政府
12	小合唱	《中华全家福》	尚市镇人民政府
13	舞　蹈	《中国范儿》	厉山镇中心小学

第五场　《垄上行》牛人大赛　2014年5月24日下午14：00～16：30

表演形式	节目名称	选送单位
绝　技	《神农吹管》	新街镇人民政府
男声独唱	《草原之夜》	柳林镇人民政府
二人转	《东北二人转》	吴山镇人民政府
双人对唱	《逛新城》	安居镇人民政府
绝技	《剪纸》	新街镇人民政府
女声独唱	《八百里洞庭我的家》	澴潭镇人民政府
魔　术	《吃纸吐线》	小林镇人民政府
绝　技	《三棒鼓》	万和镇人民政府
歌　曲	《蓝色的故乡》	安居镇人民政府
绝　活	《吃火〈猪八戒〉》	吴山镇人民政府
歌　曲	《黄土高坡》	柳林镇人民政府
左手书法	《书法》	草店镇人民政府
三句半	《劝君莫赌博》	安居镇人民政府
舞　蹈	《请你恰恰》	三里岗镇人民政府
绝　活	《唢呐绝技》	新街镇人民政府
歌　曲	《再唱山歌给党听》	均川镇人民政府
绝　技	《独轮车》	唐县镇人民政府
太极表演	《太极》	吴山镇人民政府
绝　技	《高跷舞狮》	柳林镇人民政府
快　板	《两个儿子养爸爸》	安居镇人民政府
肚皮舞	《法老与舞姬》	三里岗镇人民政府
舞　蹈	《歌在飞》	柳林镇人民政府
数来宝	《现场赞》	随州市乡音艺术团

注：牛人大赛选手出场顺序以现场抽签为准。

台湾炎帝神农庙

据有关史料记载，台湾地区目前以炎帝为主神的庙宇，大约有130余座（参见《台湾地区炎帝神农氏庙宇一览表》）。尤其在客家人居住地区，几乎每个乡镇都有一座以上的神农庙、五谷宫等建筑物。

台湾的神农信仰是比较早的。据说台湾台中县雾峰乡圣贤宫神农大帝庙，为林文卿先祖于元朝至元六年（1271）为供奉从福建漳州迎去“五谷神农皇帝”神位而修建。随后在郑成功进台之前的15年，即有台南士绅姚孝在今神农街尾兴建“开基药王庙”，祭祀药王神农大帝，影响甚大。此后台中县雾峰乡圣贤宫神农大帝庙于清同治三年（1864）、光绪九年（1883）两次重修。台湾被日本割据后，祭祀活动一度停止，庙宇亦遭毁坏。林文卿先生目睹破烂不堪的庙宇，痛心疾首。于1945年日本投降、台湾光复后，林先生筹巨资又重修了炎帝神农庙。1989年1月12日，林文卿一行从湖南炎帝陵迎回“神农金身”像一尊。翌年6月12日，林文卿一行30多人再次来到湖南炎帝陵，迎回“源远流长”匾额、“玉玺”印和“神农像”。

台湾立庙的缘由，大致有自“家乡迎奉”立庙者，有为“开垦求福”而公议立庙者，有地方士绅“招募”立庙者，有因“偶然机缘”立庙者，还有“分灵别祀”立庙者。因立庙的缘由不同，炎帝神农的尊号各异，分别称有炎帝、开天炎帝、炎王、五谷先帝、五谷爷、神农大帝、神农仙帝、先农、先帝爷、五谷仙、药王大帝、粟母王、土神、田祖、田主等，但大都以农神、谷神、药神祭祀之。还有以行业守护神祭祀之，如农民、米商、草药商等。在台湾客家人聚居之地，以五谷王、五谷爷等称号最多。台湾的神农祀像有两种形象。一为头角峥嵘，浓眉大眼，袒胸露臂跣足，腰围树叶，手持稻穗或草药；一为穿衣戴冠，玉面长髯温和慈祥，为帝王气象。祀像的面部颜色有赤、黑、绿三种。[1]

在台湾像圣贤宫有影响的炎帝神农庙宇还有：台南市盘古药王庙，建于明隆武年间（1646），即清顺治三年；苗栗县竹南镇五谷仙帝庙，建于乾隆四年（1739）；三重市先啬宫，首建于乾隆二十年（1755）；苗栗县公馆乡五谷宫，建于嘉庆十五年（1810），嘉庆二十五年（1820）始祭炎帝神农氏（五谷神）；台北县三重市西埔村八卦神农庙，建立于20世纪90年代，规模较大，有前殿（拜殿）、后殿（正殿）、龙柱、石狮等，所用材料为青岛石，由大陆工匠制作，再运抵台湾。

台湾地区神农庙宇一览表[2]

序号	名称	地址
1	慈生宫	台北市北极区立农街321号
2	神农宫	台北市中山北路五段697号
3	圣德宫	台北市万大路322巷44号
4	神农宫	台北市汉口街二段68号3楼
5	青云坛	台北县淡水镇草东里中正路5巷3号
6	青云宫	台北县汐止镇保安路14元1号
7	保民堂	台北县瑞芳镇瓜山里金光路117号
8	清云殿	台北县坪林乡粗窑村湾潭4号
9	保民殿	台北县双溪乡鱼行村遇港路2元1号
10	福和宫	台北县中和乡庙美村庙美街6号
11	五谷先帝庙	台北县土城乡土城村农丰街11号
12	瑞芳青云殿	台北县瑞芳镇海滨里滨二路30号
13	平溪青桐青云宫	台北县平溪乡白石村中铺路177号
14	先啬宫	台北三重市五谷里北街7巷70号
15	皇星宫	台板桥市大观路二段27巷16号（浮州市场边）

1. 参见周新发．台湾民间神农信仰及其特点[J]．根，2013，(2)：10—11．
2. 参见霍彦儒．陕西省志·炎帝志[C]．西安：三秦出版社．2009：140—144．

序号	名称	地址
16	永昌宫	桃园县大溪镇南兴里十一邻广福9号
17	龙之宫	新竹县龙潭乡东龙路246号
18	畏祥宫	新竹县新屋乡九斗村二邻34号
19	龙天宫	新竹县新埔镇南平里13号
20	五谷宫	新竹县东镇二重里壹邻二重埔八十一宅5号
21	福龙宫	新竹县新丰乡福兴村六邻35号
22	五谷庙	苗粟县苗粟镇嘉盛里
23	五谷宫	功粟县竹南镇新南里五谷王1号
24	镇安宫	苗粟县苑镇泰田里三邻34元1号
25	龙天宫	苗粟县大湖乡南湖村抬邻
26	五谷宫	苗粟县公馆乡中村宫前路43号
27	五谷庙	苗粟县公馆乡玉谷村8号
28	五谷宫	苗粟县铜锣乡中平村584号
29	广德宫	苗粟县铜锣乡竹森村53号
30	天佑宫	苗粟县铜锣乡盛隆村83号
31	五谷宫	苗粟县三义乡广盛村二邻广盛24号
32	五谷庙	苗粟县狮潭乡和兴村八邻
33	五文宫	苗粟县三湾乡三湾村三元1号
34	玄修堂	苗粟县卓兰镇苗丰里37号
35	国农宫	台中市东区十里路26巷4号
36	观音山神农大帝庙	台中市大垸
37	顺德宫	台中市西屯区林厝里安林路83号
38	福兴宫	台中县外埔乡三嵌路57号
39	庆安宫	台中县大安乡海干村
40	圣贤宫	台中县雾峰乡中正村四德路104巷1号
41	福成宫	台中县雾峰乡五福村
42	五谷庙	南校县国姓乡南港村南港路9号
43	玉虚宫	南校县水里乡民和村忠信港56号
44	圣德宫	南校县水里乡北埔村民族街五巷53元3号
45	谷丰宫	南校县国姓乡福龟村长寿巷60号
46	灵圣宫	彰化县埔心乡油车村瓦凰路69号
47	高香宫	彰化县和美镇犁盛里东平路219号

序号	名称	地址
48	镇安宫	云林县林内级九芎村中央路160号
49	圣农宫	云林县水林乡蔦松村西下庄25号
50	大天宫	嘉义市和平路84号
51	惠元宫	嘉义市
52	五谷王庙	嘉义县民雄乡丰收村9号
53	土地公庙	嘉义县民雄乡菁埔村107号
54	永兴宫	嘉义县溪口乡柳蒲村九邻柳子蒲26号
55	泰安宫	嘉义县鹿草乡鹿东村221号
56	福兴宫	嘉义县太保乡梅埔村埔心7号
57	新兴宫	嘉义县水上乡大岭村十八邻49号
58	德园宫	嘉义县水上乡大岭村十七邻12号
59	开天宫	嘉义县鹿草乡三角村三角子109号
60	圣农宫	嘉义县
61	药皇庙	台南市永乐路151巷54号
62	神农殿	台南市自强街260号
63	开基开帝殿	台南市复兴路61巷廿弄25号
64	镇南殿	台南市新营镇民生里201号
65	镇南殿	台南市新营镇嘉芳里1号
66	镇南殿	台南市新营镇民治路160号
67	镇西宫	台南市柳营乡神农村380号
68	开天宫	台南市永康乡王行村对面仔24号
69	神农庙	台南市山上乡平阳村石子崎47号
70	神农大帝庙	台南市永康乡王行村车行十三元4号
71	神农殿	台南市楠西乡龟丹村42号
72	北极殿	台南市五井乡竹围村138号
73	神农庙	台南市五井乡三埔村16号
74	大山宫	台南市白河镇连潭里53号
75	北安宫	台南市南化乡北寮村117号
76	南安宫	台南市南化乡北寮村198号
77	官田公厝	台南市官田乡官田村106号
78	开农宫	台南市仁德乡上岭村210号
79	重兴宫	台南市后壁乡新东村六十元1号

序号	名称	地址
80	朝安宫	高雄市前镇区平昌里卫2巷121元7号
81	丰谷宫	高雄市左营区左营大路495号
82	丰谷宫	高雄市左营区菜公巷28号
83	凰屏宫	高雄市楠梓区后劲南路549号
84	灵子殿	高雄市大寮乡昭明村66号
85	神农殿	高雄市小港乡坪顶村中和路41号
86	青云寺	高雄市大树乡大垸村125号
87	青云宫	高雄市大社乡神农村仙公庙巷12号
88	青云宫	高雄市鸟松乡大坑村山脚路53号
89	帝仙宫	高雄市桥头仕丰村神农巷14号
90	神元宫	高雄市燕巢乡安招村安南路1号
91	三农宫	高雄市旗山镇三协里旗南一路24号
92	辅天五谷宫	高雄市美浓镇中坛里五谷路
93	朝天宫	高雄市狮山里龟山街18号
94	神农庙	高雄市杉林乡月眉村内寮巷23号
95	神农宫	高雄市内门乡内东村4邻
96	昆龙宫	高雄县林园乡港嘴村港嘴二路171号
97	神农宫	屏东县潮州镇三和里中兴路42号
98	神农宫	屏东县东港镇新胜里新胜街61号
99	神农坛	屏东县万丹乡万生顶前厝1号
100	农惠宫	屏东县万丹乡岭顶村岭仔顶24号
101	五谷宫	屏东县麟洛乡新田村老田屋
102	先帝庙	屏东县万峦乡万全村褒忠16邻
103	五谷宫	屏东县内埔乡富田村和顺路4号
104	青龙宫	屏东县内埔乡大新村中央1号
105	神龙宫	屏东县竹田乡竹田村光明路52号
106	先农宫	屏东县竹田乡南势村南昌路20号
107	神农宫	屏东县竹田乡福田村和平路4号
108	法师公坛	屏东县竹田乡永丰村平山巷30号
109	仙降宫	屏东县新园乡仙吉村仙隆路51号
110	神农宫	屏东县林边乡田广村成功路二巷7号
111	神农宫	屏东县林边乡光林村仁爱路三巷14号

序号	名称	地址
112	永安宫	屏东县南州乡溪北村永安路三巷35号南安村
113	神农宫	屏东县南州乡溪北村农路77号
114	神农宫	屏东县佳冬乡万达村大同路98号
115	神农宫	屏东县佳冬乡昌隆村中正路5号
116	五谷宫	屏东县内埔乡老埤村寿北路19号
117	五谷宫	屏东县内埔乡美和村四维路1号
118	神农宫	台东县民权里宝桑路370巷21号
119	保安宫	台东县池上乡锦园村一邻1号
120	镇安庙	花莲市中华路249号
121	保民宫	花莲市国庆里德兴路92号
122	五谷宫	花莲市吉安乡吉安村72号
123	五谷宫	花莲县玉里镇春日里十二邻三十一元1号
124	五谷庙	宜兰市神农路72号
125	新福宫	宜兰市凯旋路14号
126	紫宵宫	宜兰县头城镇更新里更新路231号
127	神农庙	宜兰县头城镇拨雅里拨雅路55号
128	天农庙	宜兰县礁溪乡三民村十六路100号
129	景德宫	宜兰县五结乡协和村协和路旁
130	五福宫	宜兰县五结乡孝威村孝威西路旁

台湾省台北县三重市先啬宫和桃园县龙潭乡龙元宫民祭活动简介

下面引用钟宗宪《炎帝神农信仰》一书中记述的台北县三重市先啬宫和桃园县龙潭乡龙元宫的民祭活动为例予以介绍。

先啬宫首建于乾隆二十年，为台湾北部最著名之神农庙宇。其祭祀区分二日：四月二十五日，“分东区西区南北区三处绕境祈安迎神演戏”；四月二十六日，“祝圣诞举行三献礼(过火、演戏、值东担当)”。一九九二年之神农大帝诞辰祭典，轮由三重市东、中区主办，负责人为慈化里里长张阿村；四月二十五日上午，由善信汇集一百多辆之大鼓车、南北管车、车鼓亭等车队，从先啬宫迎神出发，巡绕市境，市民们则在自家门口摆放香案牲礼祭品，当巡境队伍经过时，双手持香遥拜，并燃放鞭炮；是日，民众依例外烩宴客，各地食客络绎不绝，一时热闹非凡，交通为之堵塞，俗称此日为“三重埔大拜拜”。《台湾省通志》称此日为神农大帝诞辰。

四月二十六日上午十时，为诞辰祭典正式开始，由市长陈景峻亲自主祭，循古礼行三献礼(其仪式参考下文龙元宫部分)，地方人士均各有所司，与前日之盛况相较，显得庄严肃穆。

先啬宫所在之三重、新庄一带，居民皆为闽人，所以信徒以闽人居多。而龙元宫因位于“客人庄”，亦为粤人所建，其祭典兼有“神豚比赛”(即赛猪公)之习俗。根据胡惠祯《记龙潭神豚比赛特等奖》一文报导，去年龙元宫神猪比赛轮由上林村、中正村主办，共计232只报名，从农历四月十九日起按抽笺决定量次，逐户秤神猪，至四月二十四日揭晓，由黄罗铭饲养之1132台斤神猪获特等奖。二十五日中午，黄家张挂如办喜事，在“天公”后，由黄罗铭以红饭团喂食神猪，黄妻则持壶饮之以水，表示主畜间之最后亲炙。再由杀猪师传以刀尖刺入神猪咽喉，并以带血之刀刃在刚才拜天公的金纸上抹拭，称为“抹金”，这一匝金纸在二十六日与神猪一起带到龙元宫祭拜，金纸火化后即表示五谷爷(即神农大帝)接受这份牺牲。

古来祭祀神农皆以一豕一羊，神羊亦由神猪特等奖得主提供。神羊以羊角长度长者为贵，并扮为“身上穿花衫打红领带金领夹，叼烟斗戴眼镜，一副学养俱佳的乡绅夫子样”，神猪则在猪身黑毛区刮画出大葫芦状，口衔凤梨，身披双串珠钱，集合了多福多寿又多金的意象。

至于二十六日祭神农大帝之三献礼，其仪节廖雪芳在《龙潭的五谷王爷》一文中所提供的资料如下；

吉礼三献礼——龙元宫祭五谷爷生日的三献礼依此过程举行，大家肃静。

擂鼓三通。鸣金三晶。奏大乐。奏小乐。响号。连中三元。执事者各司其事。主祭者就位。与祭者亦就位。盥洗。

引诣于盥洗所。

盥洗。复位。

通序立参神鞠躬跪。

叩首。叩首。三叩首。起。跪。叩首。叩首。六叩首。起。跪。叩首。叩首。九叩首。起。执事者酌酒焚香降神。

引诣于降神所。

降神。一揖。二揖。三揖。复位。

通执事者酌酒焚香酹酒。

引诣于香席前跪。

上香。又上香。三上明香。酹酒。叩首。叩首。三叩首。

通执事者酌酒奉馔。

行初献礼。满堂酌酒。

引诣于某某神之位前。

跪。进爵。进禄。叩首。叩首。三叩首。起。平身复位。

引诣于某某神之位前。

跪。读祝文。叩首。叩首。三叩首。起。平身复位。

通执事者酌奉馔。

行亚献礼。满堂酌酒。

引诣于某某神之位前。

跪。进爵。进禄。叩首。叩首。三叩首。起。平身复位。

通执事者酌酒奉馔。

行终(三)献礼。满堂酌酒。

引诣于某某神之位前。

跪。进爵。进禄。叩首。叩首。三叩首。起。平身复位。

通侑食。

(加爵禄)主祭者渐退位。行分献礼。

主祭者复位。献财帛。献果品。献刚鬣扁、柔毛。化财。

焚祝文。望燎。

引诣于望燎所。

望燎。一揖。二揖。三揖。复位。

通辞神鞠躬跪。

叩首。叩首。三叩首。起。跪。叩首。叩首。六叩首。起。跪。叩首。叩首。九叩首。起。主祭者退位。礼毕撤馔。[1]

1．钟宗宪．炎帝神农信仰[M]．北京：学苑出版社，1994．155–157．

北京先农坛

霍彦儒

一、地理位置

北京（简称“京”）位于华北大平原西北端。西北毗邻山西、内蒙古高原，南与华北大平原相接，东近渤海；市中心海拔43.71米；总面积16808平方千米，其中山地10417.5平方千米，占总面积的62%。市区面积1040平方千米。西、北、东三面环山，依山邻海，形势雄伟。古人云：“幽州之地，左环沧海，右拥太行，北枕居庸，南襟河济，诚天府之国。”这一地理形势，极像一个半封闭的海湾，故历来被称作“北京湾”。“湾”内潮白河、温榆河、永定河等数条大河自西北向东南蜿蜒而过，奠定了“前挹九河，后拱万山”之形胜。按地理位置来说，南接大平原，西临黄土高原，北接内蒙古高原，处于三级阶梯的交接处。又由于北京湾北有天险可守，南有水陆交通之便，故古人云“形胜甲天下，披山带海，有金汤之固……诚万古帝王之都”，有“天府”“神京”之称。现为中华人民共和国的首都，是中国政治、经济、文化的中心，也是国际交往中心之一。

北京先农坛位于北京城南中轴的左侧，与天坛隔永定门内大街，东西相望，北邻正阳门城楼，南抵永定门城楼。《辞海》解释：“坛”是用“土筑的高台，古时用于祭祀和朝会、盟誓等大事。”北京先农坛是明清两代皇帝祭祀先农（炎帝神农氏）诸神及举行藉田典礼的场所。其占地南至永定河（今南二环路），北至今永安路一线，东至永定门内大街，西至陶然亭街，面积为1700余亩。

二、历史沿革与整修纪事

先农，远古称帝社、王社，至汉时始称“先农”。《汉议》说：“春时东耕于精田，引祀先农，则神农也。”《五经要义》说：“坛于田，以祀先农。”魏时，先农为国六神之一（“风伯、雨师、灵星、先农、社、稷”为国六神）。（《唐书·卷十四》）唐时为帝社，祭坛曰“精田坛”，垂拱（685~688）年间改为“先农坛”。自此祭祀先农被正式定为封建社会的一种礼制，每年开春，皇帝亲率文武百官行藉田礼于先农坛。

北京先农坛是将先农、山川、太岁等自然诸神共聚一处祭祀的坛、庙建筑群。始建于明永乐十八年（1420）（一说为嘉靖年间），“悉仿南京旧制”。据《天府广记》载，先农坛“建于太岁坛旁之西南……西为瘗位，东位斋宫，銮驾库，东北为神仓，东南为具服殿，殿前为观耕台……台南为精田，护坛地六百亩……”明天顺二年（1458）建山川坛斋宫。嘉靖十年（1531）于坛内墙南部建天神坛、地祇坛、太岁殿、东西庑殿等，形成现在的基本格局(如下图)。嘉靖十一年（1532）改山川坛曰天神地祇坛。嘉靖十七年（1538）又于山川坛外围垣东建天神、地祇二坛。穆宗隆庆元年（1567）废。明万历四年（1576）改山川之名为先农坛，设先农坛祠祭署，铸先农坛祠祭署印。这是北京先农坛名称的由来。

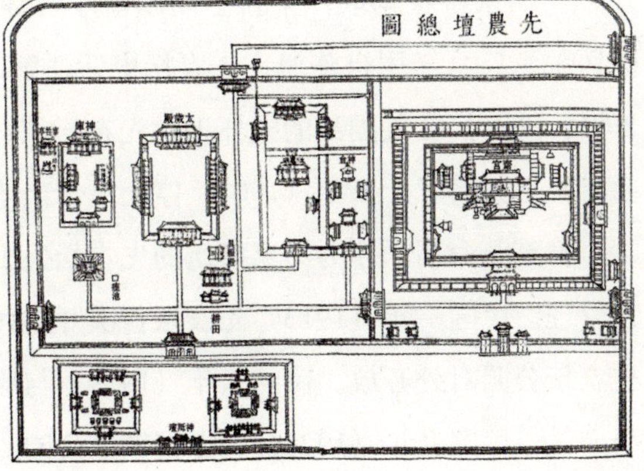

清代沿袭明代祭祀制度。顺治十年（1653）下诏恢复先农坛及亲耕之礼，继之议定全套祭祀规制。乾隆十九年（1754）对坛内建筑进行了全面的修葺和改建，将观耕台由木结构改为砖石结构，在院内广植松柏榆槐，坛内遂有红墙琉璃瓦、绿树葱茏之貌。乾隆二十年（1755）将斋宫改为庆成宫。此时先农坛的规模：在正阳门外西南，制方，南向，一成，方四丈七尺，高四尺五寸，四出陛，各八级。东南为座坎。坛北为殿五间，以藏神牌。东神库、西神厨各五间，左右井亭各一。东南为观耕台，方广五丈，高五尺，面铺金砖，四围黄绿琉璃，南东西三出陛，各八级，绕以白石台柱。前为耕田，后为具服殿，五间，南向，三出陛，南九级，东西各七级。东北为神仓，中广制圆，前为收谷亭，左右仓十有二间，后为祭器库，缭以周垣，南门一。坛内垣东门外，北为庆成宫，南向，正殿五间，崇基石台，前左右三出陛，各九级。后殿五间，左右配殿各三间，正殿前辰牌石亭一。内宫墙南三门，东西掖门各一，外宫墙南、中三门，左右各一门。东南钟楼一。坛外垣周千三百六十八丈，东向门二，南北并列，南入先农坛，北入太岁殿，皆三门，角门一。乾隆在《祭先农坛》诗序中写道："先农坛及各坛宇俱于数年内次第修整完竣，内外垣间向日圃畦，令易植嘉树，与坛内苍松蔚为茂荫。"并在诗中说："松柏笼垣古，坛壝构鼎新。"（转引自陈旭．先农坛史话．第1版．香港：香港银河出版社，2006：75．）

清代末期，先农坛逐渐衰落。1900年八国联军侵占北京，先农坛遭到严重破坏。据当时的《万国公报》载："美国第九营及十四营据守先农坛，一切亲耕农具取作柴薪。而以前厅（拜殿）为行宫，后厅（太岁殿）为医院。"（转引自陈旭．先农坛史话．第1版．香港：香港银河出版社，2006：75．）在美国兵的毁坏下，先农坛"殿宇祭器并皆罄尽"（《庚子记事》）。光绪三十三年（1907）停止皇帝亲祭礼仪，先农坛开始废弃。

辛亥革命后，作为皇家祭坛的先农坛失去原有功能，先由民国政府礼俗司管理。民国二年（1913）先农坛首次开放10天。民国四年（1915）被辟为先农坛公园对外开放。民国八年（1919）与原城南公园合并，命名为"城南公园"。民国九年（1920）又撤销城南公园，成立"先农坛事务所"。由于政府经费不足，管理不善，自20年代开始逐步被蚕食租卖，今永安路以南的大片土地被“分割”出去。1936年东南部被辟为体育场。至1949年，全坛已是瓦砾遍地，千疮百孔。

中华人民共和国成立后，先农坛由学校及校工厂、体育场及居民占用。“文化大革命”十年动乱中，天神地祇坛被毁，坛内各处更是破败不堪，再一次遭到严重破坏。

1987年太岁殿院开始收归文物部门管理。1988年成立北京古代建筑博物馆筹备处，着手修缮和组建博物馆等事宜。1991年末，北京市古代建筑博物馆向外正式开放。1994年神仓院占用单位迁出。北京市文物局投资，对此院进行了全面修缮。1997年具服殿、观耕台收回。北京市文物局、联合国世界文化遗产基金会拨款，对此组建筑进行了维修。1998年、1999年分别收回庆成宫、神农坛和神厨院，由北京市文物局投资修缮。目前，修缮工作还在进行。在神仓院内设“先农坛历史文化展”。2002年10月1日向外正式开放。现在，先农坛对外名称为“北京古代建筑博物馆”。

三、现状与景观

先农坛的全部建筑由内、外垣环绕，平面为北圆南方的长方形。外垣墙走向，南沿永定门西街，向东而北折先农坛街、新农街，沿天桥市场斜街画一个弧形到达北端，循永安路折向西，又沿弧线拐向西南，与太平街相连（太平街即先农坛外垣西界），总长4104米。外垣南北长约1424米，东西宽约700米。内垣南北长约446米，东西宽约306米。总占地约2900亩。坛东面开有两座大门，与天坛西门相对。坛内分为三组建筑群，即三组独立的醒墙：一是先农坛内垣，一是神祇坛内垣，一是庆成宫宫墙。先农坛建筑群包括先农神坛、神厨（神库）、神仓、具服殿、观耕台、庆成宫等，用于祭祀先农和举行藉田典礼。天神、地祇坛用于祭祀天地和山川等自然诸神。太岁殿是一组雄伟的建筑群，用于祭祀太岁。现在东经路南端高大的宫门，就是先农坛内垣北门。

先农坛建筑物没有按传统的沿中轴线布局，而是以当年皇帝祭飨先农的路线来安排建筑物。

先农神坛　先农神坛是一座砖石结构的方形平台。位于坛内西南。长宽各15米，高1.5米，建筑面积300平方米。四面出陛，台阶八级。平日这座坛没有什么装饰，等到祭祀先农这一天，由太常侍官员打扫干净，铺上棕席，在坛正中设置黄色帷帐，在其中安放先农神牌。

神厨（亦称神库）　位于先农神坛正北，自有一个小院，占地面积6530平方米，建筑面积1244平方米。正南一座牌坊门，正北是正殿，面阔五间，进深四间，建筑面积340平方米。东为神库，面阔五间，进深一间，建筑面积270平方米；西为神厨，面阔五间，进深两间，建筑面积271平方米。神库和神厨之南，分别对称有一座六角形井亭。正殿西北有座悬山重檐殿，为宰牲亭。此亭被古建专家认证为国内孤例，深为古建界关注。神厨院建筑彩画，均为墨线大点金龙锦枋心旋子彩画。神厨、神库主要功能是供奉先农神牌位，屠宰牺牲，祭享先农。现为“先农坛历史文化展”。

太岁殿　它是先农坛内最雄伟、保存最完整、面积最大的一组建筑。位于神厨的东面，占地9120平方米，建筑面积3685平方米。内有四座单体建筑，中轴线从南向北依次为拜殿、太岁殿。太岁殿为正殿，坐北朝南，面阔七间，进深三间，建筑面积1120平方米。其木构架形式基本上与故宫太和殿上层类似。歇山顶，单翘重昂七踩镏金斗拱。外额枋为和玺彩画，内额枋为旋子彩画。正殿前有东西庑殿，黑琉璃瓦绿剪边，悬山顶，面阔十一间，进深三间，建筑面积755平方米。拜殿又称南殿，倒座，面阔七间，进深三间，建筑面积860平方米。中为穿堂。此建筑原祀太岁神（主宰一岁农时地利之神），现为“中国古代建筑展”所在地。

太岁殿院外东南侧有一座砖仿木无梁结构焚帛炉，坐东向西，面阔7米，进深4米，歇山屋面，须弥底座，中间设三个大小不同的拱券门（中门稍大）。此建筑为焚烧纸帛祭文之用。

具服殿　位于太岁殿东南，建于1.65米的高台上，占地3000平方米，建筑面积605平方米，面阔五间，进深三间。绿琉璃瓦歇山顶，和玺彩画。外有砖砌石条边月台。台南设10级台阶，东西面各设8级台阶。其主要功能是皇帝在太岁殿上香后，为到观耕台举行耕藉典礼而更衣休整的地方。

观耕台　位于具服殿南，占地508平方米，建筑面积300平方米。台长、宽各16米，高1.5米，东、西、南三面出陛，各设八级台阶。台周饰以黄琉璃瓦，并以汉白玉栏杆围绕。观耕台是皇帝行藉田礼时观耕的场所。

一亩三分地　位于观耕台东。现为北京育才学校操场的一部分。此为皇帝的“亲耕”和“观耕”之“藉田”。

神仓（又称东院）位于观耕台之北，自成一小院，有院墙和院门。占地3500平方米，建筑面积1024平方米。坐北朝南。中轴线从南向北依次为山门、收谷亭、圆檩神仓、祭器库，左右分列仓房、神仓、值房各三座。另外，全院从圆檩神仓后设墙分成前后两院，中设圆门。山门为砖拱券无梁形制，建筑面积72平方米，面阔三间，屋面为单檐歇山式绿琉璃砖叠压挑檐，无斗硕，瓦面为黑琉璃瓦绿剪边。收谷亭平面为方形，建筑面积49.9平方米。南北各设三级台阶，无斗硕，四角攒尖顶，瓦面为黑琉璃瓦绿剪边。神仓为圆形形制，建筑面积58平方米。正南设五级台阶，无斗硕，屋面为圆攒尖顶，黑琉璃瓦绿剪边。祭器库建筑面积245平方米，面阔五间，进深两间，明间有礓差踏步，悬山顶屋面，上铺削割瓦。两侧仓房：南侧建筑面积各为76.9平方米，面阔三间，进深一间（4椽5檩），前檐明间置三级台阶，硬山顶屋面，上铺削割瓦。北侧建筑面积各为96.5平方米，面阔三间，进深一间（4椽5檩），前檐明间置三级台阶，悬山顶屋面，上铺黑琉璃瓦绿剪边。神仓院建筑彩画，除收谷亭为雅伍墨旋子彩画外，其余均为皇家祭祀建筑特用的雄黄玉旋子彩画。这里的主要功能是储存藉田收获及祭祀行礼物品的场所。

庆成宫　位于先农坛内坛东北部，与内坛的其他几组建筑基本上处于东西同一方位。为皇帝行藉田礼后休息、庆贺和犒劳百官随从的场所。此宫坐北朝南，东西长122.84米，南北宽110.14米，占地面积13000平方米，建筑面积1221平方米。中轴线从南向北依次为宫门、内宫门、大殿、妃宫殿。大殿、妃宫殿之间东西两侧各有一座配殿，内宫门与大殿之间院墙东西各有一间拱券掖门。庆成宫整体布局为院中院，内外宫门形成两个大的院落：建筑集中在中轴线北部的同一高台上，周有围墙相连，形成一座封闭的院落；妃宫殿左右与配殿用围墙相连形成一小院；建筑高台两侧又各为一个院落。

内外宫门结构造型基本一致，为砖仿木拱券无梁形制，每座建筑面积120.7平方米，面阔五间，进深一间，屋面为单檐歇山式，绿琉璃瓦剪边，三踩单昂磨砖斗硕。建筑前后台置汉白玉栏杆。

正殿面阔五间，进深三间，建筑面积400平方米。殿前置月台，周围安装汉白玉栏杆，正面置九阶台阶，台阶两边有日晷、时辰碑。殿内后檐明间设门，通往妃宫殿。妃宫殿面阔五间，进深三间，建筑面积300平方米。正殿及妃宫殿均用金龙和玺彩绘。

东西配殿面阔各三间，进深一间，建筑面积各为85平方米。悬山卷棚顶，绿琉璃瓦屋面。彩画为龙锦枋心。

东西掖门面阔8.9米，进深7.27米，建筑面积为64.7平方米。绿琉璃歇山屋面，中部设拱券门。

先农坛院内古木参天，殿堂林立。自民国以后就已失去了祭祀炎帝的功能。经过全面整修后的先农坛，现在成为北京市一处重要的旅游景区景点。1979年被公布为北京市重点文物保护单位，2001年又被公布为全国重点文物保护单位。

1993年宝鸡首届祭炎帝文

维公元一九九三年，农历癸酉，七月初七。值宝鸡炎帝祠重修落成大典，逢1993中国宝鸡炎帝节隆重举行。宝鸡市各界代表，特邀台、港、澳同胞，海外侨胞及国内有关人士，共集于中华始祖炎帝神农氏之故里，以鲜花雅乐之仪，醴果时馐之奠，致祭于炎帝祠前，辞曰：

赫赫始祖，炎帝神农；感生常羊，沐浴九龙。长于姜水，唯劳唯勤；率我先民，开拓创新。始制耒耜，嘉禾粒民；修火之利，做陶教耘。尝味百草，和药济众；制琴作舞，风朴气淳。相土择居，女绩男耕；日中为市，利古烁今。炎黄相济，初成大统；凝聚四方，中华始兴。误食毒株，为民献身；神功圣德，永世长存。大哉元宗，浩浩勋功；姜炎文化，肇启文明。煌煌周秦，汉唐相承；祚我西土，泽被寰中。秦公设畤，吴阳首祭；历世相袭，两千数百年矣！

改革开放，九州向荣；政通人和，四境安宁。祖国建设，繁荣昌盛；华夏文明，光大恢宏。振兴中华，帝胄归心；情系神州，谒祖寻根。炎黄子孙，德同心诚；统一大业，势在必成。宝鸡民众，索迹考源；重修帝祠，励今怀宗。滔滔渭水，巍巍秦岭！炎帝故里，百业蒸蒸。以农为基，工贸并隆；地利物阜，民勤志腾！昭告始祖，魂兮慰宁；式修祑祀，庶灵明之鉴歆！

尚飨！

2007年湖南省祭炎帝陵文

惟公元二〇〇七年十一月吉日，湖南省省长周强偕各界代表，谨以鲜花雅乐，珍馐异果，致祭于中华始祖炎帝神农氏之陵曰：

惟我始祖，德业昭彰。筚路蓝缕，以启洪荒。作耒耜以倡农事，治丝麻而有衣裳。制陶器而便日用，架巢木以避风霜。日中为市，交易四方。削桐为琴，五音始扬。辨草木之温凉，扶伤救死；合天地之大和，时旺民康。刑政不用而治，甲兵不起而王。圣哉 炎帝，巍巍煌煌。

强以盛世，主政湖湘。重任在肩，敬慎不遑。自当以民为本，清廉是尚，执法唯平，选贤用良。落实科学发展，构建和谐社会，力图务实创新，坚持改革开放。推进工业化，贵在超前；建设新农村，自不容缓。尊重知识，揽群彦于四海；广布诚信，引万商入三湘。承东南之胜势，为其后苑；接西北之机遇，拓我津梁。富民强省，惠及城乡，崛起中部，并驾腾骧。今者十七大召开，指路有灯；亿万人同德，小康共享。民族振兴，人心奋发，百业旺盛，经济繁昌。祖国之统一可期，大同之宏图在望。敢布微忱，敬乞鉴察。灵其来格，伏维尚飨！

2009年湖北省首届寻根节颂炎帝文

今夕何夕，九天流霞；此时何时，大地飞花。千重翠色，盈峰被野，拥神农故里；万方赤子，寻根颂祖，齐集厉山脚下。

天有浩气，其精为星；地钟灵秀，其晶为人。炎帝神农，惟我始祖。激浊扬清，缔造中华。

漫道稽古难征，难续洪荒信史。还从口碑物器，景仰创世神话：磨石为斧，削木为犁，告别茹毛饮血；编麻为衣，揉泥为陶，引导男婚女嫁。种桑养蚕，斫桐制琴，允为文明初创；结绳记事，煮盐烹食，智通天地历法。祛病疗伤遍尝百草，虽九死其犹未悔；披荆斩棘教化生民，行万里处处为家！

天地以风霜雨雪，化育万物；圣人以礼乐文明，塑造华夏。以人补天，惟炎既黄；以道启德，大爱无疆。厉山共群山而逶迤，姜水引众水而浩荡。文明发展，风驰电掣；薪火传承，凤舞龙翔。

祭我祖兮，问大魂何在，尽在华夏儿女眼中闪亮；颂我祖兮，问大德何归，尽在亿万族裔心中珍藏。湖北乃九省通衢，荆楚为始祖故乡。敬天法祖，乃中华传统美德；继往开来，促我辈奋发图强。学习炎帝创新以为先，实施弯道超越，虎踞龙盘今胜昔；效法神农开拓以为尚，致力中部崛起，天翻地覆慨而慷！倾满腔热血，铸时代精神；用忧患之笔，写改革篇章。学以明之，诚以行之。以和为贵，隆家兴邦！浩浩乎惟始祖一脉，于此衍生千秋功德，万世辉煌；巍巍乎仅炎黄二字，足可抵御千重灾难，万种风霜。

广备时馐，奉祀始祖。欣看眼前之鄂渚：人人抱荆山之玉，处处是创业之乡；瞻望今日之中华：社稷铺智能风景，民族沐希望之光！

望山瞻拜，一片吉祥；殿前礼赞，尽献心香。伏望始祖，恩被荆楚大地，永远春潮腾涌；恭祷始祖，福佑文明古国，再创盛世华章！

2004年高平市祭炎帝文

维公元二〇〇四年七月二十五日，农历甲申年六月初吉日，欣逢炎帝神农祭祀广场告竣暨全国炎帝文化学术研讨会召开之际，全体与会代表及高平市民众代表，致祭于始祖炎帝神农圣像之前。曰：

始祖炎帝，赫赫农皇。创世远古，功盖乾坤。始制耒耜，教民农耕。遍尝百草，疗民疾伤。治麻为布，导民裙裳。日中为市，物流民享。琴设五弦，琴传宫商。剡木为弓，抵敌御强。得承伏羲，政叙彝伦。功高德厚，普天共尊。千秋彪炳，万世景仰。故里子孙，谨遵旧章。矗立龙柱，创建广场。恭敬报祭，祈降吉祥。

华夏文明，源远流长。史前文化，突显上党。泫氏古郡，幸为帝乡。羊头山麓，林立庙廊。遗迹典章，千古传唱。共举盛典，欢聚一堂。方家鸿儒，深研立论。彰显祖德，敬献心香。欣逢盛世，九州龙腾。民族复兴，神人共襄。长平大地，时风浩荡。革旧布新，开发图强。发展为纲，百业兴旺。吾等菲才，领政一方。率我同胞，乘风破浪。铭记祖训，民生为本。与时俱进，重铸辉煌。兹行公祭，虔心奉香。大礼告成，伏惟尚飨！

参考文献

1. “二十四史”（简体字本）[M]. 北京：中华书局，2000.

2. 黄怀信. 逸周书校补注译（修订本）[M]. 西安：三秦出版社，2006.

3. 徐旭生. 中国古史的传说时代[M]. 桂林：广西师范大学出版社，2003.

4. 傅亚庶. 中国上古祭祀文化（第2版）[M]. 北京：高等教育出版社，2005.

5. 刘毓庆. 上党神农氏传说与华夏文明起源[M]. 北京：人民出版社，2008.

6. 钟宗宪. 炎帝神农信仰[M]. 北京：学苑出版社，1994.

7. 杨景震. 中国民俗大系·陕西民俗[M]. 兰州：甘肃人民出版社，2003.

8. [西晋]皇甫谧. 帝王世纪[M].

9. 霍彦儒，郭天祥. 炎帝传[M]. 西安：陕西旅游出版社，1995.

10. 侯文宜. 山西上党羊头山周边地区炎帝传说、民俗考察[A]. 王树新,孟世凯. 炎帝文化[C]. 北京：中华书局，2005.

11. 中国社会科学院考古研究所. 宝鸡北首岭[R]. 北京：文物出版社，1983.

12. 陕西省考古研究院、宝鸡市考古工作队. 宝鸡关桃园[R]. 北京：文物出版社，2007.

13. 宝鸡市考古工作队、陕西省考古研究所宝鸡工作站. 宝鸡福临堡——新石器时代遗址发掘报告[R]. 北京：文物出版社，1993.

14. 霍彦儒. 陕西省志·炎帝志[M]. 西安：三秦出版社，2009.

15. 李学勤,张岂之, 炎黄汇典（1~8卷）[Z]. 长春：吉林文史出版社，2002.

16. 王连成，秦海轩. 上党风景名胜志[Z]. 太原：山西人民出版社，2006.

17. 樊友刚. 随州旅游一点通[Z]. 武汉：武汉出版社，2009.

18. [明]李贤. 大明一统志[Z]. 34.

19. 任永华，李晨．炎帝的传说[Z]．西安：三秦出版社，1988．
20. [明]陕西通志（上）[Z]．西安：三秦出版社，2006．
21. 宝鸡市地方志编纂委员会．宝鸡市志[Z]．西安：三秦出版社，1998．
22. 宝鸡县地方志编纂委员会．宝鸡县志[Z]．西安：陕西人民出版社，1996．
23. 宝鸡市渭滨区地方志编纂委员会．宝鸡市渭滨区志[Z]．西安：陕西人民出版社，1996．
24. 周新发，罗炳生．炎陵故事[Z]．西安：西安出版社，2011．
25. 张观怀．炎陵客家[Z]．西安：西安出版社，2011．
26. 酃县志编纂委员会．酃县志[Z]．北京：中国社会出版社，1994．
27. 湖北省随州市地方志编纂委员会．随州志[Z]．北京：中国城市经济社会出版社，1988．
28. 随州志[Z]．清同治版．
29. 厉山社志[Z]．1982年．内部发行．
30. 周新发点校注．炎陵志（道光十八年）[Z]．西安：三秦出版社，2007．
31. 周新发点校注．酃县志（清·同治）[Z]．西安：西安出版社，2011．
32. 万里，刘范弟，周小喜．炎帝历史文献选编[Z]．长沙：湖南大学出版社，2012．
33. 宫长为，郑剑英．炎帝神农氏——中华远古文明追索[Z]．北京：中国文化出版社，2005．
34. 周新发，张观怀，罗炳生．炎陵歌谣[Z]．西安：西安出版社，2011．
35. 张廷兴．中国民族通志·服饰志[Z]．济南：山东教育出版社，2007．
36. 任骋．中国民族通志·禁忌志[Z]．济南：山东教育出版社，2007．

37. 高平市炎帝文化研究会. 炎帝古庙 [Z]. 北京：文物出版社，2011.

38. 《北京先农坛史料选编》编纂组. 北京先农坛史料选编[Z]. 北京：学苑出版社，2007.

39. 炎帝与宝鸡课题组. 炎帝 · 姜炎文化[M]. 西安：三秦出版社，1992.

40. 曾雨农. 炎帝文化丛书（《炎帝与炎帝陵》《炎帝传说故事》《炎帝陵祭文浅》《炎帝陵诗选》《圣陵之邑》）[M]. 长沙：湖南人民出版社，2001.

后记

炎帝是中华民族的伟大始祖。自古以来受到人们的崇敬和祭拜。设立节期是缅怀、祭祀炎帝的一种重要形式。因而研究古今祭祀炎帝的方方面面，这是研究炎帝、炎帝文化的重要内容。为此，当我们得知祭炎帝也被立项后，即展开了这方面的各项研究工作。

为了保证这项工作的顺利开展和保质保量完成这项课题，我们主要进行了以下几方面的工作。其一，学习《中国节日志项目管理办法》和《中国节日志撰写方案》，并参加了在北京举办的《中国节日志》项目培训会议，基本上领会了本课题的编纂体例和各项要求。其二，确定本课题调查对象，成立调查组。从目前了解到的情况看，除了台湾地区外，全国有祭祀炎帝活动的地方不下十几处，而且时间各不相同。为此，召开课题组会议，依据《中国节日志》编纂体例和工作要求，在比较各家祭祀活动情况的基础上，确定陕西宝鸡、湖南炎陵、湖北随州、山西高平为本课题的主要调查对象和编纂内容。与此同时，并成立了四个调查组。这四个调查组，分别以当地炎帝文化研究会为牵头单位，落实了具体调查和编写人员。他们分别是霍彦儒、刘芳、杨斌、周新发、樊友刚、梁晋高、常四龙等。其三，各调查组于2010年6月起，陆续进入宝鸡炎帝祠、炎帝陵、神农庙，炎陵炎帝陵、随州神农庙、炎帝神农故里风景区和高平五谷祠（炎帝陵）等调查点，进行了为期半年多的实地调查。通过走访当事人、召开座谈会、查阅有关文献、亲历祭祀炎帝节日活动等形式，获得各种有关祭炎帝资料100多万字，图片500余幅。在田野调查的基础上，于2011年3月，分别撰写出了7篇调查报告。但由于祭祀炎帝节期活动涉及多个省、市、县，又有公祭、民祭等不同节期和形式，又涉及众多部门、单位和人员，所以，为了保证调查内容的真实性、广泛性，在以前调查的基础上，课题组负责人霍彦儒又先后于2011年5月26日、9月28日前往湖北随州、湖南炎陵，参加了两地举办的祭祀炎帝活动，又一次亲历了祭祀炎帝活动的全过程。又于10月中旬去山西高平，对高平神农镇的庄里村五谷祠、羊头山神农庙进行了考察，走访了当地一些筹办和参与祭祀活动的乡镇干部及村民。在此基础上，对7篇调查报告进行了修改或重写。

课题组又于2012年3月初开会研究，确定了《志略》的词条目录，并开始进行写作。于6月中旬，起草完近10万字的《志略》内容。课题组又于7月下旬开会，对全书稿进行了审读和讨论。根据大家的讨论意见，又对书稿进行了一次全面修改。照片是本志书的一项内容，也是对志书内容的重要补充。为此，我们对拍摄的400多幅照片和录像进行了整理，确定了100多幅照片。正当打印上报之际，又接到中国节日志项目办的通知，根据新的《中国节日志撰写方案》，对原稿的目录和有关内容、版式进行了重新调整。

2014年5月11日至5月14日，由文化部民族民间文艺发展中心组织，在四川成都召开了《中国节日志·祭炎帝》书稿评审会。与会评审专家及节日志编辑部的领导，对书稿提出了中肯的修改意见。随后，由与会的光明日报出版社负责“节日志”书稿的责任编辑，将评审意见汇总后发给我。根据评审意见，课题组在查找资料、实际调查的基础上，用半年多的时间对书稿又进行了修改。

在本书稿的形成过程中，我们先后得到了社会多方面的支持和帮助。当我们把这一任务分别通报给炎陵县炎帝文化研究会、随州市炎黄文化研究会、高平市炎帝文化研究会，很快得到了这些研究会领导和相关专家的积极支持，他们很快落实了课题组人员，并对调查工作提供方便。炎陵县炎帝文化研究会会长周新发，原为炎陵县县委副书记，他亲自带领课题组人员深入到20多里外的炎帝陵进行了为期一周的调查。在春节期间，他为了获得民间祭祀炎帝陵的第一手资料，放弃与家人团聚，带领课题组成员，于年除夕夜在炎帝陵亲自参与了民祭活动，而且一直延续到正月十五以后。随州市炎黄文化研究会会长胡玉兰，原为市政协副主席，亲自落实课题组人员，督促、检查调查工作进展情况。高平市炎帝文化研究会会长梁晋高，现为市人大副主任，他为课题组提供车辆，方便调查人员工作。与此同时，被调查的单位和人员，也都给予积极的配合，接受访谈，提供资料。尤其是一些年龄七八十岁的离退休人员和农村老者，当听说是来调查祭祀炎帝庙会情况的，都很乐意接受采访，将自己所知道的提供给课题组，虽则有些提供的资料与此无多大关系，但他们还一再嘱咐，要把这些写上去，叫上头（上级）人知道。并把自己珍藏多年的“经本”拿出来让课题组抄录。其热情、淳朴让调查组工作人员十分感动。

这里还须一提的是课题组工作人员，他们在调查中都付出了艰辛的劳动。樊友刚是位从报社退休的摄影记者。当他接受了调查随州祭祀炎帝活动的任务后，在一年的时间内，曾先后5次前往厉山镇。因厉山镇距随州市区有30多里路程，所以每次去调查都要住几天。为了保证照片质量，他先后拍摄了300多幅照片。刘芳原为宝鸡文理学院历史系教授，年纪七十有余。他为了了解峪泉村神农庙祭祀活动的全过程，尽管是春节期间，天气比较寒冷，但他还是坚持与善男信女一块活动，抄录、收集资料达3万多字。另外，山西省长治市郊区炎帝文化研究会会长马志生先生听说我们在编写《中国节日志·祭炎帝》，主动向课题组提供了有关炎帝方面的资料。

这里还要特别提及的是徐万邦、张勃、高强三位审读专家，责任编辑祝菲、崔阳、杨娜，以及文化部民族民间文艺发展中心主任李松、副主任张刚等，他们为本书的编写和出版亦付出了心血。

为此，对以上给予本课题以大力支持和帮助的单位和人员表示感谢，对课题组所有成员的辛勤工作表示感谢。

但由于祭祀炎帝活动涉及方面非常广泛，尤其是公祭活动，其决策、筹备等要涉及十几个甚至几十个部门和单位，其筹备时间也比较长，有些还要涉及省、市政府的领导和机关单位，所以调查相应来说比较困难。比如说关于祭炎帝时间的确定、祭祀项目的实施等有关重大决策，其内情很难调查了解到。所以，也就留下了一些遗憾。

由于我们水平有限，调查和写作中难免有疏漏和错误之处，敬请读者指正。

霍彦儒

2014年12月于宝鸡

图书在版编目（CIP）数据

祭炎帝 / 霍彦儒主编．——北京：光明日报出版社，2016.8
（中国节日志）
ISBN 978-7-5194-1859-5

Ⅰ．①祭… Ⅱ．①霍… Ⅲ．①祭祀－风俗习惯－介绍－中国
Ⅳ．① K892.29

中国版本图书馆 CIP 数据核字 (2016) 第 212126 号

祭炎帝

主　　编：霍彦儒

责任编辑：杨　娜　　责任校对：傅泉泽
封面设计：龙　惠　　责任印制：曹　诤

出版发行：光明日报出版社
地　　址：北京市东城区珠市口东大街 5 号，100062
电　　话：010-67078251（咨询），67078870（发行），67019571（邮购）
传　　真：010-67078227，67078255
网　　址：http://book.gmw.cn
E-mail：gmcbs@gmw.cn
法律顾问：北京德恒律师事务所龚柳方律师

印　　刷：北京华联印刷有限公司
装　　订：北京华联印刷有限公司
本书如有破损、缺页、装订错误，请与本社联系调换

开　　本：710×1000　1/16
字　　数：353 千字　　印　　张：25.75
版　　次：2016 年 8 月第 1 版　　印　　次：2016 年 8 月第 1 次印刷

书　　号：ISBN 978-7-5194-1859-5

定　　价：103.00 元